黄土の大地 1937～1945

山西省占領地の社会経済史

内田知行

創土社

目次

凡例

一　漢字は、原則として日本語常用漢字表にもとづいた。

二　本文の記述で簡単な説明をつける場合には、（……）を使用し、（……）のなかにさらに説明をつけ足す場合は［……］を使用した。

三　中国語の原語を本文で引用する場合には、各章ごとに「　」で原語を示し、その後に（　）で訳語をつけた。引用文中で原語を引用する場合は、『　』で原語を示し、その後に［　］で訳語をつけた。初出以外は訳語をもちいるようにした。ただし、「檔案」（文書）、「檔案館」（文書館）など一部の原語はそのまま使用した。

四　時期の記述は西暦表記とし、各段落ごとに初出は四ケタとし、以下は二ケタにした。必要におうじて西暦表記の後に（昭和）または（民国）をつけた。

五　主要な度量衡の単位は、各章の初出でメートル法による換算値をつけた。現行では、一ムウ（畝）は約六・七アール、一両は約五〇グラム（旧制では約三一グラム）、一斤は約五〇〇グラム、一担（石）は約五〇キログラム、一尺は約三三センチ、一華里は約五〇〇メートル、である。ただし、当時の度量衡は地域によって異なり、現行とも若干異なる（たとえば、一担を約六〇キログラムとする地域もあった）。そこで、あくまでもおおよその読み替えである。

六　注は各節ごとにつけた。巻末に参考文献一覧をつけた。

序章　「周縁植民地」としての山西省占領地

はじめに——本書の課題

　日中間の歴史認識のギャップは今日においても解決の難しい問題の一つである。いったい近代日本による十五年戦争（一九三一～四五年）時代の中国統治、中国占領の実像はどのようなものであったのか。日本においても中国においても、この課題にせまった日中関係史の研究は枚挙にいとまがない。類書の多くは、日中間の政治史、外交史や経済史を考察するなかでこの課題を論じている。

　本書は、歴史認識のギャップをめぐる今日の日中間の政治的問題を考察対象とするものではない。中国占領地をめぐる純然たる歴史研究の書である。その対象は、これまで多くの史料や研究の蓄積のある台湾や中国東北地方ではなくて、華北の一省、山西省である。ローカルな視角からの、社会史・経済史的な考察であるといってよい。この地域を取りあげることの意味はどこにあるだろうか。

近年、近代日本と植民地とにかかわる研究が精力的に進められてきた。そのさきがけとなった成果として、共同研究『近代日本と植民地』（全八巻、岩波書店、一九九二〜一九九三年）がある。この共同研究では、帝国日本のさまざまな形の植民地が取りあげられた。それは、直轄植民地（朝鮮、台湾、関東州）であり、傀儡国家（満州国、蒙疆政権、中華民国など）であり、強権的軍事占領地であり、事実上の保護国であった。

中国占領地についていえば、台湾、関東州は直轄植民地であった。満州国、蒙疆政権（当初は小政権の連合体としての蒙疆聯合委員会、のち蒙古聯合自治政府）、華北の中華民国臨時政府、華中の中華民国維新政府は傀儡国家であったと言ってよい。汪精衛首班の中華民国政府（南京政権）については、評価がいくぶん分かれている。中国の研究者は傀儡政権と評価してきた。日本や欧米でも、汪精衛の南京政権を傀儡政権とする評価が一般的であるけれども、近年、傀儡ではなくて、敵の矛盾を利用して自己の政治的な意思を実現しようとした「協力者」であったとする見方が提起されている。つまり、汪精衛の南京政権は傀儡政権ではなくて、保護国であったという評価である。この見方を敷衍させると、汪精衛はスカルノやアウンサンのような政治家であったという評価になろうか。もっとも汪はスカルノやアウンサンのような建国の父になることは終になかったのだから、この歴史的評価は過大にすぎ、史実の文脈を無視している、と私には思える。

本書が考察対象とする山西省は、いま述べた位置付けからいえば傀儡政権の統治する地域であった。しかし、抗日勢力の抵抗が粘りつよく展開された、領域の支配がきわめて不安定な地域であった。傀儡政権の統治する地域であり、かつ強権的軍事占領地であった。帝国日本植民地の「周縁」にある、いわば戦時植民地であった。一九三七〜四五年時期の華北占領地については、日本語では浅田喬二編『日本帝国主義下の中国』（楽游書房、一九八一年）などが取りあげるにすぎない。とくに山西省の占領地に焦点をあてた日本語の考察は、その後の研究においてもきわめて少ない。本書では、帝国の「周縁植民地」としての山西省占領地の実態を明らかにしようとする。

では、筆者はなぜ日本軍占領統治下の山西省について考察しようとするのか。

抗日戦争の時代、山西省は最も強固な抵抗運動が展開された地域であった。抗日統一戦線運動も武装動員も中国各地で展開されていた。しかし、民衆を政治と生産と遊撃戦に組織化するという点で、中国共産党（以下、中共）と中国国民党（具体的には同省を支配した閻錫山政権）とのあいだの抗日民族統一戦線が最も顕著な成果をあげた地域が、山西省であった。そして、その成果の達成において最も重要な役割をはたした二団体が、一九三六年九月に結成された犠牲救国同盟会（以下、犠盟会）と、抗日戦争勃発後に組織された「山西新軍」であった。犠盟会は、閻錫山政権敗走後に省内各地に設立された抗日遊撃政権の中核となった。「山西新軍」は、抗日戦争の時代に閻錫山直系の山西軍とは別に、犠盟会によって組織された軍隊で、中共系の八路軍と協同作戦を展開した。犠盟会は一九四〇年初めにその地方政権としての役割を終えたが、山西省における抗日根拠地政権誕生の母胎となった。[1] その後も山西省の抗日抵抗は粘り強く続けられたから、日本軍が「協力者」として取り込もうとした閻錫山もとうとう「協力者」には成り切らなかった。逆に、戦後は日本の軍人たちが閻の「協力者」として絡め取られてしまい、その結果として共和国の戦犯として告発されてしまった。

抗日戦争時代の中共は蒋介石やその他の国民党地方実力者とのあいだには、犠盟会や新軍のような抗日統一戦線の団体・軍隊をもつことは遂になかった。山西省の場合とくらべると、他の地域では統一戦線関係は常に不安定であった。山西省だけが、延安（中共）への道と重慶（国民党）への道がクロスして、最強の抗日動員体制が形成されたのである。筆者が抗日時代の山西省に着目する動機、理由はここにある。

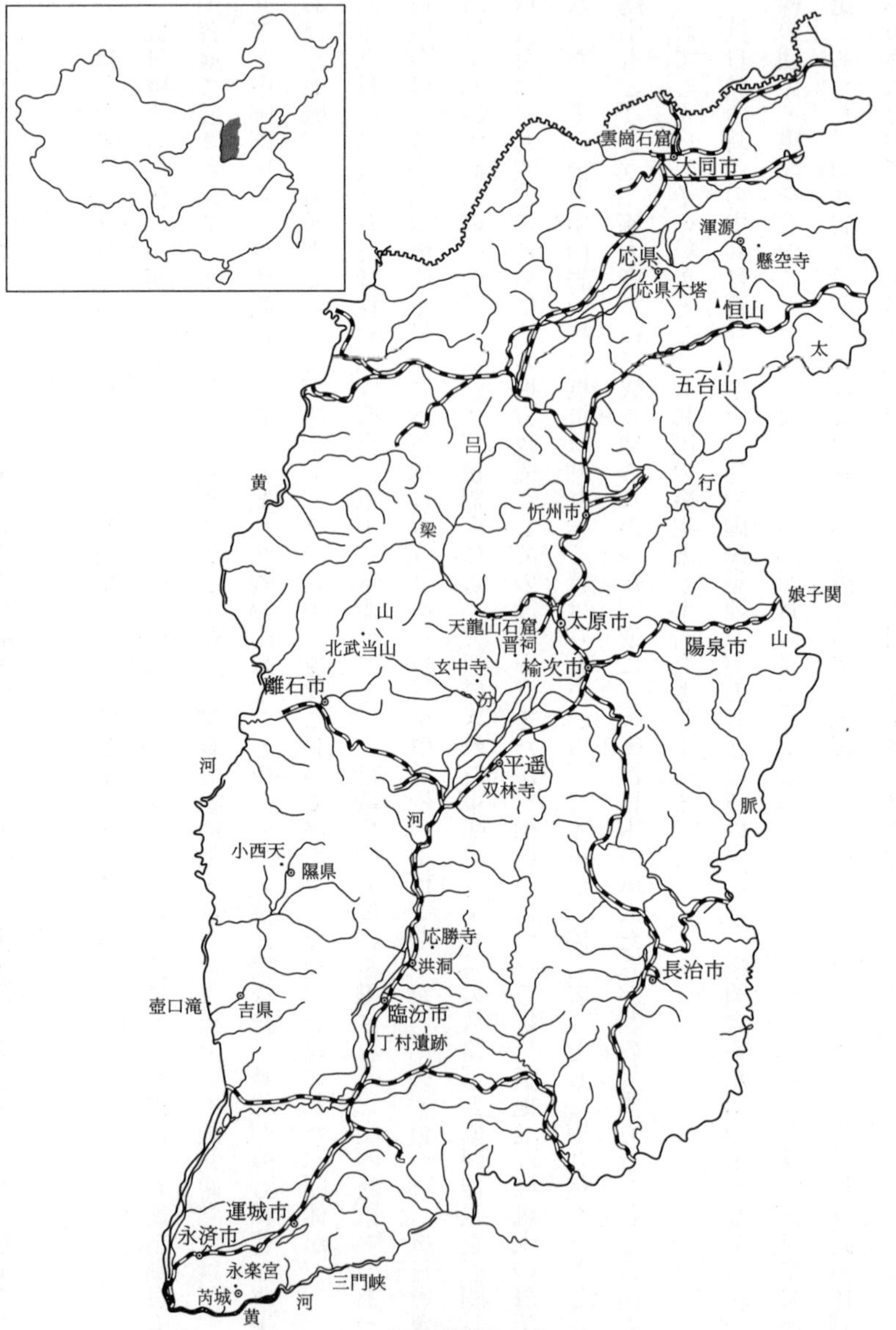
雲崗石窟
大同市
渾源
懸空寺
応県
応県木塔
恒山
太
五台山
呂
行
黄
忻州市
梁
娘子関
山
天龍山石窟
太原市
晋祠
北武当山
陽泉市
山
玄中寺
楡次市
離石市
汾
河
平遥
双林寺
河
脈
小西天
隰県
応勝寺
洪洞
長治市
壺口滝
吉県
臨汾市
丁村遺跡
運城市
永済市
永楽宮
芮城
三門峡
黄
河

山西省地図

本書の舞台である山西省は、華北大平原の西方にあり、東は太行山脈、南と西は黄河に囲まれ、北は内モンゴルの草原に連なる地方である。山西省のほとんどは黄土におおわれた海抜一〇〇〇メートル前後の高原である。省名は太行山脈の西に位置することに由来する。春秋時代に晋の国があったので、「晋」とも呼ばれた。今日の面積は一五・六三万平方メートルで、イタリアの半分の大きさである。平原が一九・七%、丘陵が四四・六%、山地が三五・七%を占める。

歴史をさかのぼると、紀元前十一世紀に晋国が起こって、山西省の汾河流域を治めた。春秋戦国時代になると、晋の献公が同省の大半を統治した。戦国時代になると、晋は魏・韓・趙三国に分裂した。後漢以後は、今日の太原に并州が置かれた。山西を「晋」といい太原に「并州」の地名が残っているのは、ここに由来する。唐の最盛期には山西省は全国有数の経済的先進地域となった。唐朝の滅亡後、トルコ系少数民族が太原を拠点として五代の一つ後唐を建国した。北宋時代には、北宋の太原と遼の大同とのあいだに国境が引かれた。清初から二十世紀初頭まで、山西商人は全国に張り巡らした商業ネットワークによって両替貸付業を営んだから、「山西票号」の名が残っている。中華民国の時代には、軍閥・閻錫山によって三〇年弱のあいだ統治された。対日戦勝ののち閻は国共内戦に日本軍を利用した。他省に駐屯する日本軍の多くが戦後まもなく帰国したが、山西省には多くの日本兵が残留した。人民共和国の建国後、山西省を一躍有名にしたのは、省東部の昔陽県大寨生産大隊であった。「大寨」は、一九六四年に毛沢東によって「自力更生」のモデル農村として指定され、全国規模で政治学習の対象となった。山西省の支柱産業は、構造的不況業種の代名詞ともいうべき石炭産業であり、いまでは近隣の華北諸省よりも経済が立ち後れている。

山西省とは以上に述べたような歴史的背景をもつ地域である。

しかし、筆者が日本軍占領統治下の山西省の歴史に興味をいだいたのは、「意味」を発見する前である。最初のきっかけは、学生時代に趙樹理文学の代表作『李家荘の変遷』(小野忍訳、岩波文庫、一九五八年、中国語原著は一九四五年)とアグネス・スメドレーによる八路軍従軍記『中国は抵抗する』(岩波書店、一九六五年、原著はAgnes Smedley, CHINA FIGHT BACK, Vanguard Press, 1938)とを読んだことであった。

前者では、犠盟会指導者が農村に入り、村民の信頼を勝ちえて村を変えていくさまがじつに生き生きと描写されていた。後者では、山西省東部の太行山脈の村むらにおける抗日遊撃戦争が活写されていた。あんなにも荒涼たる風景のなかで目をそむけるような日本軍の侵略が行なわれ、魂をゆすられるような抵抗が繰りひろげられたことを知った。山西省への旅行を始めた一九八〇年代後半からは、同省に数多くの友人ができた。彼らのなかには私を激励し私の研究を心から支援してくださる何人もの心の友がいる。こうした体験ののちに、山西省近現代史の研究が筆者のライフワークの一つになった。

注

(1) 日本語の研究としては、拙稿「犠牲救国同盟会と山西新軍」(宍戸寛他『中国八路軍、新四軍史』、河出書房新社、一九八九年)、拙稿「山西省盂県における日本軍占領統治と抗日運動」(石田米子・内田知行編『黄土の村の性暴力』、創土社、二〇〇四年)などを参照。中国語の代表的かつ先駆的な研究成果としては、王生甫『犠盟会史』(山西人民出版社、一九八七年)、資料集としては、山西省史志研究院編『山西犠牲救国同盟会歴史資料選編』(山西人民出版社、一九九六年)を参照。

第一節　山西省日本軍占領にかんする研究史

1　中国語の研究成果について

中国では、『山西文史資料』や『太原文史資料』などの地方の刊行物のなかに数多くの日本軍占領統治の証言・回想が載っている。

占領時代の日本軍による蛮行をまとめた中国側による記録としては、張全盛・魏卞梅『日本侵晋記述』（山西人民出版社、一九九二年）や山西省史志研究院編『日本帝国主義侵晋罪行録』（山西古籍出版社、九六年）、山西省政協文史資料委員会編『陽光下的山西　山西改造日本戦犯紀実』（中国文史出版社、九九年）などがある。これら三点の著作は、ともに省内各県における民衆殺戮事件や掃蕩のための「無人区」の設置、物資掠奪などについての証言集である。

山西省占領にかかわる日本人戦犯の記録としては、山西省人民検察院編『偵訊日本戦犯紀実（太原）』（新華出版社、一九九五年）、中央檔案館他編『河本大作与日軍山西「残留」』（中華書局、九五年）がある。二書のうちの前者は、山西省で毒ガス・化学兵器の使用、「無人区」の設置、中国民衆殺戮事件などに加担して太原戦犯管理所に収容された日本人についての記録であった。後者は、国策会社である山西産業株式会社社長として山西省の占領地経営にかかわり、戦後は残留して閻錫山軍を支援した河本大作の所業を明らかにした文献である。なお、「山西省抗日運動」をめぐる中国語の著作の多くも占領統治の政治史を叙述しているが、ここでは割愛する。

社会史・経済史の視角からの著作はあまり多くはない。劉建生他『山西近代経済史』(山西経済出版社、一九九五年)は、一章を設けて「抗日戦争時期山西日本占領区における経済の植民地化」を叙述している。これは、占領統治機構から説き起こして、農業・アヘン・工業・炭鉱開発・財政金融・商業統制・人口問題などを分析していた。独自の史料発掘にもとづく分析というよりも『山西文史資料』などの証言に依拠した記述であり、概説の域を出てはいなかった。景占魁『閻錫山与西北実業公司』(山西経済出版社、九二年)は、タイトルが示すように閻政権の大型省営企業であった西北実業公司を考察した研究であり、第二編で「抗日戦争時期の西北実業公司」について論じていた。史料出所は残念ながら明示されていないが、日本占領下の工場経営についての具体的で詳しい記述が少なくない。著者に聴取したところでは、回想類や公開された証言のほかに省檔案館や省公安庁檔案科の所蔵史料なども利用したとのことであった。張秉権編『山西工業基本建設簡況』(山西省地方志編纂委員会弁公室、八七年)は、第三章で「日本帝国主義占領時期の山西省建設業」を論じている。省公署の機構や道路・橋梁建設、河川管理などについての史実を紹介しており、有益である。「編者説明」によれば、省図書館・省檔案館・省公安庁檔案科などの原史料を発掘利用したとのことであった。出所は明示していないが、同じく『近現代山西政権機構概況』(山西省地方志編纂委員会弁公室、八四年)、『民国時期山西省各種組織機構簡編』(山西省地方志編纂委員会弁公室、八四年)の日本占領時期の部分や山西省図書館編『日偽山西省職官表』(山西省地方志編纂委員会弁公室刊、八〇年)も未知の事実についての記述があり、有益である。

2　日本語の研究成果について

占領地にたいする政治軍事史的な考察としては、粟屋憲太郎編『中国山西省における日本軍の毒ガス戦』（大月書店、二〇〇三年）がある。一地域における三光作戦と軍による性暴力についての考察としては、笠原十九司「三光作戦と日本軍の性犯罪（山西省盂県の事例）」（同『南京事件と三光作戦』、大月書店、一九九九年）、石田米子「記録されない記憶：山西省における戦争被害調査・記述のなかの性暴力」（『芝蘭集　好並隆司先生退官記念論集』、岡山大学文学部東洋史研究室、九九年）、石田米子・大森典子「中国山西省における日本軍性暴力の実態」（西野瑠美子・林博史編『「慰安婦」・戦時性暴力の実態　Ⅱ　中国・東南アジア・太平洋編』、緑風出版、二〇〇〇年）などがある。

盂県農村の性暴力被害者による生々しい証言としては、石田米子・内田知行編『黄土の村の性暴力』（創土社、二〇〇四年）がある。同書所収の石田米子「日本軍性暴力に関する記憶・記録・記述」、石田米子・内田知行「山西省の日本軍『慰安所』と盂県の性暴力」も占領日本軍による蛮行を考察したものである。同書所収の堀井弘一郎「山西省における日本軍特務機関と傀儡政権機構」は、特務機関と傀儡政権機構の設置・構造・変遷を詳細に論じた考察である。また、丸田孝志「華北傀儡政権における記念日活動と民俗利用：山西省を中心に」（曽田三郎編『近代中国と日本：提携と敵対の半世紀』、御茶の水書房、二〇〇一年）は、傀儡政権のイデオロギー政策、社会統合政策を民俗や伝統文化と深い係わりをもつ記念日活動の角度から検討した特色のある考察である。これら二論文は、山西省占領体制を理解するうえで有益である。

侵略戦争にたいする歴史的な反省をふまえて占領地における日本軍人の蛮行について明らかにした証言として

は、吉開那津子『消せない記憶：湯浅軍医生体解剖の記録』(日中出版、一九八一年)、永冨博道『山西残留秘史：白狼の爪跡』(新風書房、九五年)などがある。湯浅謙、永冨博道は、いずれも山西省において彼らが犯した殺戮事件のゆえに戦犯として告発されながら中国政府の寛大な処置の結果帰国した人びとであった。帰国後、彼らは草の根の日中友好と平和運動の団体として結成された中国帰還者連絡会(中帰連)の活動家になった。

戦時の日本軍による対閻錫山工作から戦後における日本軍の山西残留問題までを考察した論文に、児野道子「日本陸軍の対閻錫山工作」(『二十世紀アジアの国際関係』、原書房、一九九五年)がある。また、これに関連した元軍人の証言としては、城野宏『山西独立戦記』(雪華社、一九六七年)、藤田豊『春訪れし大黄河：第三十七師団晋南警備戦記』(第三十七師団戦記出版会、八一年)、染谷金一『軍司令官に見捨てられた残留将兵の悲劇：中国山西省太原・大同』(全貌社、九一年)、伊丹栄吉『ああ暫編独立第十総隊：知られざる山西戦史』(新風書房、九二年)、上瀬吉郎『山西戦記』(そうぶん社出版〔自費出版〕、九五年)などが知られている。「暫編独立第十総隊」は、日本敗戦後に山西省に残留した日本軍人が閻錫山軍支援のために結成した軍隊である。城野宏以下多くの日本軍人が関係したので、軍事・政治事情を物語る証言は比較的に多いといってよい。

これにたいして、山西省占領統治を社会経済史的に考察した日本語の研究はきわめて少ない。管見のかぎりでは、大倉財閥史料を利用した先駆的な研究として、大倉財閥による産業開発について考察した窪田宏「山西省における大倉財閥」(大倉財閥研究会編『大倉財閥の研究』所収、近藤出版社、一九八二年)がある。鉄道事業については、高橋泰隆「日本帝国主義による中国交通支配の展開：華北交通会社と華中鉄道会社を中心として」(浅田喬二編『日本帝国主義下の中国』、楽游書房、八一年)がある。ただし後者は、日本軍占領下の華北交通会社と華中鉄道会社の企業経営史を中心に論じたもので、山西省の鉄道経営についての分析は部分的であった。范力

『中日〝戦争交流〟研究：戦時期の華北経済を中心に』（汲古書院、二〇〇二年）は、表題の示すように抗日戦争期における華北の産業構造、労働組織・労働市場を論じた研究である。同書第二章「戦時経済統制」では、もっぱら大倉財閥の山西関係史料を利用して山西省の製鉄業・石炭採掘業などを考察していた。

以上の研究成果以外に、本書第二～五章のベースとなった筆者の旧稿がある。それは、「日本軍占領下における中国山西省傀儡政権の財政的基盤」（『中国研究月報』第六三七号、中国研究所、二〇〇一年）、「山西省の日本軍占領区におけるアヘン管理政策」（『東洋研究』第一一二号、大東文化大学東洋研究所、九四年）、「侵略と工業化：日本占領下の中国山西省製鉄事業」（『国際関係学研究』第二三号、津田塾大学、九七年）、「日本軍占領下の中国山西省における鉄道建設と鉄道経営」（『鉄道史学』第二一号、鉄道史学会、〇三年）などである。山西省戦時植民地の統治構造を明らかにするには社会経済史的な研究が不可欠であると思われるのに、実際にはこの分野の研究は十分ではない。

本書が、いま言及した一連の拙稿を加筆修正して読者に提供する目的は、以上に述べた研究史の空白を埋めることにある。

第二節　日本軍占領統治体制

1　占領統治体制の展開

本論の社会経済史的考察に先行して、始まりから終焉までの山西省占領統治体制の経過を概観する。占領地支配は日本軍の軍事的占領によって開始されたが、その安定した支配のためには一定の権力的秩序の形成が不可欠であった。その占領統治体制を担ったのは、軍だけではなかった。行政機関や政治団体が軍を補助して、あるいは軍の前面に立って占領地支配に加担した。占領統治を率先して担ったのは日本人、より具体的には日本軍人であった。そこで日本人が占領統治体制の形成にどのように係わったか、に注目する。しかし、占領統治体制の運営には、望むと望まないとにかかわらず、中国人の服従や協力が不可欠であった。それゆえ、占領統治に中国人がどのように加担したか、という点にも留意する。

(1) 占領統治体制の確立期（一九三七年七月〜三八年六月）

開戦後二か月余りたった一九三七年九月十三日に、日本軍は山西省の東北に位置する省内第二の都市、大同を占領した。その後、日本軍は南下した。九月十九日には、日本軍機による最初の太原爆撃が行なわれた。十月十三〜十六日には、日本軍は太原防衛の北の戦略拠点となった忻口鎮を侵攻した。十月十五日には、大同に傀儡の

「山西軍兵士に告ぐ。抵抗をやめて新政府に帰順せよ」
（1938 年末、日本軍が撒いた宣伝ビラ）

〔出所〕秦月編著『你没見過的歴史照片』、山東画報出版社。

晋北自治政府が設立された。同政府は雁門関の北の一三県を管轄することになり、この地域は行政的には山西省から切り離され、旧チャハル省の省都・張家口を「首都」とする蒙疆聯合委員会の一部となるのである。

忻口鎮を突破した日本軍は、一九三七年十一月八日、ついに省都・太原を占領した。十二月に入ると、占領統治の黒幕ともいうべき谷萩那華雄が太原陸軍特務機関長として太原に着任した。ただちに太原市上官巷の法政専科学校所在地に傀儡の山西省臨時政府準備委員会が設立された。初代委員長には曽紀綱が着任したが、まもなく曽が病死したために高歩青が委員長に就任した。委員会顧問に谷萩が着任したのはいうまでもない。ほぼ同時に、省政府所轄の太原市政公署も設立された。市長には白文恵が任命された。占領された各県に「治安維持会」と称する県傀儡政権が次つぎと設立されていった。たとえば、太原東方の盂県城を占領した日本軍によって、三八年一月九日には盂県維持会が設立された。

一九三八年一月十六日、省臨時政府準備委員会は県政会議を招集した。代県・定襄・忻県・昔陽・寿陽・晋源・徐溝・清源・大谷など一〇県の治安維持会会長が出席した。県維持会の県公署への改組、維持会長の県知事への改称を宣言した[1]。

同年一月二十日、省臨時政府準備委員会は山西省政府準備委員会に改称された。委員長兼民政庁長に高歩青、秘書長兼財政庁長に韓謙、教育庁長に斐潤泉、建設庁長に張聯魁、警務庁長に白文恵が任命された。場所は法政専科学校所在地から抗戦前閻錫山が主任を務めていた国民政府太原綏靖公署に移転した[2]。こうして省傀儡政権の陣容がいちおう整えられた。

占領地が拡大すると、日本人の企業が設立され、一般日本人も商売や利権を求めてやってきた。そこで、一九三八年一月、太原に「太原大日本居留民会」が設立された。初代会長には太原旅館を経営する長野啓一が任じられた。同年一月には、「太原在郷軍人会」や「太原大日本国防婦人会」も設立された。在郷軍人会長には山西産業株式会社警備課長で退役陸軍大佐の鈴木某が任じられた。それ以後も占領地は拡大し、二月二十八日には省南部の代表都市である臨汾県城が占領された。山西省における「点と線」の占領はこれをもって完了した。

占領地経営のための「日華合作」も重要な事業となった。一九三八年四月、山西省籌賑会が正式に設立された。これは、「戦時難民の救済」を名目とする「日華親善」団体であった。会長に董崇仁、副会長に韓謙・王国祐が任命された。省公署が同会の経費を支給することになった。[3]

一九三八年六月、旧省政府の幹部の一人であった蘇体仁が山西省に戻った。蘇は日本軍の意を受けて、省政府準備委員会を改組することになった。同月二十七日に、蘇は省長として山西省公署の設立を宣言した。

省公署は、華北政務委員会に従属する省級行政単位として位置づけられた。省公署設立とともに省公署顧問室も正式に設置された。顧問は一人で、山西陸軍特務機関長の谷萩那華雄が兼任することになった。補佐官は五人で、特務機関内の政治・経済・文教・警務班の各班長ないし班員が兼任した。中国籍の見習い通訳が一人、用務員が二人付いた。名称は顧問室だったが、省公署ではなくて日本の山西陸軍特務機関の支配下にあった。[4]省公署は名実ともに谷萩を長とする日本軍の傀儡組織であった。

(2) 占領統治体制の整備期（一九三八年六月～四四年二月）

山西省公署の設立から一九四四年二月に省公署が「省政府」に改称するまでについて略述する。この期間は占領地支配の整備期にあたる。占領統治に関与した主要機関の関係を図示するならば、第1図の通りである。

次に、「整備期」の動向をいくつかの分野に分けて略述する。

第一は、省公署を支配する日本軍・日本政府・特務機関関連の動きである。

第１図　山西省占領統治の体制

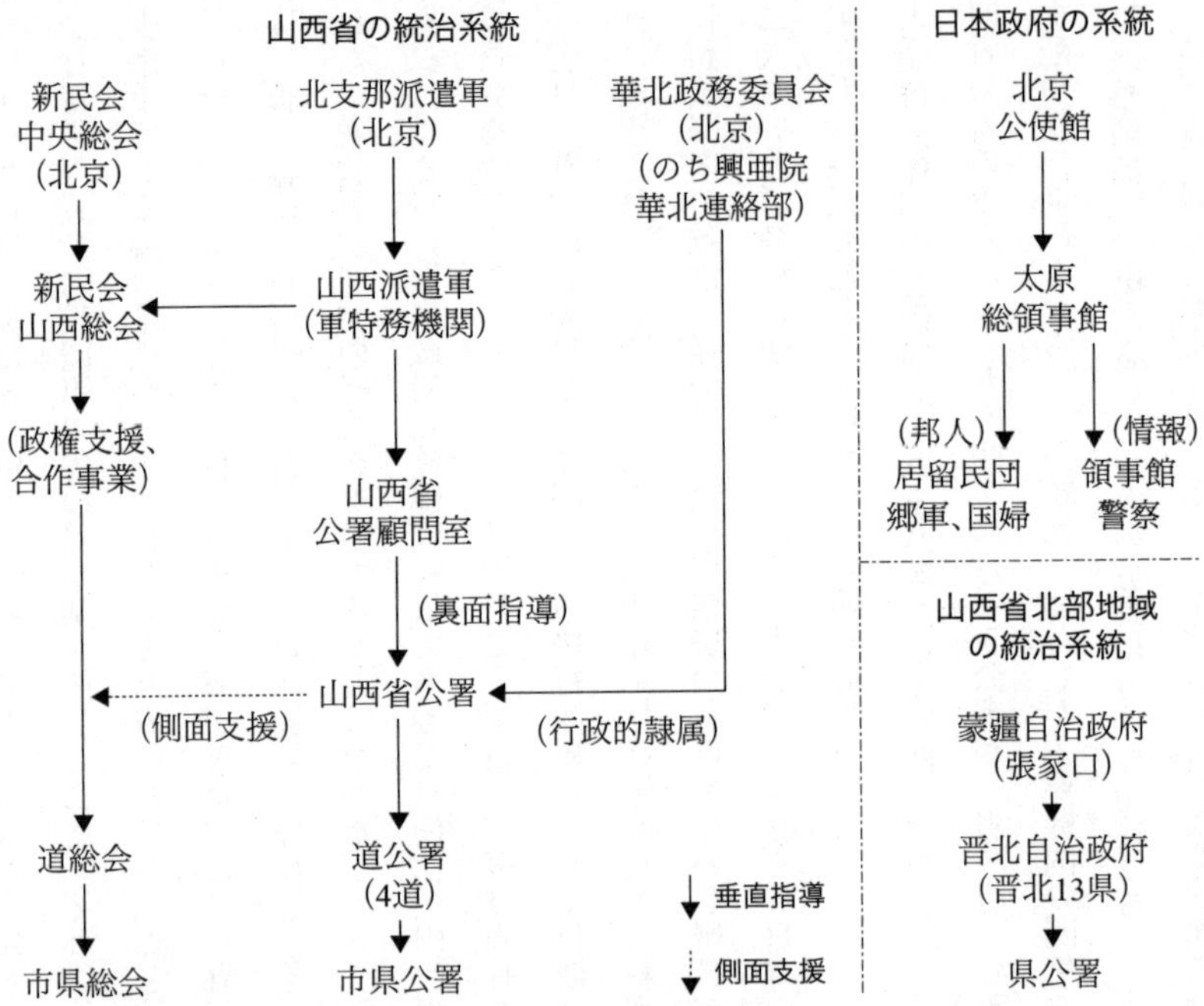

〔出所〕『近現代山西政権機構概況』（山西省地方志編纂委員会辨公室、1984年）、『民国時期山西省各種組織機構簡編』（同前、1984年）より筆者作成。

太原占領とほぼ同時に置かれた太原陸軍特務機関は、一九三九年二月一日に山西陸軍特務機関と改称され、陣容も強化された。機関長には谷萩那華雄が留任した。谷萩は四月四日に大佐に昇任し、太原を離れた。後任の特務機関長兼省公署顧問には井上靖大佐が着任し、同時に省公署顧問室補佐官も異動になった。四〇年四月二十日には、井上靖特務機関長が少将に昇任して太原を離れた。後任の特務機関長兼省公署顧問には、植山英武大佐が着任した[5]。特務機関長の人事異動は山西政局の変化に対応したものではなく、日本軍内部のいわば定期的な人事異動であった。もっとも責任者の転動は人脈の変動を意味したから、側近たちの交替も生じた。

一九四〇年八月に華北の八路軍部隊によって「百団大戦」の作戦が実施された。一〇〇個の「団」、つまり日本軍でいう聯隊が作戦に参加したので、このように呼ばれた。幹線鉄道と幹線道路である交通線が攻撃対象となり、日本軍に大きな衝撃をあたえた。山西省では、正太鉄道（石家荘～太原）や同蒲鉄道（大同～蒲州）が破壊された。八路軍の実力に恐怖した日本軍は、四一年秋から報復を目的として数次の「治安強化」作戦を華北抗日根拠地にたいして敢行した。これが、中国民衆にたいする大量殺戮を生んだ「三光作戦」である。山西陸軍特務機関もこの作戦に連携した。抗日根拠地への経済封鎖の一環として、四一年「九月一日より輸出品の統制、輸入品の経済特務機関への申請許可後の輸入」という方針を採ることを決めた[6]。建前は省政府の専管事項であるはずなのに、「黒幕」が越権行為をしたというわけである。

一九四二年四月一日、陸軍特務機関の音頭取りで

百団大戦、攻撃する八路軍（1940年）

〔出所〕中国革命博物館『抗日戦争時期宣伝画』、文物出版社。

中国民衆によって前線に運ばれた「作戦物資」

百団大戦の勝利から帰ってきた八路軍兵士を歓迎する民衆（1940年8月）

〔出所〕中国人民解放軍歴史資料叢書編審委員会『中国人民解放軍歴史資料叢書　八路軍』、解放軍出版社。

山西産業株式会社が設立された。同社は、炭鉱・電業をのぞく省内の日本軍軍管理工場を運営する国策会社であった。同年八月一日には、陸軍特務機関から多数の「嘱託」が派遣され、省公署顧問室が大幅に拡充された。「嘱託」は顧問・顧問補佐官・補佐員・秘書に任じられ、別に日本籍の事務員・タイピスト、中国籍の秘書・科員・雇員・用務員なども増員された[7]。「治安強化」を含めて占領地行政が多角化したためであった。四三年四月に、日本軍は特務機関を陸軍連絡部に改編した。山西軍の太原・臨汾・陽泉・崞県・運城・潞安駐屯部隊の特務機関も陸軍連絡部に改編された[8]。

形の上で日本政府を代表していたのが、日本の外事機構である。外務省の出先機関である太原領事館が設立されたのは、一九三九年三月であった。四〇年三月に、太原領事館は北京公使館に付属することになった。同月、日本政府が汪精衛首班の南京国民政府を承認したために、北京の興亜院華北連絡部が駐南京日本大使館の分館＝北京公使館に改編され、それに対応してとられた措置である。アジア太平洋戦争前の四一年秋に、太原領事館は総領事館に昇格し、陣容を強化した。

第二は、省公署の行政的活動や所轄の下級行政単位の再編についてである。

省公署は毎月二、三回「省政会議」を、二、三か月に一回「臨時省政会議」を開いて内政法規などについて討議した。その活動を例示すると、以下の通りである[9]。

三八年七月二十七日　第一次省政会議。「省公署組織規程」等の起草につき討議した。

三八年八月二十九日　第一次臨時省政会議。「省文化委員会組織規則」等の起草につき討議した。

三八年十二月二十一日　第七次省政会議。「営業税暫行辦法」等を討議した。

三九年一月四日　第九次省政会議。山西省反共救国紀念図書館経費予算等につき討議した。

三九年一月二十六日　第四次臨時省政会議。道尹公署の設立等につき討議した。

三九年十一月十五日　第三五次省政会議。「省出境煤捐徴収暫行辦法」等を討議し修正採択した。

第四次臨時省政会議後の一九三九年四月二十七日、省公署は道制の回復を「決定」した。「道」とは省のすぐ下の行政単位である。同日、さっそく省南西部の二五県を管轄する河東道公署が運城に設立された。「道尹」（道知事）には王毅という人物が任命された。同年九月一日には、省中北部の一八県を管轄する雁門道公署が楡次に（道知事は高歩青）、省中南部の一九県を管轄する冀寧道公署が臨汾に（道知事は梁寿国）設立された。四一年八月には、省南東部の一九県を管轄する上党道公署が長治に（道知事は張敬顒）設立された。[10]

省公署は経済政策についての「決定」も行なった。たとえば一九四一年五月二十九日、省公署財政庁は「山西省銀行・晋綏地方鉄路銀号・晋北塩業銀号・綏西墾業銀号の四銀行の通貨を六月より流通停止にする」旨の公告をした。[11]それまで認めていた旧閻錫山政権の通貨を無効とし、北京の傀儡政権系の中国聯合準備銀行券（聯銀券）のみを通貨とするという山西省金融政策の大変革であった。四三年六月二日には、省公署は食糧五〇万石（約二万五〇〇〇トン）の徴発という法外な計画を制定した。同時に、占領地における生活必需品の配給停止を決定した。これは、県傀儡政権の虎の威を借るようにして占領地農村に設立された農産物収購組織であった「合作社」の管理下に日用品をおき、農民の弱みにつけこんで日用品と食糧との交換を実行しようという政策であった。以上のような苛酷な財政政策を裏面から指導したのが省公署顧問室であった。

一九四三年一月二十九日、省長・蘇体仁の北京特別市長への栄転と、省公署情報処長・馮司直の省長への昇任が決定した。翌三十日、蘇体仁は山西省を発った。三十一日には、省公署が改組された。[12]

第三は、傀儡政権・日本人・中国人の三者を結びつけた新民会など擬似「民間団体」の動きである。まず新民会の動きを説明する。[13]

一九三八年六月、新民会山西省指導部が設立された。三九年十月には、省都に新民会太原市指導部が設立された。太原市指導部は新民会山西省指導部と山西陸軍特務機関からの二重指導を受けることになった。四〇年、新民会山西省指導部は新民会山西総会に改称された。総会長は省長が兼任し、次長は日本軍から派遣されることになった。四一年三月になると、新民会太原市指導部と日本軍宣撫班とが合併し、新民会太原市総会に改編された。総会長は市長が兼任し、首席参事（次長）には日本軍嘱託が着任した。しかし、同年十二月には、新民会太原市総会より日本籍職員の大半が離脱した。首席参事は顧問と改称されたが、山西陸軍特務機関から派遣された市公署顧問が兼任することになった。つまり、太原では表向き新民会の「中国化」が進んだが、陸軍特務機関の指導性は弱まることはなかった。

占領体制に敏感に対応したのは、商人層と日本留学帰りの人びとであった。前者では、一九三九年八月に、山西省商会聯合会が設立され、太原市商務会と各県商務会とを指導することになった。同年十二月には、太原市の米穀業者、搾油業者、乾物業者、紙巻き煙草業者、絹織物業者ら五業種の同業公会が設立された。十二月には山西省和平促進委員会も設立された。これは、日華の「和平促進」を掲げた組織で、省商会聯合会・太原市商会のほかに山西文化委員会・教育会・山西農学会・仏教総会・回教聯合会・省籌賑会などを会員組織とした。[14] もと日本留学生たちは、四〇年五月に山西留日同学会を設立した。会長には当時の省長・蘇体仁が、副会長には蘇を継いで二代目省長になった馮司直が就任した。理事には孫学修・趙汝揚・蘇希峨・張彦倫・浦承烈ら、幹事長には宋啓秀が選ばれた。

戦争によって大量に生じた難民の「救済」を趣旨として一九三八年四月に設立された山西省籌賑会が、四二年には華北救災委員会山西省分会に改編された。籌賑会は解消されて、専従職員は整理され、省内の救災事業は省公署民政庁に移管された。[15]「民間」の活動は「官」に吸収され、そして骨抜きにされた。

抗日勢力の拡大は、治安活動の強化を促した。一九四三年五月、省公署は中共系分子の摘発を目的とする山西省剿共委員会を設立した。その実体は、日本の北支派遣軍特別警備隊「甲字第一四七九部隊都市工作組」であり、工場や学校を拠点に抗日情報の収集と反共宣伝活動を展開した。同年七月には、太原市剿共委員会が設立された。市長・張叔三が主任委員を兼任した。[16]

第四は、日本人を主体とする民間団体の動きである。軍人以外の日本人は当時山西省にどのくらい流入していたのであろうか。一九三九年三月十日現在で太原市に居住する軍人以外の日本人（当時の日本政府資料では「内地人」）は、一二一三戸、男性一八九〇人、女性一三三七人、計三二二七人であった。職業別分類で多いものをみると、戸数別では、会社事務員一九九戸、自動車運転手一〇八戸、土木建築請負業八一戸、飲食店七八戸、店員四八戸の順であった。男性では、会社事務員三五六人、土木建築請負業二四三人、飲食店一八〇人、自動車運転手一二一人、旅館と店員が各六〇人の順であった。女性では、飲食店四九〇人、料理屋三二五人、旅館八五人、会社事務員三八人、土木建築請負業二五人の順であった。[17] 戦火がいちおう収まって、日本から各種の会社が進出したので、男性の会社事務員や運転手、さらには土建業者が増えたのであろう。女性は、進出した軍隊や商人のあとをついて水商売の業界が出ていったために、飲食店・料理屋・旅館の経営者や従業員が多かったのであろう。

その後一九四一年八月には、太原市に居住する日本人は六五五九戸、一万五九四九人に増えた。[18] つまり、約二年半後には、戸数で五・四倍、人口で四・九倍に激増したのである。省全体では、四〇年六月現在で日本人の非軍事人口は二万人を突破したという。[19] 治安や経営・就業機会という点で、太原に日本人が多く集まったのではないか、と思う。

以上のような居住日本人の増加に対応して、一九四〇年十一月一日、太原大日本居留民会が設立された。四一年一月、居留民会は太原大日本居留民団に改編された。傘下に八地区、その下に共同責任と相互監視の末端組織である隣組が結成された。また、朝鮮人・台湾人も編入された。[20] 日本本国では、政党政治を解体して四〇年十月に大政翼賛会が結成されたが、早くも四一年一月には、大政翼賛会太原分会が結成された。こうして、占領地の「内地化」もとどこおりなく進んだ。

(3) 占領統治体制の解体期（一九四四年二月〜四五年八月）

この時期は、アジア太平洋戦争の戦局が悪化し、華北の戦場でも抗日根拠地の抵抗が功を奏して占領統治の基盤が崩壊していった時期である。

第一に、日本軍・特務機関関連の動きについて述べると、一九四四年七月、山西省に駐屯する日本軍は「三清政策」（傀儡軍内の粛清、傀儡政府内の粛清、占領地農村における粛清）を実施した。占領地にひそむ抗日勢力の摘発を目的としたが、疑心暗鬼にかられた軍特務機関は多くの傀儡政権職員を逮捕・粛清した。[21] この結果として、占領統治体制は一層動揺することになった。同年八月一日には、甲斐政治が省政府顧問を辞職して帰国した。後任に大江庸吾陸軍大佐が着任し、去村芳松顧問補佐官が代理顧問に昇格して、日本敗戦時までこの陣容が続いた。[22]

第二に、省公署について述べると、一九四四年二月八日、馮司直が山西省長を辞職し、華北政務委員会から王驤が省長に派遣された。同時に、省公署が省政府に改称された。同年十一月には、省政府は山西省剿共委員会を解消した。もちろんこれは抗日勢力の粛清が成功した結果ではなかった。まさに占領統治の破産を予見させる出来事であった。

2　占領統治を担った中国人群像

(1) 省級傀儡政権の中国人エリートたち

本章の冒頭で、本書の目的を、帝国の「周縁植民地」としての山西省占領地の実態を明らかにしようとすることである、と述べた。具体的には、次章以降の社会経済史的考察を参照していただきたいが、ここでは占領統治を担った中国人はどのような人びとであったのか、ということについて考えてみたい。といっても、この課題を全面的に考察できるような材料があるわけではない。

近年、中国のある古書店ルートで、山西省太原市公安局編刊『日偽山西省政府警務庁組織資料』(一九六五年一月)という史料を入手した。これは、警務庁の組織と活動状況を説明したのちに、警務庁に関係した約六〇〇人の「人員材料」(人名や経歴)を六五年時点で記述した冊子で、たいへんに面白い史料である。

「人員材料」の初めには、警務庁警務指導官に任じられた西永茂・長谷川清三郎など一四人の日本人の記録があり、その後に中国人が続く。ここでは、省警務庁長に任じられた五人と科長級の三七人、計四二人の中国人幹部について吟味してみよう。治安維持を担当する警務庁は、省傀儡政権では最も枢要な部署であった。彼らは中国人としては、その重要な部署で比較的高い職位を占めたエリート集団であった。この史料から、占領統治を担った中国人がどのような人びとであったのか、について考えてみたい。

四二人はすべて男性で、種族は満州族が二人(河北省通県出身と太原出身の各一人)で残りはすべて漢族である。出身地を示す「祖籍」は、庁長級では五人中三人が省内の県出身、残りの一人が河北省通県、一人が大連出身。科長級では九人が省内、一六人が東北(うち大連が一人、遼寧が九人、吉林が一人で、残り五人は省不詳)、五人が浙江省、三人が河北省、北京・山東・江蘇・台湾が各一人。全体では、四二人中で省内出身者は一二人（二九％）にすぎず、東北出身者が一七人（四〇％）を占めていた。傀儡政権は、早くに植民地化された「関東州」や「満州国」から多くの人材を引き抜いて山西省占領地で雇用したことがわかる。「分割して支配する」という植民地支配の古くからの方法が採られたのである。

戦前の経歴との関係をみると、四二人中の不明者は九人であった。残り三三人についてみると、晋綏軍（閻錫山軍）に勤務していた者が五人（軍人三人、書記官二人）、閻錫山政権の官吏経験者が七人（うち警官が二人、県長経験者が一人、地方法院書記官一人）、閻政権の準公務員が二人（省立山西医院院長一人、山西省銀行職員一人）であった。つまり三三人中の一四人（四二％）が旧政権である晋綏軍ないし山西省政府（県政府も含む）から登用された。旧政権は省傀儡政権の重要な人材供給源であった。この点では、傀儡政権は旧政権を継承していた。閻錫山政権と並ぶ人材供給源は満州国であった。満州国の軍人出身者は四人、満州国の警官出身者は三人、満州国の税務局職員は一人で、計八人（前歴判明者三三人の二四％）であった。八人はすべて東北出身者であった。戦前の履歴不明者九人のうちの六人は東北出身者であったから、あるいは山西省の旧政権からの登用者に匹敵する人数が満州国から抜擢されたかもしれない。また、山西に先んじて安定した傀儡政権が樹立された東隣の河北省（同省石門市警察署長）や河南省（同省警務庁職員）からの登用が二例あり、華北交通株式会社中央特務班秘書からの転入も一例あった。先行する植民地・占領地で養成された人材が新たな占領地において利用されたわけで、新たな傀儡政権は先に樹立された傀儡政権と人的な継承関係をもっていたのである。先に述べた「周縁植民地」としての山西省占領地の特徴が、ここに現われているといえよう。

彼らの出身階級については、一部が「地主階級」であったと記述されているが、全体は明らかではない。「会

第１表　山西省公署警務庁高級職員の出身地

地域	第１期			第２期			第３期			第４期		
	庁長	科長	計	庁長	科長	計	庁長	科長	計	庁長	科長	計
東北	－	0	0	0	4	4	2	13	15	1	7	8
山西	－	2	2	2	7	9	1	4	5	1	2	3
その他	－	5	5	1	10	11	1	10	11	0	5	5

〔出所〕山西省太原市公安局編刊『日偽山西省政府警務庁組織資料』、1965年。
〔注〕各期毎ののべ人数であって、実際の職員数とは異なる。同前資料によれば、第１期には中国人警務庁長は任命されなかった。

党」（伝統的な秘密結社）との関係では、「青幇（チンパン）」に加入した過去のある者は七人いた。うち一人は、当時山西省の農村に数多くいて、抗日政権に敵対した「一貫道」の構成員であった。傀儡政権は治安維持に旧来の任侠的組織を援用したのである。国民党系の特務組織であった「軍統」通信員として、重慶の国民党と極秘裡につながっていたのは二人にすぎなかった。

(2) 占領統治体制の変化と高級職員の「外省化」

出身地と戦前の経歴の吟味から、警務庁の中国人高級職員の主要な供給源は地元山西省と東北地方とであったと推定した。もっとも、省傀儡政権の制度変革に対応して、警務庁も再編された。第一期（一九三七年十二月～三八年六月）は、省臨時政府籌備委員会に警務庁が設置された時代である。第二期（三八年六月～四一年八月）は、省公署が樹立されて警務庁が置かれた時代である。第三期（四二年九月～四四年一月）は、警務庁の整備期で、特務警察機構の強化（四一年九月）、情報機構の増設（四二年十二月）、特務科内への巡回経済警察班の設立（四三年七月。ただし、同年九月解消）などが実施された。第四期（四四年二月～四五年八月）は、弾圧体制をいっそう強化した時期で、警法科内への拘留所の設置（四四年五月）、特務科内への太原地区偵察捕縛隊の設置（四四年十二月）などが実施された。

第１表は、警務庁高級職員の出身地を時期毎に区分したものである。職員の実数ではなくて、期毎ののべ人数を表示したものである。全時期を通じて、山西省内から「適切な」人材を登用することは難しかったようで、第一・二期では、山西省・東北以外からの庁長・科長の登用数が最多であった。これが、第三・四期をみると、東北からの人材の登用数が最多となった。山西省と東北とを比べると、第二期では山西省出身者の登用数が多かったが、第三・四期では東北出身者の登用数が多くなった。つまり、占領統治の「外省化」が進んだ。「周縁植民地」としての山西省では、占領統治体制が動揺していくなかで、警務庁の体制はより強権的なものになった。しかし、統治の人的配置は、「現地化」とは逆行していったのである。「周縁植民地」はますます「周縁化」していったのである。

この動きの背景にはなにがあったのだろうか。四二人の警務庁高級職員の学歴と日本語学習歴についてみてみると、学歴や日本語力が不明の職員は一一人であった。残り三一人のうち四人は、学歴不詳であるが「通日語」(日本語がわかる)の職員であった。これらを除いた二七人についてみると、日本の内務省警察講習所卒業が三人、陸軍士官学校卒業が二人、早稲田大学卒業が一人であった。「祖籍」は早稲田卒が台湾人であったほかは、すべて東北人(大連二人、撫順二人、東北一人)であった。以上六人の日本留学組は日本語が流暢で、日本人顧問らに最も信頼されていたと思われる。満州国で教育を受けた者は四人で、内訳はハルビンの某大学卒、大連法政学院卒、満州国中央警察学校卒、満州国農業大学卒(同人は日本軍占領下の北京高等警察学校別科も卒業)であった。いずれも東北人である。日本軍占領下の北京には新民会によって新民学院という宣撫教育機関が設立されていたが、その卒業生は三人いた。これらの職員も日本語を解したと考えられる。以上の職員のなかには山西省の出身者はいなかった。山西省の教育機関の卒業生は九人いた。内訳は、山西省警察伝習所(警察講習所)が三人、清末の山西武備学堂(後の山西大学)が一人、山西大学が二人、山西法政専門学校が三人であった。以上九人のうち外省人は三人であった。その他は、保定軍官学校卒が二人、北京法政大学・上海同済大学・山東斉魯大学の卒業生が各一人であった。以上より、三一人のうちで日本語を解すると推定できる職員は一七人（五五％）を占めていた。しかし、山西省出身の職員はだれ一人として日本語を解しなかった、と考えられる。はなから中国語の修得など考えたことのない日本人顧問や高級軍人にとっては、日本や満州国で教育を受けたこともなければ日本語を解することもない山西人は信頼できない人材だったのではないか、と思われる。統治体制の動揺する過程で、日本の支配者は自らの意思を伝達することができ、自らの意思を容易に代行しうる人材に依存せざるをえなくなった、と思われるのである。

3　県級以下の占領統治体制

(1) 民衆と占領統治体制の変化

抗日戦争は、毛沢東が分析したように、戦略的防御→戦略的対峙→戦略的反攻という三段階をへて終結した。これまで山西省における占領統治体制の変化を、「確立期（一九三七年七月〜三八年六月）」、「整備期（三八年六月〜四四年二月）」、「解体期（四四年二月〜四五年八月）」の三期に分けて叙述してきたが、毛の分析した三段階がおおむね対応する。では、段階的な変化に対応して、中国の民衆はどのように生きたのだろうか。

私は、民衆にとって最も生きるのが難しかったのは、占領統治体制の「整備期」に対応する「戦略的対峙の段階」ではなかったか、と思う。そこで、この時期に着眼して民衆の置かれた現実について叙述しておこう。

「戦略的対峙の段階」に入ると、山西省の日本軍占領地区では中国共産党軍による遊撃戦が展開されていった。他方、日本軍は占領対象を県城やさらに小さな城鎮に広げていった。この過程で、遊撃区や抗日根拠地の破壊を目的とする治安強化運動（いわゆる三光作戦）を何度も波状的に繰り返した。「戦略的対峙の段階」は、日本軍優位の時期と中共軍優位の時期とに分けることができよう。治安強化運動からの被害を回避するために、抗日側では軍民が協力した「堅壁清野」（居住地からの民衆の避難と食糧等の隠匿）戦術がとられた。抵抗形態の高度化である。その結果として、日本軍優位の時期においては、殺戮・性暴力、穀物・家畜・衣料等の掠奪行為は、日本軍が侵攻した県城・城鎮や抗日根拠地農村に広げられた。殺戮行為では、毒ガスや細菌利用のような無差別殺戮兵器の使用が増えていった。

「日本軍による壮丁（男性）の徴用に反対しよう」
（八路軍がゲリラ地区で描いた抗日ポスター）

〔出所〕中国人民解放軍歴史資料叢書編審委員会『中国人民解放軍歴史資料叢書　八路軍』、解放軍出版社。

アジア太平洋戦争の勃発の後、華北の戦場には八路軍優位の下で戦略的対峙段階が出現した。日本軍は膠着状態の占領地において、高度分散配置体制を採るようになった。有効な補給線を持てずに孤立分散した日本軍部隊は、食糧その他の必需品の現地調達を余儀なくされた。すでに主動的な軍事行動は困難になり、作戦対象は根拠地農村ばかりでなく自己が駐屯する周辺農

山西省の抗日軍隊「青年抗敵決死隊」とその腕章（左上）（1937 年冬）

いっしょに漢字を学習する抗日根拠地の兵士と民衆

〔出所〕中国人民解放軍歴史資料叢書編審委員会『中国人民解放軍歴史資料叢書　八路軍』、解放軍出版社。

村地域にも広げられた。駐屯地周辺における殺戮・性暴力被害が増えていった。また、軍紀も弛緩した。そこで、小規模日本軍部隊の野盗化現象が顕著になった。占領地支配の動揺から、「抗日側に通じた」という嫌疑をかけて「漢奸」(対日協力者)を粛清した事件が増加したのも、この時期である。この時期には、殺戮・性暴力事件は総じて小規模化したが、発生件数は逆に増えていった。日本軍の野盗化による殺戮・性暴力被害の広域化は、最終局面、すなわち戦略的反攻の段階においても止むことがなかった。[23]

(2) 県級傀儡政権の統治秩序

占領下の県公署は職員数によって一・二・三等級に区分されていた。最も職員数の多い一等県公署は六五人から構成されていた。県知事一人、知事秘書一人、科長(民政、財政、教育、建設)四人、計六人が県公署の幹部であった。四つの科には、一等科員四人、二等科員五人、計九人の科員が配置された。政務警察として八人、司法警察として六人、計一四

「けだもの」のような皇軍

〔出所〕中国革命博物館『抗日戦争時期宣伝画』、文物出版社。

人もの警察職員が配備されたが、これは強権的政権としての特徴を如実に示していた。この他に、督学（公立学校監督員）四人、承審員（訴訟審理事務員）一人、司法録事（訴訟審理記録係）二人、事務員二人、書記一人、技士三人、検験員（検査員）一人、雇員一二人、夫役（用務員）一〇人など計三六人の職員が配置されていた。

各県には県内の治安維持のために、県警備隊（一九四三年五月保安隊に改編）が組織され、県警備大隊部（大隊長は県知事が兼任）が設立されていた。山西省公署第七三回省政会議（四〇年十月）で、各県に二～四の区（最大でも六区まで）を設置することが決められた。四一年八月に、区公所には区長一人、助理員（区長助手）二人、区警六～一〇人、用務員一人を置くことになった。日本軍は占領地における治安強化運動を進めたが、この時に各区の助理員を一人、区警を二人増員することを決定した。[24] 県でも区でも重視されたのは警察官であった。

(3) 郷村の占領統治秩序

末端の郷村には村公所（村役場）が設立されていた。一九三七年十二月に、傀儡の省政権は抗戦以前に閻錫山政権が制定した村制にならって村長を選抜した。三九年七月、省公署は新しい村制を制定した。その要点は、(一) 村監察員と村訴訟調停会の廃止、(二) 治安回復のための自衛団の強化、(三) 村落内有力者による村の委員会の指導、(四) 備荒のための食糧の確保、(五) 日本語教育の普及などであった。ひらたくいえば、合議団体の否定と村の伝統的権威を利用した治安の回復であった。

一九四一年には、治安強化運動に対応して、「閭鄰制」が導入された（山西省暫行村制大綱）。一〇〇戸以上からなる村を「編村」と称し、これを「主村」と「附村」とに分けた。主村に村長一人副村長一人を、附村に副村長一人を置いた。二五戸を一閭とし閭長一人を、五戸を一鄰として鄰長一人を置いた。閭長・鄰長は住民の推薦にもとづいて村長・副村長が選び、区県に報告して、閭長は県が、鄰長は区が委任した。村長・副村長は村財政から給与をだしたが、閭長・鄰長は無給であった。編村の機構としては、村公所（村長・副村長の事務所）、村民会議（村で最高の議事機関、村民会議の招集は年一回）、領導委員会、仲裁委員会があった。[25] 閭鄰制は、基本的には閻錫山政権時代の末端行政制度を引き継いだシステムで、共同責任と相互監視をねらったものであった。民衆にとっては息苦しい時代であった。

注

（1）董維民「日偽侵晋檔案輯要」（以下、檔案輯要）、『山西文史資料』第九七・九八輯、一九九五年、三三一頁。

（2）山西省地方志編纂委員会辦公室編刊『民国時期山西省各種組織機構簡編』（以下、組織機構）、一九八三年、二七九頁。檔案輯要、三三一頁。山西省の占領統治体制についての日本語の専論としては、堀井弘一郎「山西省における日本軍特務機関と傀儡政権機構」（石田米子・内田知行編『黄土の村の性暴力』、創土社、二〇〇四年）を参照されたい。

（3）組織機構、三四二頁。

（4）同前、二八五頁。

（5）檔案輯要、三三四頁、三三六頁。

（6）同前、三三一頁。

（7）組織機構、二八五頁。檔案輯要、三三七頁。

（8）檔案輯要、三五一頁。

(9)同前、三二二～三二三頁。
(10)組織機構、三一八頁。
(11)檔案輯要、三二九～三三〇頁。
(12)同前、三四九～三五〇頁。
(13)組織機構、三三八～三三九頁。新民会の全般的な活動史については、堀井弘一郎「新民会と華北占領政策(上)(中)(下)」(中国研究所編刊『中国研究月報』第五三九～五四一号、一九九三年一～三月)を参照されたい。
(14)組織機構、三四一頁。
(15)同前、三四二頁。
(16)同前、三二六頁、三四一頁。
(17)外務省記録K・三・七・〇・七「昭和十四年在外本邦人職業別人口表一件(太原市)」(外交史料館所蔵)。
(18)檔案輯要、三三〇頁。
(19)同前、三二七頁。
(20)組織機構、三二八、三四二～三四三頁。
(21)山西省地方志編纂委員会辦公室編刊『山西大事記(一八四〇～一九八五)』、一九八七年、二六六頁。
(22)檔案輯要、三七二頁。
(23)張全盛・武勝利「日軍侵晋重大暴行記」、『山西文史資料』一九九五年第一・二期などを参照。高度分散配置体制を敷いた山西省盂県の占領地農村における日本軍守備隊の野盗化、性暴力被害の実態については、前掲『黄土の村の性暴力』、を参照。

(24) 山西省地方志編纂委員会辦公室編刊『近現代山西政権機構概況』(以下、政権機構)、一八八四年、三五五～三五八頁。

(25) 政権機構、三五八～三五九頁。

第三節　日本軍の占領地支配と軍宣撫班

占領地における日本軍と中国民衆との接点は、軍宣撫班であった。そこで宣撫班の人員構成や規模について考察する。もっとも、筆者が利用できる史料はわずかである。ここでは、近年中国の古書店で入手した第一〇宣撫班にかんする基本資料に、日本人宣撫官の記録や山西省の県志に記述された宣撫班の記述等を加えて分析する。第一〇宣撫班は板垣征四郎兵団（第五師団）付きの宣撫班で、一九三七年十一月から四一年三月までのあいだ太原を主要な活動区域とした。本書の中心は占領地の社会経済史的考察にあるが、日本軍自身が占領地支配に果たした政治的役割を軍宣撫班という視角からも考えておきたい。

1　山西軍第一〇宣撫班の活動経過

まず、日本軍宣撫班の主要な活動について簡単に説明する。[1] 第一に、秩序維持や政治宣伝の活動であった。具体的には、そのためのビラやポスターの貼付、宣撫のための薬品の配布である。第二に、「商務会」などの名称で呼ばれた傀儡組織の結成。第三に、日本の仏教団体等が設立した日本語学校にたいする支援活動であった。占領下の太原には、太原天理日本語学校、東本願寺大谷学園日語班、太原西本願寺日本語学校などが設立され、日本語のわかる人材を養成した。第四に、占領政策を宣伝する演劇・講演等の活動。第五に、よそから太原市内に入ってくる中国人民衆に交付された通行証である「進城証」の発行。宣撫班は、一九三八年春まで彼らの身元をチェックしたうえでこの通行証を交付した。第六に、郊外の農村地域における傀儡の「村公所」(村役場)の設立援助活動。第七に、鉄道や幹線道路の沿線地域における「愛路村」の設立。第八に、情報員(スパイ)を利用した諜報活動であった。しかし、情報員にふさわしい人材はきわめて少なかったから、宣撫班の主たる活動は公然活動であった。

第一〇宣撫班の設立から改組消滅までの経過は次の通りである。

一九三七年八月二十九日、天津の支那駐屯軍司令部で宣撫班本部が編成された(本部長は八木沼丈夫)。その後九月二十五日までに、各兵団付きの宣撫班が九個班設立された。そのなかに、板垣征四郎兵団(第五師団)付きの第一〇宣撫班があった。当時の構成員は八人であった。当初は軍宣伝部に所属していたが、のち特務部に転属となり、兵団とともに転戦していった現地宣撫班は各軍の特務機関に配属されることになった(2)。

同年十一月に日本軍が太原を占領すると、第一〇宣撫班は、太原市精営南横街八号に総班を設立した。三八年になると、第一〇宣撫班は、太原市上北関、太原県城、晋祠鎮、王封鎮の四か所に分班を設立した。

また一九三八年には、同宣撫班は山西省臨時政府籌備委員会と協力して「山西省民衆指導員訓練所」第一期を開学した。対日協力者の養成である。このときは、約四〇人を三か月間訓練した。さらに続けて、第二期も開学した。期間、定員は第一期と同じであった。卒業生の一部は第一〇宣撫班に採用され、その他は県外の宣撫班や傀儡の県級政府機関に採用された。

青江舜二郎の記録では、「山西人の大学専門学校出身者のなかから、中国人宣撫官にふさわしい人物」を養成する目的で、一九三九年三月に「梅津部隊（第一軍）軍宣訓練所」を開設したとある。同訓練所は、三月七日に中国人宣撫官第一期訓練生約四〇人の入所式を行なった。同年六月末には、中国人宣撫官第二期訓練生が入所したという。(3) この訓練所は前記の「山西省民衆指導員訓練所」と同じものを指しているのではないか、と思われる。

一九三九年には山西宣撫指揮班が設立され、これにともなって、第一〇宣撫班は太原警備部隊の指揮下から山西宣撫指揮班に移管された。四〇年一月、第一〇宣撫班は四か所の分班を解消して、陽曲県を六区に分けて六個の分班を結成し、さらに楡次県に一個の分班を新設した。同宣撫班の分班はこれで七班に増えた。四一年春、日本軍は各地の宣撫班を一律新民会に編入した。第一〇宣撫班も新民会に合併されて、消滅した。

2　第一〇宣撫班の日本人職員

『日寇太原第一〇宣撫班組織資料』が記載する日本人職員は三二人であった。彼らのうちでフルネームで記載されている者は、小石原宗一（一九〇五年生まれ、元教員、陸軍嘱託から宣撫班員）、倉橋敏夫（一八九八年生まれ、チチハル鉄路局職員、陸軍嘱託から宣撫班員、のちチチハル鉄路局に転任）、入江秀晃（一八八五年生まれ、元銀行職員、大谷県の宣撫班から第一〇宣撫班員、のち新民会陽曲県総会に転任）、寺門猛（一九一〇年生まれ）、筑波信夫（一九〇〇年生まれ）、毛利勝之（一九一〇年生まれ）、柴田音吉（一九一〇年生まれ）、山形すや（一八九五年生まれ、中国人の妻で抗戦前に渡航）の八人である。他の人名は姓のみ記載されている。

青江舜二郎の記録によれば、小石原宗一は一九一一年に博多で生まれた（生年が前記と異なる）。大東文化学院（大東文化大学の前身）本科卒業後、福岡で中学教師をしていたが、三八年に第二期宣撫官募集試験を受けて採用された。三八年九月、山西省汾陽県の第二宣撫班に配属されたが、三九年二月、第一軍（司令官、梅津美治郎）宣撫指揮班に転勤した。同軍所属の中国人宣撫官養成所の教官に任じられたが、三九年夏、太原の第一〇宣撫班長に転出した。四一年春、新民会陽曲県事務局次長に転出し、四二年三月には、興亜錬成所に派遣された。四四年、海軍に応召し、海軍特別陸戦隊員として敗戦を迎えた。(4)

青江によれば、倉橋敏夫は一九〇五年に徳島県で生まれた。二七年に大阪外語ロシア語科を卒業後、満鉄に雇われてハルビン、のちチチハルで対ロシア情報収集活動に従事していたところを、支那駐屯軍宣撫班に採用されたという。入江秀晃は一八九九年に長崎県島原で生まれた(倉橋も入江も生年が前記と異なる)。一九二七年に明治大学商科を卒業後、銀行に就職したが、三二年渡満したという。(5)

第一〇宣撫班の日本人職員の学歴には不明な点が多い。学歴の判明している六人のうちでは、五人が小卒である。高学歴者であれば、筆者が参照した『日寇太原第一〇宣撫班組織資料』のなかにも学歴についての言及があると思われるから、おそらく学歴の低い日本人が多かったのではないか、と推測する。ただし発足当初は、宣撫班長については「三〇歳以上の学識教養ある社会人」を「満鉄の現地採用」という形で抜擢した。しかし、宣撫

第２表　山西軍第10宣撫班の人数とその内訳

	総班	分班	合計
日本人	20	12	32
班長・副班長・分班長	6	12	18
宣撫官	13	0	13
宣撫員	1	0	1
中国人	34	21	55
宣撫官	25	18	43
宣撫員	7	3	10
情報員	2	0	2
合計	54	33	87

〔出所〕『日寇太原第10宣撫班組織資料』、1965年、31頁。

第3表　第10宣撫班職員の期末における人事配置

職位	第1期末		第2期末		新民会への転任者数	
	日本人	中国人	日本人	中国人	日本人	中国人
班長	1	0	1	0	1	0
副班長	※1 1	0	−	−	−	−
分班長	※2 4	0	※3 7	0	6	0
総班宣撫官	4	※4 12	3	4	3	3
分班宣撫官	0	※5 7	0	15	0	12
総班宣撫員	0	6	※6 1	1	1	1
分班宣撫員	0	1	0	2	0	1
総班情報員	0	2	0	0	0	0
小計	10	28	12	22	11	17
合計	38		34		28	

〔出所〕『日寇太原第10宣撫班組織資料』、1965年。
〔注〕※1=1939年に解消。※2=全員がもと総班宣撫官。※3=2人がもと総班宣撫官。※4=うち昇任5人、留任7人。※5=うち昇任4人、留任3人。※6=中国人と結婚した女性。

班がつぎつぎと増えていったために、「教養ある紳士」の登用は困難になっていったという。(6)

第一〇宣撫班の延べ人数とその内訳は、第2表の通りである。

第2表に示した三二人の日本人を時期区分して吟味してみる。第一期（一九三七年十一月〜四〇年）では、総班の班長二人、副班長二人、総班の宣撫官一四人、分班長四人の計二二人の日本人がいた。第二期（四〇年〜四一年春）では、総班の班長三人、総班の宣撫官六人、同宣撫員一人（女）、七か所の分班長九人、計一九人の日本人がいた（第一、二期の計が四一人になるのは、重複があるからである）。

第3表は、各期末における日本人と中国人の人事配置を示したものである。日本人の人事変動にかんしてこの表が示唆することは、第一に、第二期末の日本人の人数は、第一期末よりも若干増えたにすぎないこと。第二に、分班が四班から七班に増えたことがしめすように、宣撫活動は総班から分班にシフトしたこと。第三に、日本人では総班の宣撫官から分班長へという昇任の流れがあったことである。

第一〇宣撫班の日本人職員はどのような経歴の人物であったのか。じつは経歴不明の人物が少なくない。第一期では、日本軍統治下の東北地方の鉄路局職員からの転職者が六人（チチハル鉄路局からが五人、錦州鉄路局からが一人）と目立った。そのうちの五人が一九四〇年以前に元の勤務先に帰っていた。その他に、元銀行職員が二人、小学教員が二人いた。

支那駐屯軍司令部に宣撫班本部が設置されたときに本部長に任じられた八木沼丈夫は、もともと「満州国」で鉄道愛護村工作を担当していた。そこで、一九三七年八月に宣撫班が発足したときに、八木沼は最初の人材として満鉄選抜社員五二人を登用して宣撫班の編成を行なったという。彼らはいずれも、「満州事変」当時、東北における鉄道愛護村工作の経験を有した人々であった。(7) 当初第一〇宣撫班に採用された鉄路局職員もこのような経歴の人びとであった、と思われる。

東北でこのような経験を有した人物の多くは、「満州事変で内地からやってきた軍隊の現地除隊者」であり、下士官が圧倒的に多かった。「満鉄社員」の身分を得て鉄道愛護工作をやっていた彼らのなかには、山西省に行ってから問題を起こした者も少なくなかったという。(8)

期末に一二人いた第二期の日本人職員のうち一一人が、一九四一年の宣撫班の新民会への合併によって新民会職員に転任した。その大半が新民会陽曲県総会に転任した。

3　第一〇宣撫班の中国人職員

『日寇太原第一〇宣撫班組織資料』が記載する中国人職員は五五人であった。二期に時期区分して職位の構成について述べると、第一期（一九三七年十一月～四〇年）では、総班の宣撫官は二九人、同宣撫員は二〇人、同情報員は二人、四か所あった分班の宣撫官は四人、同宣撫員は一人、計五六人であった。同一人物が宣撫班内で職位を変えるとその都度カウントするので、「五六人」は第一期の実数とは異なる。第二期（四〇年〜四一年春）では、総班の宣撫官一〇人、同宣撫員六人、七か所の分班の宣撫官一五人、同宣撫員二人、計三三人であった。「三三人」も第一期と同様の重複カウントをしているので、実数とは異なる。

中国人の人事変動にかんして第3表が示唆することは、第一に、総班宣撫官は第一期末から第二期末にかけて三分の一に減り、分班宣撫官は二倍余に増えたことがしめすように、宣撫活動が総班から分班にシフトしたことである。第二に、中国人では、総班の宣撫員から総班または分班の宣撫官へという昇任の流れがあったことである。

出身地（祖貫）をみると、五五人のうち山西省が二九人（五三％）を占めていた。うち市県名の判明している者では、太原市が九人、陽曲県が四人と比較的多い。地元から多く登用したといってよい。山西省以外では、東北地方出身者が一八人（三三％）と多い。さきに支配の確立した「満州国」から中国人の人材を抜擢したのである。省市名の判明している者では、大連出身が四人、遼寧省出身が七人で、東北でも支配の安定した地方からの抜擢が多かった。あとは天津三人、北京一人、河北省二人、その他省二人である。

第一期では、山西省内の人材養成が開始していなかったので東北からの抜擢が比較的に多かった。「山西省民衆指導員訓練所」が開学してからは、同訓練所の卒業生が登用され、山西省出身者が増えていった。彼らは最初宣撫員として任用され、そののち宣撫官に昇任した。しかし、一九四〇年になっても東北地方の出身者の採用は無くならなかった。出身地は最多が山西省、東北地方がこれに次いだ。外省人では、宣撫班発足当初は東北で徴募され派遣された者の存在を確認できるが、多くは太原に流れついてそこで生活していたときに雇用されたものと推測される（前歴不明の者が少なくないので、断定できない）。宣撫班の人事を支配した日本人としては、雇用にあたって山西人よりも親近感のもてる東北人（とりわけ大連や遼寧省の出身者）を選好したのではないか、と思われる。

前歴不明者が少なくない。第一期では、東北地方の鉄路局職員、「満州国」の官吏・軍人からの転職者がいた。易者、漫才師、博徒の経歴をもつ者もおり、人材としてはいかがわしい者も採らざるをえなかった、と思われる。

第一〇宣撫班の転出後、中国人はどのような職位に就いたか。第一期では、傀儡の山西省政府や県の官吏、他県の宣撫班に転出した者がいた。第二期では、宣撫班の新民会への合併により新民会職員となった者が多い。第二期末の中国人宣撫官は一九人で、そのうちの一五人が新民会に、宣撫員は三人でうち二人が新民会に転任した（新民会への転任比率は七七％）。その大半が新民会陽曲県総会に転任した。

4　第一〇宣撫班についてのまとめ

以上をまとめると、第一〇宣撫班職員八七人のうちで日本人は三二人（三七％）、中国人は五五人（六三％）であった。班長・副班長・分班長のポストはすべて日本人に占められていた。中国人の比率は、宣撫官五六人の七七％（四三人）、宣撫員では一一人のうち九一％（一〇人）を占めた。また、郊外地域に置かれた分班の宣撫官・宣撫員はすべて中国人であった。権限を有するポストはすべて日本人が握り、通訳その他の宣伝活動や治安の不安定な分班における諸活動は中国人によって担われていた。日本人には宣撫官から分班長へ、中国人には宣撫員から宣撫官へと昇任のチャンスをあたえることが、仕事へのインセンティブとなった。中国人の活用なくして宣撫、つまり治安維持活動は行なうことができなかった、といってよい。

5　省内他県に設立された宣撫班

（一）代県の宣撫班

一九三七年十月の同県占領後、第三二宣撫班が同県城に設立された。宣撫班は日本人の喜多川某を班長として、日本人宣撫官三〜五人が配置された。さらに、同地の対日協力者数人を宣撫員として採用した。また、同地の「地回り」数人を雇用して情報班を結成した。三九年一月に、同班は組織的に拡大され新民会に改称された（会長には日本人の山田某が、補佐官には日本人の中田某・駒方某が任じられた[9]。

（二）定襄県の宣撫班

宣撫班が同県城に入ったのは、一九三八年三月であった。日本人の宣撫官四人のほかに、同地で数十人の対日協力者を宣撫員として採用した。同県宣撫班は四一年三月に新民会定襄総会（会長は偽県長）と改称された[10]。

（三）崞県の宣撫班

一九三七年十月の同県占領後、日本軍は県城に宣撫班を設立した（同県公署は十二月十八日に設立）。日本軍の篠原某が班長に任じられた。四一年三月に新民会が設立され、宣撫班は解消されて新民会に吸収された[11]。

以上の三例は、次のようなことを示唆している。第一に、宣撫班は日本軍占領後、軍の指導下で結成されたこと。第二に、当初宣撫班は日本人の班長ないし宣撫官で結成され、各地の中国人が宣撫員、つまり助手として雇用されたこと。言い換えると、中国人宣撫員の採用は、外地からの派遣ではなくて現地採用主義が採られたこと。第三に、地域によっては宣撫員としてばかりでなく情報員（スパイ）としても現地中国人を採用したこと（代県の例）。公然活動だけでなく諜報活動も重視されたのである。

注

(1)『日寇太原第一〇宣撫班組織資料』、太原市公安局刊、一九六五年、一～二頁。
(2) 青江舜二郎『大日本軍宣撫官』、芙蓉書房、一九七〇年、七〇頁。
(3) 同前、「小石原宗一」の項目、一九九～二〇一頁。
(4) 同前、一九六～二〇二頁。
(5) 同前、八八～九二頁。
(6) 同前、九一頁。
(7) 同前、六九頁。
(8) 同前、九六頁。
(9)『代県志』、書目文献出版社、一九八八年、二七六～二七七頁。
(10)『定襄県志』、同志編纂委員会、中国青年出版社、一九九三年、三二五頁。
(11)『原平県志』、同志編纂委員会、中国科学技術出版社、一九九一年、三〇九頁。

おわりに——本書の構成

第一章では、「山西省抗日政権の財政収入と製鉄・運輸」について考察する。この章は、第二章で検討する日本軍占領地域の財政史、第四章の製鉄史、第五章の交通運輸史にたいする理解を深めるための小論である。抗日政権は、日本の侵略者にとっては暴いて叩きつぶそうとしても「見えない」存在であった。抗日政権のゲリラ経済は「見えない」経済であった。そこで、「見えない」抗日根拠地の財政的基盤を略述し、抗日根拠地の「見えない」経済を民衆がどのように支えたか、を製鉄業・運輸網を例にとって考察する。この章では、ゲリラ経済の内実と抗日地域へのその貢献とを明らかにする。

第二章では、「山西省傀儡政権の財政的基盤」について考察する。主として省傀儡政権（省公署）の収入源について考察する。この考察の目的は、省傀儡政権の反近代性（封建的性格）、反民主性、反民族性を明らかにすることにある。まず占領地における貨幣と物資の流通状況を明らかにし、そののち課税体系と税収概況について分析する。税収の三本柱であった田賦（農業税）・アヘン税・営業税のうち、田賦徴収とその問題点および営業税徴収とその問題点について検討する。

第三章では、「山西省傀儡政権下のアヘン管理政策」について考察する。まず抗戦初期のアヘン管理政策を概述し、次いで抗戦中期以降のアヘン管理政策について分析する。そのうえで、八年間のケシ栽培の展開過程を考察し、最後に禁煙法規からみたケシ・アヘン管理政策の要点を検討する。占領時代を通じて日本はアヘンを強制し続けたのであり、それゆえに反アヘンは中国ナショナリズムの柱のひとつであったことを明らかにする。

第四章では、「山西省傀儡政権下の製鉄事業」について考察する。主たる分析対象は、日本軍占領時代の太原鋼鉄公司である。同公司は、今日の山西省における代表的国有企業であり、その前身は一九三四年に当時の閻錫山政権によって設立された省公営企業・西北煉鋼廠であった。この章では、占領地区における企業経営が中国ナショナリズムとどのような内容の矛盾を生じたか、を生産・雇用・労働の局面から考えてみる。

第五章では、「山西省傀儡政権下の鉄道事業」について考察する。日本軍は「点と線」を占領し経営したといわれるが、安定的な確保をめざした第一の「線」が鉄道であり、第二の「線」は幹線道路であった。この章では、この第一の「線」の建設と経営とについて考察する。具体的には、日本軍や軍を継承した華北交通株式会社の鉄道整備構想はどのようなものであったのか。日本軍や華北交通は鉄道網や自動車運輸網をどのように整備し建設したのか、などについて分析する。

以上、本書の内容をかんたんに示して序章の結びとする。

第一章　山西省抗日政権の財政収入と製鉄・運輸

はじめに

本章においては、抗日戦争（一九三七〜四五年）時代の山西省における抗日根拠地政権の財政経済問題を財政収入・製鉄・運輸網の三つの視角から考察する。日本軍は山西省の都市部と近代的な産業設備とを独占した。これにたいして、中国共産党は農村を基盤に抗日遊撃戦争を展開した。中共が政権を樹立した広範な農村部は、近代的な産業設備からは切り離されていた。したがって、そこで行なわれた経済活動は在来の伝統的な技術・設備を利用した、一種のゲリラ経済ないしゲリラ的流通ネットワークであった。本章では、このゲリラ経済の内実と抗日地域への貢献とを考察する。

ゲリラ経済は侵略者の日本軍・日本人にとっては「見えない」経済であった。小規模製鉄場が在来の伝統技術を利用して生産した銑鉄塊や錬鉄塊は、銃器や弾薬の原料として抗日地区で流通していた。これらの製鉄場は日本軍に存在をかぎつけられて、時には急襲されたが、その実態をとらえることは日本軍には難しかった。抗日地区の運輸隊は、山中の道なき道を通った。彼らは、ラバや馬・ラクダの背に鉄製器具、石炭・穀物や農民の手織りの綿布などをのせて運んだが、これも日本軍には「見えない」経済であった。しかし、辺鄙な農村に形成された「見えない」産業、広大な農村地域を毛細血管のように貫通した「見えない」流通こそが民族的な抵抗の財政的経済的な源泉となったのである。そして、最後には農村が都市に、伝統技術が近代的技術に打ち勝ったのである。

本章では、「見えない」抗日根拠地の財政的基盤を略述し、抗日根拠地の「見えない」産業・流通を民衆がどのように支えたか、を製鉄業と運輸事業を例にとって考察する。本章は、第二章で検討する日本軍占領地の財政史、第四章の製鉄史、第五章の交通運輸史と対の関係をなす経済史、社会史の考察である。

本章では割愛するが、抗日政権下のアヘンは二重の意味で「見えない」物資であった。それは、日本軍にとっては「見えない」物資であったが、抗日地域の民衆からも「見えない」ように収買・輸送されていた。アヘンは、抗日地域においても地下経済を循環する最も重要な農産物であった。アヘンは、辺区内では消費や流通が禁止されたが、日本軍占領地に密輸されて抗日政権が銃器や医薬品・糧秣などの生活必需品を調達するための財源となった。この点は別稿で部分的に論じたので、参照されたい。(1)

注

(1) 拙著『抗日戦争と民衆運動』(創土社、二〇〇二年)所収、「抗日根拠地のアヘン管理政策とアヘン吸飲者救済活動」。

第一節　山西省抗日政権の財政史

1　晋綏辺区の財政的基盤

晋綏辺区は、山西省西北部から内モンゴル自治区中西部にかけての地域に設立された抗日政権であった。抗戦初期の一九三七年九月二十日に、八路軍と犠牲救国同盟会の指導をうけた「第二戦区民族革命戦争戦地総動員委員会」(戦動総会)という半政権機構が設立された。当初は、山西省北部の一八県、チャハル省南部の五県などを所轄地域としたが、のちにそれは拡大された。三九年十二月、閻錫山政権が犠牲救国同盟会と同会指揮下の山西新軍を攻撃するという事件（山西新軍事件）が勃発した。この事件によって、犠牲救国同盟会と山西新軍は中共・八路軍側についてしまい、閻錫山政権と中共との抗日民族統一戦線は暗礁にのりあげてしまった。四〇年二月、山西省興県で戦動総会を再編した「山西省第二遊撃区行政公署」が発足した。同行政公署は、四一年八月に晋西北行政公署と改称され、さらに四三年十一月には拡大改組されて晋綏辺区行政公署の設立をみた。晋綏辺区は、四二年の日本軍による治安強化作戦の時期には領土は四〇年の三分の一に縮小した。しかし、四五年末には東西一五〇キロ、南北七五〇キロの領土に四五〇万人以上の人口を擁するまでの政権に成長した。[1]

第1表　晋綏辺区の財政収入（1940～45年）

項目＼年	1940	1941	1942	1943	1944	1945
田賦	39,755	10,000	53,542	※	※	※
公糧変款	－	187,541	326,363	569,727	636,144	1,672,847
薬品変価	41,433	263,610	363,322	※	※	※
煙罰	※	※	※	6,605,065	5,342,296	5,157,010
没収罰金	85,845	1,625	30,524	－	21,499	－
税款収入	14,477	181,032	135,765	103,751	57,381	628,596
銀行貿易透支	547,011	164,079	78,669	－	472,970	1,563,730
公債発行	※	※	※	300,000	－	－
借攤款	172,439	－	－	※	※	※
献金	739,768	－	－	※	※	※
敵区収款	※	※	※	－	63,359	－
その他	－	12,500	－	139,000	88,759	956,347
合計	1,640,728	820,387	988,185	7,717,543	6,682,408	9,978,530

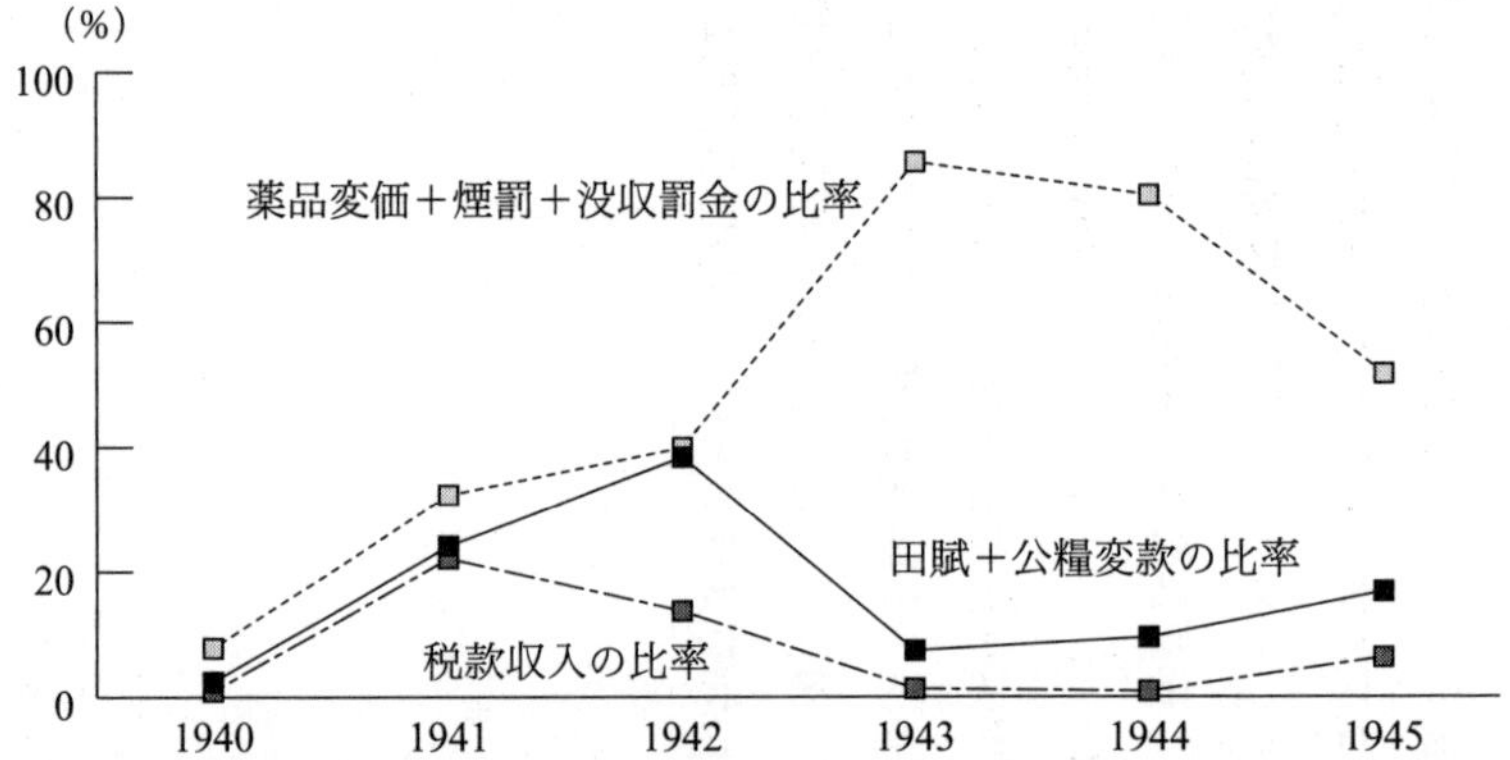

〔出所〕1940～42年は、景占魁・劉欣主編『晋綏辺区財政経済史』、山西経済出版社、1993年、167頁表。43～45年は、同書、251頁表。

〔備考〕数字の単位は元（銀元）である。「※」は原表の当該年の項目中になかったもの、「－」は原表の当該年の項目中で空欄になっていた箇所である。引用にあたっては小数点以下を四捨五入した。

〔注〕(1) 167頁原表の注では、「薬品変価には煙税変価と統一買付によって生じた利益との二つの部分の収入が含まれる」とあり、251頁原表の注では、「煙罰収入は煙税と統一買付によって生じた利益との二つの部分を指す」とある。従って、この二つの項目は同じ実体の収入項目を意味している。

(2) 167頁原表の注では、「銀行貿易透支（銀行による商業活動にたいする当座貸越）の数値は、まだ詳細な精算をしていない」とある。

(3) 251頁原表の注では、「公債発行とは43年に発行された“農民銀行紙幣を強化するための公債”を指す」とある。

第1表は、晋綏辺区の財政的基盤についての数値である。

まず税収項目について若干の説明をしよう。「田賦」は、農地所有者にたいする農業税であった。「税款収入」は、都市部における各種の営業税や印紙税・流通税を指していたと考えられる。「公糧変款」は、農地耕作者にたいして現物（アワなどの穀物）で徴収された租税を金額表示したものである。「煙罰」の「煙」はタバコではなくて「煙土」つまり生アヘンを意味していた。そこで、「煙罰」とは、アヘンの生産と売買に課せられた税金の意味であった。原注では、「薬品変価には煙税変価と統一買付によって生じた利益との二つの部分の収入が含まれる」とあり、「煙罰収入は煙税と統一買付によって生じた利益との二つの部分を指す」とも述べられていた。つまり、薬品変価は煙罰収入の意であった。「薬品変価」「煙罰」「没収罰金」の三者は、いずれもケシ栽培やアヘン類の販売・流通にかけられた税目であった。ただし、広義の農業税に属するケシ栽培税がどのくらいあったかは不明である。「銀行貿易透支」は辺区政権による銀行券の供給量であり、「公債発行」とともに金融政策の実施を意味していた。「借攤款」は辺区内の地主や商人らの富民層にたいする強制的寄付金であり、「献金」は富民層からの献金であった。「敵区収款」は、日本占領地の傀儡政権やその協力者からのロビンフッド的な収奪であった。つまり、「借攤款」「献金」「敵区収款」の三者は富民層や親日陣営等からの収奪であり、徴収基準が不明瞭でかつ不安定な税源であった。

以上の説明をふまえて、財政収入の面から晋綏辺区の特徴を考えてみる（第1表、下図）。第一に、農村的基盤の大きさを示す「田賦＋公糧変款」の比率を一九四〇～四五年でみると、二・四％↓二四・一％↓三八・四％↓七・四％↓九・五％↓一六・八％であった。これは四二年では収入の四割弱を占めていたが、その後は低調であった。この点では、晋綏辺区は安定した農村（農民）政権とはいい難い。第二に、都市的基盤を反映していたと見られる「税款収入」の比率は、〇・九％↓二二・一％↓一三・七％↓一・三％↓〇・九％↓六・三％であり、四一〜四二年を除いてきわめて低かった。「田賦＋公糧変款」と「税款収入」の比率をみるかぎりでは、この抗日政権が都市に基盤をもった政権ではなかったこと、言い換えると農村を基盤とした政権であったことを示唆している。

しかし、晋綏辺区政権が健全な財源をもつ農村政権だったと判定するのも難しい。省西北部の広大なケシ栽培地を支配した晋綏辺区の特徴を鮮やかに示すものは、ケシ・アヘン関連税源であった。「薬品変価＋煙罰＋没収罰金」の比率は、七・八％↓三一・三％↓三九・九％↓八五・六％↓八〇・三％↓五一・七％であった。つまり、四一〜四五年においては年間財政収入の三割以上、うち四三〜四四年では八割前後がアヘン関連であった、と推定しうる。極言すると、晋綏辺区はアヘン税収に支えられた財政的基盤の不安定な政権であった(2)。これには、晋綏辺区の設立された地域が、一九三〇年代以前からアヘンの大生産地だったという要因が深く関係していた。

2　太岳区抗日根拠地の財政的基盤

太岳区根拠地は、省中南部の太岳山脈と中条山地区を地盤にした抗日政権である。

第2表にもとづいて、太岳区の財政的基盤について考察する。「田賦」は農業税、「公糧折款」は晋綏の「公糧変款」と同じく農地耕作者にたいする救国公糧である。「合理負担」は、所有資産額にたいする徴収と収入額の多少にたいする徴収の二種類あった。資産では、土地・商業投資・貯蔵穀物・貯金等が対象とされ、家屋・工業投資・水利投資などは除外された。税源では、土地・林木・家庭副業等から生まれる収入、公司・商店・工場・個人事業・公営商店等の経営から生まれる収入などが対象とされた。農村では地主・富農・自作農らが、町場では

第２表　太岳区根拠地の財政収入（1942～45年）

項目＼年	1942	1943	1944	1945
田賦	567,183	※	※	※
公糧折款	1,315,301	11,380,914	7,763,902	7,888,176
合理負担	455,606	6,177,855	27,186,494	60,579,067
税款収入	599,752	4,078,139	15,159,832	29,380,868
契税収入	104,104	926,995	5,811,131	12,570,530
罰款収入	273,657	2,473,708	5,315,334	9,434,754
公営収入	107,013	7,000,000	1,320,000	10,001,500
銀行透支	※	5,653,098	18,259,202	287,613,917
兌換収入	※	21,562	71,925	－
その他	89,090	685,196	1,150,706	6,142,103
合計	3,511,706	38,397,467	82,038,526	423,510,915

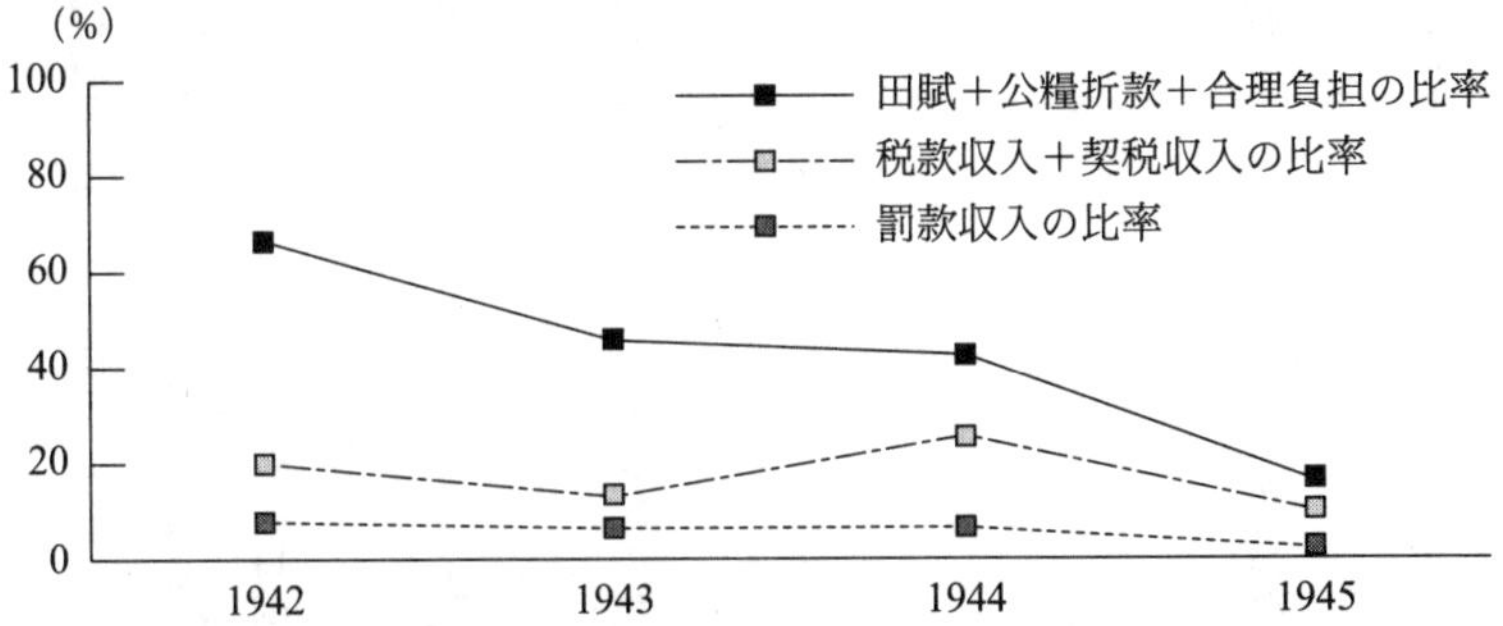

〔出所〕1942年は中共山西省委党史研究室・山西省檔案館等編『太岳革命根拠地財経史料選編（下）』（山西経済出版社、1991年）の964頁表、43～45年は同書、990～992頁表による。ただし、42年は1月～9月20日の財政収入である。その他は当該年度の収入だが、前年度繰越金や銀行借款・政府借款などは含まない。

〔備考〕数字の単位は元（銀元）である。「※」は原表の当該年の項目中になかったもの、「－」は原表の当該年の項目中で空欄になっていた箇所である。

富裕な商人や企業家たちが主たる徴収対象とされた[3]。町場の住民も「合理負担」の対象であったが、抗日政権の活動拠点が農村部であったことを考えると、その徴収対象の多くは農村部の地主・農民層であった、と思われる。「田賦＋公糧折款＋合理負担」（A）は農村的基盤の大きさを示す財源であった、と理解してよい。他方で、「税款収入」は町場における各種の営業税などを、「契税」は売買契約書の証紙税を指していたから、主として都市的基盤を示す財源であった、と考えられる。

一九四二～四五年の「田賦

＋公糧折款＋合理負担」の比率は、六六・六％↓四五・七％↓四二・六％↓一六・二％と逓減した（第2表、下図）。これにたいして、「税款収入＋契税収入」（B）の比率は、二〇・〇％↓一三・〇％↓二五・六％↓九・九％と増減を繰り返した。（A）にたいする（B）の比率を歴年でみると、四二・四三年では三割前後であったのが、四四・四五年では六割前後に上昇していた。抗日戦争の勝利が目前に迫ると、太岳区根拠地の財政的基盤が農村部から都市部へ移動したことを示している。

「罰款収入」は正確には「行政司法罰款収入」であった。この内容は明示されていないが、政府に未申告の各種「違禁品、現金、現銀」没収から生じる収益を指していた。「違禁品・毒品は一般に等しく政府の処理に帰する」(4)ということから、「罰款収入」とはおおむねケシ・アヘン等の生産・流通・押収等に係わる収益であったことがわかる。「罰款収入」の比率は一九四二年から四五年にかけて七％台から二％台にあり、太岳区における税源中のアヘンへの依存度は、晋綏辺区よりもかなり低かった。これは、太岳区政権が晋綏辺区政権よりも財政的に健全で安定的であったことを示している。

注

(1)「専題概述」参照、郭維明他主編『晋綏革命根拠地政権建設』、山西人民出版社、一九九八年。

(2) ここは、内田前掲書、一三〇〜一三二頁を部分的に再引した。

(3)「晋冀魯豫辺区合理負担徴収暫行辦法草案（一九四一年八月）」、中共山西省委党史研究室・山西省檔案館編『太岳革命根拠地財経史料選編（下）』、山西経済出版社、一九九一年、九九七〜一〇〇一頁。

（4）「太岳行署関於今後財政工作方針的指示（一九四五年七月）」、『太岳革命根拠地財経史料選編（下）』、九八七頁。

第二節　抗日政権下における製鉄業

抗日根拠地における製鉄業は、鉄鉱石や石炭の産地に近く、在来の鉄器製造業の歴史のある地区に限られていた。もっとも、典型的な製鉄原料の調達方法は、日本軍占領地からの鉄道レールや送電線などの破壊と回収であったから、原料はどこでも調達できた。民間からもクズ鉄や鋳鉄クズを購入した。ただし、レールでヤスリや機械部品を製作したり、坩堝にいれて煉鉄の原料にするという装置と技術と技術者がいる場所は限られていた。その意味では、製鉄業はやはり装置産業であった。工場はおおむね公営の兵器工場として経営されていた。省西北部では臨南県招賢鎮が、省東南部では武郷県柳溝村が代表的な製鉄業の拠点であった。日本軍はこれらの製造拠点を捜しまわり、時には急襲した。

1　省西北部の抗日政権下における公営兵器工場と製鉄業

省西北抗日政権下における鉄製品の製造は、二段階で行なわれた。第一段階では、小型の高炉で銑鉄を生産した。製法の詳細は不詳であるが、「たたら炉」のような小型炉を使用した、と考えられる。近代的な高炉があったとは考えられない。ちなみに出雲地方で古代から行なわれていた日本のたたら製鉄では、特産の砂鉄と木炭とを「たたら炉」に入れて燃焼させ、砂鉄を木炭によって還元して鉄を生産していた。燃焼した砂鉄からズク（銑鉄塊）とケラ（錬鉄）ができ、砂鉄に含まれる不純物は高温で溶融してスラップ（鉄滓）として排出された。たたら製鉄では、砂鉄が炉の釜土を食いながら製錬を進め、その結果として炉壁が痩せて耐えられなくなって操業がおわった。そこで、たたら炉では毎回の操業で炉を作る必要があった。

省西北抗日政権の製鉄場でも、第一段階の工程で「毛鉄」（ズク、銑鉄塊）が生産されたが、当時（一九四〇年頃と推定）の同地区では、鉄鉱石三万キロ、コークス三六〇〇キロ、黒炭一万三〇〇〇キロ、砕炭六六〇〇キロを使用して、「毛鉄」一万三〇〇〇キロを生産した。歩留まりは四三％であった[1]。

第二段階では、その「毛鉄」を主原料として溶銑炉（キューポラ）による鋳鉄の生産をした。キューポラは円筒形の炉である。炉内部の下の部分にペットコークスと称するコークスをある高さまで詰め、その上に「毛鉄」やクズ鉄などの材料とコークスとを交互に積み上げる。送風口から新鮮な空気を送って下層にあるペットコークスを燃焼させ、その高熱によって材料をとかす。とけた溶湯は一六〇〇度近くになる。それを耐火物を張った鍋にいれ、一四〇〇度近くの温度で砂型に流し込んで製品を作った。第二段階の鋳鉄生産では、銑鉄五〇〇キロ、クズ鉄一〇〇キロ、コークス一六〇〇キロ、「坩泥」（炉壁用粘土）五〇〇キロ、石炭六〇キロを使用して、三〇〇キロの鋳鉄製品（大鍋五二杯に相当）を生産した。歩留まりは六〇％であった[2]。

省西北部の抗日政権下における鉄製品の産地についていうと、一九四一年における銑鉄と鋳鉄製品の主要工場は**第3表**の通りである。

省西北部における鉄鉱石の主産地は臨南県招賢鎮であり、臨南の八工場はいずれも同鎮にあった。招賢鎮では戦前の一九二九年には最多の一九工場があったが、三七年には六と大幅に減り、四〇年初めに山西新軍事件が発生して抗日統一戦線が破られると三工場にまで減った。四一年の八工場のうち私営は七、公営は一（山西新軍の決死四縦隊の直営）であった。私営のうちの五工場は八路軍一二〇師から食糧や現金を供与されて契約関係にあり、製品の七割は一二〇師に販売する契約になっていた。いずれの工場も販路には困らなかった。大部分は八路軍の銑器工場に販売され、残りは民間の鉄器工場に飛ぶように売れた。[3]

第3表の示すように、一九四一年では七県に三五か所の鋳鉄製品を生産する工場があった。従業員総数は四〇三人で、総生産量が六一万四〇〇〇キロ、一工場当り二万一六〇〇キロを生産していた。主要工場は臨南県招賢鎮にあり、臨南の一八工場はいずれも同鎮にあった。招賢鎮では戦前の一九二六年には最多の二八工場があったが、三七年には一三、三八年には九と大幅に減った。三九年には抗日政権が合作社形式の工場を作ったので、一四に増えた。四〇年初めに山西新軍事件が発生して抗日統一戦線が破られると一二工場に減ったが、四一年には一八に増えた。招賢鎮の一八工場のうち、私営は八、公営は一、合作社は三、合作社と私営との共同経営は六であり、合作社形式が重要な役割

第３表　省西北部の抗日政権における銑鉄と鋳鉄製品の主要工場（1941 年）

	県名	工場数	従業員数	年産量（キロ）
①銑鉄の主要工場	臨南	8	50	560,000
	保徳	1	32	30,000
	河曲	1	不詳	不詳
	計	10	82	590,000
②鋳鉄製品の主要工場	臨南	18	185	349,200
	保徳	2	33	43,200
	河曲	1	15	21,600
	興県	4	60	90,000
	陽曲	3	80	64,800
	離石	1	15	21,600
	寧武	1	15	21,600
	計	35	403	614,000

〔出所〕①は劉欣主編『晋綏辺区財政経済史資料選編（工業編）』、山西人民出版社、1986 年、105 頁、②は同書、110 頁。
〔備考〕鋳鉄製品の年産量 21,600 キロは 1 工場当たりの平均産量であり、多くはこれを超過していたという。

を発揮した。主要な製品は鍋類、犂、犂の刃などの民需品であった。経営はおおむね良好であったという。(4)

いま紹介した臨南県招賢鎮の一八工場のなかにただ一つ公営工場があったが、この工場については一九四一年十一月時点の調査報告がある。(5)この工場は、一二年の歴史のある鉄礦場であったというが、「四一年六月に私営から公営に転じ、新たに法幣八〇〇元を加えて資本額は四〇〇〇元となり、労働者も二〇人から三二人に増えた」。ただし、「某村、三五戸、当地礦業の中心」と記述するだけで具体的な地名の言及はないので、前引の公営工場についての記述というのは筆者の推定である。

この工場では、第一段階の工程のために四基の「散鉄炉」が、第二段階の工程のために一基の「化鉄炉」があった。前者では一工程が四日、後者では二日であった。私営時は四日毎一工程の出銑量は二〇〇斤、毎月四〇〇〇斤であったが、春と冬しか操業しなかったから、年産二万四〇〇〇斤であった。公営後は一工程の出銑量は三〇〇斤、年間一〇か月の操業として六万斤という計算であった。私営時は工場主が場所・炉・ふいごなどを提供して金を取り、労働者は簡単な工具と製鉄原料とを調達して、製品は自分で売っていた。公営後、労働者は給与制となり工具は政府から支給されることになって、一工程三〇〇斤として一斤当たり原価は三角、販売価格は五角ですべて政府に売却されることになった。三二人の労働者のうち二戸が中農で残りは貧農(うち兼業小作農は六戸)だった。二〇歳台が一七人、五〇歳以上が五人、三〇歳以上が一〇人で、ほぼ全員が文字を識らなかった。工場には一九四〇年に工会(労働組合)ができたが、なんと工場主が工会秘書という指導者の地位についた。富裕中農であった彼は公営化後には鉄礦場の生産幹事も兼務した。給与や食糧手当の支給も手にして鉄礦場を経営していたときよりも大きな利益を得たという。調査報告は、「工場主は直接労働者を搾取するかわりに政府を搾取することになった」と、公営工場の工会の改組を提起していた。公営がこの有様だったのだから、多数を占めた私営工場の経営や生産にはもっと大きな困難があったであろう。

抗戦末期の一九四五年七月頃の省西北部における製鉄業の概況について記しておく。[6] 臨南県の招賢、保徳県の薑子溝・腰荘が中心産区で、陽曲県治元がこれに次いだ。とりわけ招賢の産鉄量は（晋綏）辺区全体の五五％を占め、域内の兵工原料に供給したほかに三分の一を貿易局を通じて輸出していた。招賢の「毛鉄」（銑鉄塊）生産量は第4表の通りである。四五年は四か月間の数値だけであるが、生産量の急激な伸びがあった。臨南・保徳・陽曲三県には製銑用の炉が二四基あり、四四年の銑鉄塊生産量は五五万一九二〇斤であった。これらに興県・寧武・交西・偏関四県の七基をいれて計三一基の生産量は一一五万四七〇〇斤であった。溶銑炉は六基で、四四年の鋳鉄生産量は六万四〇〇〇斤であった。

2　省東南部の抗日政権下における公営兵器工場と製鉄業

省東南部の太行抗日根拠地には、八路軍総司令部直営の兵工廠として「柳溝鉄廠」があった。武郷県の山のなかの柳溝村に一九三九年四月に設立されたので、この名前がつけられた。この工場では手榴弾・地雷・砲弾を生産したが、砲弾の原料として前段の工程で銑鉄と錬鉄とを生産した。柳溝村には、在来の技法で銑鉄から鍋・壷・犂などの鉄器を製造する伝統があった。三八年四月、武郷県の労働組合は民工を組織して錬鉄から手榴弾や農具の生産・販売を始めた。当初の従業員一〇人弱が二六〇余人に増えた。三九年四月には負債をかかえて経営が難しくなったために、八路軍総司令部に接収された。このときに、「八路軍総司令部柳溝鉄廠」と改称され

第４表　臨南県招賢鎮の産鉄量

年度	銑鉄塊（斤）	鋳鉄（斤）
1940 年	486,000	240,000
1943 年	725,000	634,800
1944 年	809,800	609,700
1945 年	285,600	284,550

〔出所〕「辺区工礦業概況」、『抗戦日報』第 843 号、1945 年 7 月 8 日。
〔備考〕1945 年は 4 月末まで。

昔ながらの方法で鉄をつくり、手榴弾を製造した民衆と兵士

〔出所〕中国人民解放軍歴史資料叢書編審委員会『中国人民解放軍歴史資料叢書　八路軍』、解放軍出版社。

た。新たに技術者と労働者を投入して経営を再建した。従業員はピーク時には四六〇余を数えた。(7)

この工場で生産された銑鉄は、炭素含有量が高かったために硬くて脆かった。そこで、当初は砲弾は生産できず、手榴弾と地雷の原料としてしか使えなかった。製法の改善が一九四一年四月に実現して、伸縮性と強度のある鉄を造ることができるようになった。こうして切削の可能な砲弾の薬莢原料の生産が可能となり、砲弾を大量に生産する道が開けたのである。(8)

一九四二年には、抗日根拠地にたいする日本軍の掃蕩作戦が始められた。同年二月に日本軍は柳溝鉄廠を急襲したが、労働者はすばやく施設を隠した。三月には工場は規模を縮小し、三つの独立した分工場に分割された。第一分工場は武郷県庄底村に移転して、引き続き製銑と迫撃砲部品や農具・鉄鍋などを生産した。第二分工場は黎城県卜牛村に移転して、手榴弾や地雷を生産した。第三分工場は黎城県白不峧村に移転して火薬を生産した。四三年六月には、庄底村の近くの武郷県蟠龍鎮に日本軍が砲台を築いた。そこで第一分工場は遼県（現左権県）の後庄村に移転したが、生産はじり貧になった。四四年三月には、階級敵を摘発し批判する極左的な政治運動として知られる「搶救運動」が発動されて、すべての工場が閉鎖の憂き目にあった。同年夏に工場の生産が再開された。(9) 柳溝鉄廠のピークは分散移転前の四一年頃であった。ピーク時には製銑・砂型・木工・完成の四部門をもち、従業員六〇〇余人を擁した。分散移転時には二四三人に削減された。製銑量は当初は毎月二万二五〇〇キログラムだったが、ピーク時には九万キロに達した。(10) こうして太行根拠地における軍事工業のための原材料供給基地の役割をはたした。

注

(1) 劉欣主編『晋綏辺区財政経済史資料選編（工業編）』、山西人民出版社、一九八六年（以下、劉欣一九八六）、一〇七頁。
(2) 劉欣一九八六、一一三～一一四頁。
(3) 同前、一〇五～一〇六頁。
(4) 同前、一〇八～一一二頁。
(5) 「一個鉄礦場的調査」、『抗戦日報』第一三三～一三四号、一九四一年十二月十八日、十二月二十一日。
(6) 「辺区工礦業概況」、『抗戦日報』第八四三号、一九四五年七月八日。
(7) 劉鵬「敵後兵工廠的回憶」、呉東才主編『（革命根拠地軍工史料叢書）晋冀豫根拠地』、兵器工業出版社、一九九〇年（以下、呉東才一九九〇）、一〇二頁。「柳溝鉄廠」、同書、二四四〜二四五頁。山西省国防科技工業辨公室・山西省国防工業工会共編『山西軍事工業史稿（一八九八〜一九四九）』、一九八三年、六八〜六九頁。

(8) 劉鼎「太行山上的軍事工業」、呉東才一九九〇、九二〜九三頁。陸達「炮弾韌的韌化処理」、同上書、一三〇〜一三三頁。

(9)「柳溝鉄廠」、呉東才一九九〇、二四七〜二五〇頁。

(10) 趙秀山主編『抗日戦争時期晋冀魯豫辺区財政経済史』、中国財政経済出版社、一九九五年（以下、趙秀山一九九五）、二七七〜二八〇頁。

第三節　抗日政権下における運輸事業

運輸業は、製造拠点の限られていた製鉄業とはかなり条件が異なっていた。交通運輸網のあり方は、抗日政権の発展段階に規定されていた。根拠地が弱体で、単細胞動物のように分断されて小さな生活圏しか存在しなかった時代（一九四三年以前）と、根拠地の結合力が強まり、生活圏がつながって一定の広さの市場圏を形成できるようになった時代（四三年秋から戦勝まで）とに時期を分けて考えてみる。

第一段階では、商業的輸送需要はまだ発生していなかった。当時の交通業とは、政府の公文書・郵便物、新聞などの刊行物を伝送するいわゆる通信・郵便事業の意であり、運輸業とは、公糧（租税としての穀物）や軍事物資の義務労働としての輸送の意であった。第一段階で抗日政権がやったことは、日本軍の掌握する鉄道・道路を破壊するという事業であった。それが、第二段階になると、根拠地内の経済活動の発展とともに商業的輸送需要が発生した。そして、運輸合作社や運輸公司が設立された。経済活動としての貨物運輸業が発展した。そして、抗日政権も物流のための道路の補修・建設に着手していったのである。以下に、そのような経過をみてみる。

1　省西北部の抗日政権下における運輸事業

省西北部の抗日政権は、一九四〇年二月に「山西省第二遊撃区行政公署」として発足した。四一年八月に晋西北行政公署と改称され、四三年十一月には晋綏辺区行政公署として拡大・改組された。抗日政権の発足当初の運輸事業は、たとえば、行政公署は、四一年三月十八日に、傷病兵や軍需品の円滑な輸送のために幹線道路沿いに「交通站」（道の駅）を設置することを指示した。(1) これは、沿道一〇キロ毎に駅を設け、担架二〇台を用意すること、駅長は所在地の自衛隊（末端の民兵組織）の中隊長が任じ、労役に従事する民夫と役畜は各村から供出すること、という内容であった。なお、四一年五月には行政公署に交通総局が設置され、その後約半年のあいだに所轄の六つの分区に交通分局が、二七の県に県交通局が設置された。それとは別に、七か所の連絡站（連絡駅）が設置され、書簡や新聞雑誌が送達された。(2)

一九四三年秋になると、省西北部の抗日農村では秋の収穫のための農業互助や減租（小作料の引き下げ）の運動、合作社の設立運動、織布の生産や兵士家族にたいする援農運動などが広がっていった。抗日政権の強化と農業の増産を背景として、省西北部の保徳と黄河をはさんだ陝西省北部の神府県では、九月になると食塩の運搬を目的とする運輸隊結成のブームが突如まきおこった。当時、食塩は最も重要な生活必需品であり、同県の貿易局が農民にたいして牛やロバによる駄運隊の結成を提唱したのである。当時は、塩池から牛の背に一四〇斤（七〇キロ）の塩をのせて、五～六日かけて運んでくるだけで六〇〇元前後の利益があった。農民は、儲けた金で冬用の棉衣や役畜や食糧を買い込むことができた。民衆の経済力が輸送需要を生み出したのである。[3] 原価が安くて利幅の大きな食塩運搬事業はその他の地域にも広がった。十月に、臨県では農村の合作社が「脚戸」（馬子）を組織した。合作社は運輸資金を、馬子は自分の役畜を出し、必要経費を控除した純利を馬子二、合作社一で分配するという契約であった。馬子側は、ラバ一二頭・ロバ三頭の第一班、ロバ九頭・馬一頭の第二班、ロバ一〇頭の第三班と三グループが参加したが、結果は合作社にとっても馬子にとっても大きな利益になった。[4]

一九四四年四月には、農業互助運動が高揚した興県第二区の某村に運炭合作社が生まれた。村民三二戸が互助に参加したこの村では、運炭専業戸にロバ二頭をあたえた。炭坑から村まで月に二五日間ロバで運炭させた。かつては外から炊事用の薪を買っていた村人は石炭の貯蔵で経費を節約することができた。また農作業の苦手な運炭専業戸たちは、村人の農業互助によって計二五垧（七五ムウ、約五ヘクタール）の畑を耕作してもらえるようになった。この運炭合作社は他村にも広がっていった。[5]

また神府県第一区の某村では、農業互助組織と連動した運輸隊が結成され、顕著な利益をあげた。この村では、春季に農民二〇人、耕牛八頭、ロバ二〇頭が参加して三つの互助小隊をつくった。もともとは春の耕起のための互助であった。互助は人力と畜力とを節約したから、参加者は自分の役畜をつれて輪番で運輸業に従事することになった。[6] 興県第五区の「労働英雄」賈懐徳の村では、彼の提唱のもとに農業互助組をつくったが、金を出し合ってロバを二頭買い、組員一人に運輸隊を任せた。運輸隊は村で必要な食塩と燃料用の石炭とを買って帰った。

塩も石炭も村人の出資額に応じて分配したが、こうした運輸形式は周辺の村にも広がった。[7] 興県第一区の各村にもすでに合作社ができていたが、五月下旬には村の規模を超えた「中心合作社」が設立された。このさいに特産品の移出と生活必需品の移入とを目的とした運輸隊が新たに組織された。[8]

以上に合作社が母体となって設立された運輸隊について述べたが、次に発展の経過が比較的よくわかる合作社運輸隊について紹介する。第一が、臨県梁家会合作社によって設立された運輸隊である。[9] 梁家会合作社は、一九四三年九月に二人の「脚戸」(馬子)と塩の運輸にかんする合作契約を交わした。馬子側は四万元相当の出資金として労働力一人役畜二頭を提供し、合作社側は現金四万元を出した。つまり条件は折半出資であり、必要経費の控除後に馬子二・合作社一の割合で利益を折半するという内容であった。四四年二月までの五か月間に二人の馬子は計一万二七一〇斤の塩を運んで五万三一八〇元を儲けた。これは個人運輸の倍の利益であった。合作社はまた、ただで役畜の病気をみてやったり、鞍や運搬用の袋の購入に金を貸した。馬子二人と契約した最初の運輸隊は「臨県群衆合作社運輸隊第一分隊」を呼称したが、四四年二月には馬子六人・役畜一六頭を加えて第二、第三分隊を組織した。当初合作社が第一分隊のために所有した役畜はロバ一頭にすぎなかったが、四四年六月には合作社は馬一頭・ロバ三頭・ラバ五頭、計九頭の役畜を所有するようになった。この間に合作社は「騾馬店」(馬子宿)二か所を設立し、馬子宿には獣医を置いた。こうして六月には、合作社は九頭の役畜を所有するほかに、馬子との合作契約で二〇頭を利用できるまでになった。運輸契約が始まってから運輸隊は合作社のために塩・食糧など八万余斤のほかに公糧(穀物による現物税)一八石を運んだ。

第二は、興県第二区の運輸合作社である。[10] 第二区の李家湾行政村では、一九四四年の初めに農会幹部の范義仁の指導下に全村二一戸を農業互助組に組織した。その後、春の耕起のときに村人から金を集めてロバ一頭を買い入れ、年老いた農民一人に石炭の買い付けと運輸とを任せた。村の燃料用石炭の買い付けと引き替えに互助によって農民の土地を耕作したが、これによって多額の燃料代の節約になった。この成果は近隣の村人たちの注目するところとなり、四四年五月までに七つの自然村が運輸合作社（ロバは計一三頭）をもつまでになった。馬子に選ばれた人びとは、老人や未成年で一人前の農作業のできない人たちだったが、馬子の仕事であれば十分にこなすことができた。こうして石炭の調達ができるようになったので、村の女たちの薪集めの重労働も不要となった。女たちは機織りや糸紡ぎに精を出すことができたから、村の運輸合作社は大いに支持をえた。

抗日政権下においても最も重要な商業的輸送の物資は石炭であった。興県では、一九四四年八月十四日に県貿易局や運輸隊の合作で石炭運輸站が設立された。住民は同站で容易に石炭を買えるようになった。[11] 石炭運輸站は設立から三か月後には一五頭の運輸用ロバを擁した。また一斤当たり市価より二角安い値段で一六万八五〇〇斤を売却した。[12]

運輸隊があちらこちらの村で結成され、運輸事業が活発化すると、道路にたいする政府の対応にも変化が生じた。以前は、道路は鉄道とおなじくもっぱら破壊の対象であった。しかし、晋綏辺区行政公署は一九四四年十月になると「交通要道の修築は重要な鍵である」とする指示を出したのである。「各小路は役畜が通行できるようにし、役畜の通行する大路は車両の通行できる大路になおすならば、運輸量は大いに増し運輸費用は大いに減ることになろう」と呼びかけたのである。[13] ここで提起されたのは「道路」であって自動車の通行可能な道路を意味する中国語「公路」ではなかった。しかし、これは抗日戦争の勝利を目前にした抗日根拠地の交通政策の大きな変更を意味した。

武器弾薬や糧秣などの軍事輸送のために運輸隊が組織され、「兵站」（中継駅）が設置されたことが知られる。駅は道路沿いにひそかに設置されたが、駅間距離は三〇キロ未満であった。これは民衆が一日で往復できる限度内だった。運輸隊一組は、「大車」（人が牽く軽車両）五両または役畜五頭で組織された。三組で一小隊が、三小隊で一中隊が組織された。中隊長には区級（県の下）の幹部が、小隊長には村の幹部が、組長には村の農会の積極分子が任じられたという[14]。

2　省東南部の抗日政権下における運輸事業

省東南部の幹線道路や鉄道も日本軍が掌握していた。そして、日本軍による抗日地域への掃蕩作戦の主要ルートであった。それゆえ、道路も鉄道も破壊の対象であった。たとえば、河南省から山西省東南部へいたる邯鄲～長治公路は一九三〇年に開通した全長一七五キロ（山西省内七一キロ）の道路であった。砂利を敷いただけで雨季には通行できない簡便な道路だった。日本軍は三九年の長治占領後この道路を補修したが、幾度となく抗日勢力に破壊された。戦争中はほとんど不通であった[15]。四〇年当時は、省東南部の抗日政権はもっぱら鉄道や幹線道路の破壊を任務としていたが、破壊するだけでは自分たちのための交通運輸事業にとっても不利益であった。これを反省して四〇年五月には、「山岳地区の道路破壊と道路修築」について、「どこを壊しどこを造るか」を「政権機関や軍事機関の決定にもとづいて、各地の民衆を動員してするのが最もよい」という見解が提起された[16]。

山西省東南部の太行区に交通局が設置されたのは一九四〇年九月と早かった。しかし、広域の領土を保有する省の抗日政権が郵政・通信・道路交通を管轄する「交通局」を設立したのは、抗戦末期または戦後であった。晋察冀辺区政府による「交通総局」の設立は四五年五月、晋冀魯豫辺区政府による設立は同年十二月だった[17]。既述のように、晋綏辺区では四一年五月に「交通総局」が設置されていたが、それは通信・郵便事業の役所であり、広義の道路交通事業は辺区建設処が担当していた。当時の抗日政権では、いわゆる「交通線」とは各種の郵便物を送達するために抗日政権がひそかに開設したルートを意味していた。それらを運ぶための手段は、人間の歩行であったり、ロバ・ラバであったり、大八車様の軽車両であったり、自転車であったりした。

省東南部の抗日政権下における運輸事業の展開について述べてみよう。

最初に着手されたのは、糧秣運輸事業であった。一九四〇年八月以降（四一年七月以前と思われる）に、晋冀魯豫辺区政府によって「屯糧運輸辨法」（軍・政府に納付する糧秣を輸送するための辨法）が公布された。この辨法が定めたところの糧秣運輸のための「運輸站」（運輸拠点）と運輸隊の内容は次の通りであった。第

トラックを修理する抗日根拠地の自動車学校

〔出所〕中国人民解放軍歴史資料叢書編審委員会『中国人民解放軍歴史資料叢書　八路軍』、解放軍出版社。

一に、二輸送拠点間の距離は五〇キロとする。運輸拠点に勤務する従業員は本業との兼務を原則とし、定員は五人以下とする。第二に、運輸隊員は一八歳以上四五歳以下の身体に障害のない人民とする。自然村のうちの「主村」を単位として運輸隊を設置する。隊長は選挙で選び、隊にはいくつかの小組を設ける。一小組は一〇人ないし役畜一〇頭からなるものとする。一日当たりの糧秣輸送量は、人間では六〇斤（三〇キロ）／人、ロバでは一〇〇斤／頭、ラバ・馬では一二〇〜一五〇斤／頭と定められていた。[18]

一九四一年七月二十二日には、「軍事支差条令」（軍事支援のための義務労働についての条令）が晋冀魯豫辺区政府によって公布された。この条令は、四一年四月一日に「晋冀豫区軍事支差条令」として公布され、部分的な修正をへて公布・施行されたものである。

修正後の「条令」は、軍事支援のための運輸隊について、次のように定めていた。第一に、運輸隊への参加資格は、一六歳以上五〇歳以下の男子、および二頭一対以上のロバ・ラバ・馬・牛（貨物の運搬ができない牛は除く）・ラクダであった。第二に、運輸重量は人の歩行では一人当たり三〇キログラムを超えてはならず、ロバでは四五キロを、ラバでは七〇〜八〇キロを、牛・馬は六〇〜七五キロを、ラクダでは一五〇キロを超えてはならなかった。第三に、輸送距離では、重量貨物は一日に三〇キロメートルを、軽量貨物では三五キロを超えてはならず、重量超過で距離五キロを超えた場合は割り増し運賃を徴収できることとなっていた。第四に、運賃基準は通常一人による三〇キロメートルの運搬を一労働力とみなして、畜運重量または車載重量に勤務時間をかけて算出した。[19]

一九四二〜四三年、省東南部はきびしい自然災害に見舞われた。多くの被災民が生まれたが、晋冀魯豫辺区政府は彼らによる運輸隊（被災民運輸隊）を特別に支援した。政府は彼らの運輸隊に「優遇特権」を与え、数十か所の「騾馬大店」（ラバや馬を扱う馬子が投宿するための「馬子やど」）を設置して、被災民運輸隊に利用させた。この二年間に、彼らの運輸隊によって二一万石の糧秣が輸送された[20]。

今述べた被災民への「優遇特権」の第一は、被災民への運賃支払いを一般民衆への支払いの一五％割り増しするというものであった。第二は、一般民衆の運輸委託を一回としたら被災民には四回委託することができるという規定であった。このような優待措置は驚くべき力を発揮した。一九四三年に太行区第三専区の楡次〜武郷間の幹線道路が日本軍によって封鎖されたときには、一五万人の運輸隊が組織され、軍の援護のもとで半月間に一万五〇〇〇余石の糧秣が輸送された[21]。

一九四三年十月から四四年五月までのあいだ、太行地区では被災民九万余人が運輸隊に組織され、糧秣二一万石、糠九万キロが運ばれた。男性の運輸隊員には、全部でアワ三万五〇〇〇石にあたる現物給与が支給され、これとは別にアワ二六二万余キロに相当する運賃が支払われた。これは一六万人の被災民が一か月間食べることのできる分量に相当したという[22]。

抗日政権下では、運輸業は「運銷合作社」（運輸販売合作社）の組織化という方法によっても発展した。太行区では、一九四三年以降政府貿易部門が運輸業を重視する政策を打ち出した。太行区第一・三・六専区所轄の山西省東南部七県では、四三年六月に商業と運輸とを結合した合作社がすでに二六三社できていた。四四年末には、それは五四八社に増えていた。同時期に太行区全体では一一七七社の商運合作社があった[23]。

一九四四年三月に、省東南部の襄垣県抗日政府は「太行運輸桟」を開業した。「桟」とは貯蔵倉庫の意である。県級抗日政府が開設した輸送網としては早期のものであった。抗日戦争が華北戦場において戦略的反攻の段階に突入したという認識が背後にあった。「太行運輸桟」は襄垣県西営鎮に開設され、県政府の直接指導をうけた。当初は運輸手段もなくて五人で始めたが、同月、県政府との公私合営で西営鎮と武郷県土河坪に「馬車大店」(馬子やど／馬子や車夫のための休憩宿泊所)を設立した。翌四五年には従業員は七人に増えた。営業項目は次の三種であった。第一は、沿道の役畜にたいする飼料の提供や車夫にたいする食事と宿泊の提供。第二は、ラバによる物資輸送の組織。西営鎮～河北省渉県(当時、晋冀魯豫辺区政府があった)間を、八路軍のために食塩・軍服・土布・棉花・食糧などをラバの背で運搬した。ひどい悪路で車両が通れなかった。第三は、塩販売店が河北省から買い付けてきた食塩の保管業務であった。四五年四月に、晋冀魯豫辺区政府所轄の「太行運輸公司」が開業すると、「太行運輸桟」は同公司所管の「太行運輸公司西営站」と改称された。[24]

抗戦末期には晋冀魯豫辺区内の政治体制も安定し輸送需要が増した。従来からの運輸隊や個人経営の馬子だけでは、輸送需要に十分に応じることはできなくなった。業界にたいする統一的な管理がなくて、運賃体系はばらばらで、馬子やどの料金は割高であり、道路の整備は遅れていた。主力貨物である政府糧秣の迅速な輸送は難しく、沿道の多くの人民に運輸事業の任務を割り当てたので、普段の生産に悪影響を与えていた。

そうした背景から、辺区政府は一九四五年二月に公営「太行運輸公司」の準備委員会を設立し、四月に同公司を開業した。辺区の工商総局・交通総局、各地の公営および私営商業団体、商業聯合会などが準備委員会に参加した。公司は「民営で政府が支援する」という性格であり、当初の資本金は五〇万元であった。公司の董事長(会長)に賈冲之(辺区工商総局秘書主任)が、総経理(社長)に糜鏞(太谷県の公営陽邑商店監理委員)が任じられた。公司には営業部・財務部が置かれ、各地に分支店や運輸拠点が設置された。公司は政府の貿易部門と連係をとって一定の「基本脚戸」(常雇いの馬子)を採用した。当初は陽邑～西営の一ルートで始められた。荷主から運輸だけではなく、保管や購買販売の代行も行なった。日常の運輸業務だけではなくて、日本軍占領地区か

ら大量の食塩を秘密裏に輸送したこともあった。(25)

注

（1）「行署通令各県、沿大道成立交通站」、『抗戦日報』第五四号、一九四一年四月九日。
（2）「半年交通工作有極大発展」、『抗戦日報』第一三九号、一九四二年一月三日
（3）「神府各村民衆、大批組織運塩隊」、『抗戦日報』第三九八号、一九四三年九月十八日。
（4）「臨県群衆合作社、組織脚戸運輸食塩」、『抗戦日報』第四二一号、一九四三年十一月十二日。
（5）「変工中的一個新創造：興県二区的運輸合作社」、『抗戦日報』第四八七号、一九四四年四月二十二日。
（6）「神府張家塘、変工隊和運輸隊相結合」、『抗戦日報』第四九四号、一九四四年五月九日。
（7）「労働英雄賈懐徳、組織群衆変工運輸」、『抗戦日報』第五〇四号、一九四四年六月一日。「興県五区各村、紛紛成立運輸合作社」、『抗戦日報』第五二四号、一九四四年七月十八日。
（8）「興県一区各村、聯合成立中心合作社」、『抗戦日報』第五〇九号、一九四四年六月十三日。
（9）「臨県梁家会合作社（続）晋綏分局調査研究室」、『抗戦日報』第五一〇号、一九四四年六月十五日。
（10）「興県二区的群衆生産」、『抗戦日報』第四九六号、一九四四年五月十三日。
（11）「興市設立煤炭運輸站」、『抗戦日報』第五五九号、一九四四年九月二十六日。
（12）「興県市煤炭運輸站、大量組織炭販運炭」、『抗戦日報』第六二三号、一九四四年十一月二十九日。
（13）「行署指示修築道路」、『抗戦日報』第五六六号、一九四四年十月三日。

(14) 山西省交通庁公路交通史志編審委員会編『山西公路交通史（第一冊）』、人民交通出版社、一九八八年（以下、交通庁一九八八）、二二九〜二三〇頁。
(15) 同前、二二七頁。
(16)「社論：論山岳地区的破路修路工作」、『新華日報　華北版』第二三二号、一九四〇年五月十九日。
(17) 交通庁一九八八、二二一頁。
(18) 同前、二四二頁。
(19) 趙秀山一九九五、一〇五〜一〇八頁。交通庁一九八八、二三三頁。
(20) 趙秀山一九九五、三四二〜三四三頁。
(21) 同前、一七三〜一七四頁。
(22) 同前、一七四頁。
(23) 同前、三四三頁。
(24) 交通庁一九八八、二三六頁。
(25)「太行区興辨三大公司」、『新華日報　太行版』第二五三号、一九四五年三月十三日。趙秀山一九九五、三四三〜三四四頁。

おわりに

本章では、「見えない」抗日根拠地の財政的基盤を略述し、抗日根拠地の「見えない」産業（製鉄業）、「見えない」流通（運輸網）を民衆がどのように支えたか、を考察した。以下のような各点を明らかにした。

第一に、財政収入という視点からみると、晋綏辺区政権も太岳区抗日政権も農村ないし農民や地主に依拠した政権であった。ただし、両者にはケシ・アヘン税収への依存度の大きさにおいて顕著な違いがあった。晋綏辺区では、一九四一～四五年においては年間財政収入の三割以上、うち四三～四四年では八割前後がアヘン関連であったと推定される。太岳区では、アヘン関連収入は四二年から四五年にかけて七％台から二％台であったと推定される。これは、晋綏辺区の領土がもともとケシ栽培の盛んな地域であったこと、抗日政権もアヘンを完全に根絶するという政策をとれなかったことによる。いずれにしても、アヘンという「見えない」特産品は、抗日根拠地政権の財源においても重要な位置を占めていたのである。

第二に、抗日根拠地では、原料立地型の小規模製鉄工場が在来の製法によって鉄製品を生産していた。省西北部では臨南県招賢鎮が、省東南部では武郷県柳溝村が代表的な製鉄業の拠点であった。日本軍には「見えない」産業施設であったが、必死に捜しまわり、時には急襲した。これらの工場は銃器や手榴弾・地雷などを生産しており、抗日根拠地政権にとっては軍事工業のための原材料供給拠点として貢献していた。

第三に、抗日根拠地政権が弱体な遊撃政権であった時代には、運輸業は取るに足りない役割しかはたしていなかった。政府のための通信・郵便事業だけが重要であった。しかし、政権の基礎が安定した一九四三年以降は、石炭・塩・穀物などを輸送する商業的輸送需要が発生した。省西北部では、農業互助組織と連動した運輸合作社が数多く設立運営された。省東南部でも農民の運輸隊が組織されたが、そうした動きの中から専業の運輸販売合作社や運輸公司が設立された。山中の小道を往来する抗日民衆の「見えない」物流が経済活動を支えたのである。当初は鉄道や幹線自動車道を破壊するばかりだった抗日根拠地政権も、抗日戦争の最後の段階には道路の補修・建設に着手した。

なお、本章の論点をめぐっては次のような課題が依然として未解決である。第一に、抗日根拠地政権としては晋綏辺区と太岳区政権の財政基盤について考察したにすぎない。省東北部の晋察冀辺区や東南部の太行区政権については他日を期したい。

第二に、製鉄業については解明できなかったことが多い。製鉄原料や各種製品についてのマクロ的な数値、生産された兵器や民需の鉄製品の供給先、技術者・労働者や工場の運営資金をめぐる問題なども不詳である。第三に、運輸業では貨物輸送量や貨物別の輸送量の推移、輸送工具や輸送業従事者のマクロ的な数値、輸送網の展開過程など、不詳な点が少なくない。

以上の各点については、引き続き史料発掘に努めたいと思っている。

第二章　山西省傀儡政権の財政的基盤

はじめに

本章は、日本軍占領下の山西省の傀儡省政権（省公署）の収入源を考察することを主要な課題とする。まず課税体系を明らかにし、そののち税収の動きについて分析する。税収の三本柱をなす「田賦」（農業税）、アヘン税、営業税について、その税収規模や徴税における問題点を検討する。こうした考察を通じて、省傀儡政権の反近代性（封建的性格）、反民主性、反民族性を明らかにしたい。三本柱の一つをなすアヘン税については、第三章で論じるので、必要最小限の考察にとどめる。以上の収入源の考察を行なったのちに、支出構造についても若干の考察をめざす。支出構造の分析によって、省傀儡政権が戦争の展開、治安作戦にどのような役割をはたしたのか、を考えてみたい。

筆者はかつて、「一九三〇年代における閻錫山政権の財政政策」（『アジア経済』第二五巻第七号、一九八四年）

において、閻錫山政権時代の山西省財政と日本軍占領下の省傀儡政権の財政とを比較検討したことがある。旧稿の主たる考察対象は閻錫山政権であり、当時は省傀儡政権については史料的隘路がきわめて大きかった。旧稿においては、わずかに一九三九年の省傀儡政権の歳入構成のみをみて、都市部を対象とする営業税の比重が顕著であったことから、「傀儡政権は都市部しか掌握できなかった」と推定した。本章においては、この推定を修正したい、と考えている。本章においては、近年山西省檔案館等で収集することのできた史料を最大限利用して、旧稿の欠点を補いたいと思う。

第一節　占領地における貨幣と物資の流通状況

1　山西省内各行政機関の収入支出実績

占領地支配の特質をみるために、山西省における財政資金のマクロ的な動きを考えてみたい。といっても、ここで利用できる史料は誠に限られている。

第1表は、山西省内各行政機関の、おそらく一九四二年度と推定される収入支出実績統計である。ここでは、「中央」とは華北政務委員会を指している。四〇年三月三十日、南京に汪精衛を首班とする「中国国民政府」が樹立された。新たな「中央政府」の設立にともなって、北京にあった中華民国「臨時政府」は解消され、代わっ

第１表　山西省の政府関係資金需給表（1942年度）　（単位：元）

部門＼項目	収入	支出	中央補助金	中央送金
省各機関	28,540,336	32,891,895	4,036,393	－
省公署	※2 9,868,268	※4 14,219,831	4,036,393	－
各県公署	18,672,068	18,672,064	－	－
中央直轄機関※1	17,814,457	11,565,101	8,484,530	14,734,386
塩務局	4,344,963	947,740	－	3,397,223
統税局	7,889,424	706,357	－	7,183,067
禁煙局	4,848,932	694,836	－	4,154,096
郵政局	710,737	804,135	※5 93,398	－
工程局	－	5,250,000	※5 5,250,000	－
高等法院	6,158	240,774	※5 234,116	－
地方法院	14,243	123,232	※5 108,989	－
新民会	－	2,798,027	※5 2,798,027	－
日本側機関	2,596,212	3,166,217	636,847	－
居留民団	※3 2,459,049	2,515,707	123,500	－
領事館	137,163	650,510	※5 513,347	－
総計	48,951,005	47,623,213	13,157,770	14,734,386

〔出所〕山西省公署顧問室「山西省内金融調査表」（作製年月不詳）、山西省檔案館所蔵、日偽檔案・B48－4－13。ただし、同史料中の「加工生産品生産高」についての２点の表が「昭和17年度」「民国31年度」であることから、1942年度と推定した。

〔注〕※1「中央機関」は華北政務委員会をさす。※2中央からの補助金を除く。※3中央からの補助金を除く。※4道公署ならびに各機関省款支弁経費を含む。※5経費の不足を理由とする交付額であって、補助金ではなかった。

て華北政務委員会が華北の「中央機関」として設立されたのである。同委員会は、河北・山東・山西三省と北京・天津・青島三市を管轄し政治・経済・軍事についてある程度の権限を委ねられた。

さて、山西省公署の収支をみると、四三五万元の赤字であったが、これは華北政務委員会からの四〇三万余元の補助金で補填されていた。各県公署の収支は均衡していた。というよりも中央から省公署への補助金は各県には再分配されなかったから、各県は収入の範囲内で支出するよりほかになかった。中央直轄機関のなかでは、塩税をあつかう塩務局、「統税」（製品出荷税）をあつかう統税局、アヘン税をあつかう禁煙局は収益性が高くて、支出を控除した全額がそれぞれ中央機関に送金されていた。「統税」とは、綿糸布・タバコ・マッチなど国内工業製品を対象とする統一税で、製品が製造所から出荷されるさいに課税された。税率は全国一律で、一度「統税」を納付した製品は他の捐税は課せられないことになっていた。以上三種の中央税の収益一四七三万余元が中央に送金された。

これにたいして、中央から交付された補助金等は、省公署への四〇三万余元、中央直轄機関への八四八万余元、日本側機関への六三万余元をあわせて一三一五万余元であった。差し引き一五七万余元が山西省から流出していった計算になる。これは、省各機関と中央各機関の収入合計四六三五万余元の三・四％を占めていた。このような省内資金の流出が日本占領時代の常態であったならば、占領地支配は山西省からの財貨の流出をもたらしたと推定してよいであろう。

2　山西省における貨幣流通量

占領地支配の特質をみるためのもうひとつの史料が、省内における貨幣流通の動きである。占領初期の一九三九年三月における満鉄北支事務局調査部による中国聯合準備銀行（聯銀）太原支店および朝鮮銀行太原支店にたいする調査によれば、当時省内に流通していた聯銀券は一八二六万八一六二円、朝鮮銀行券は三四七万二〇〇〇円、計二一七四万〇一六二円にすぎなかった。これは、当時の山西省では聯銀券の流通はきわめて限られていたからであった。すなわち、「聯銀券の普及は、もっぱら軍需支払手段としての機能を充足せしむる立場よりなされ、一般的にはきわめて消極的なる方針を採りたり。従って、該省においては、とくに聯銀券の流通地帯はすなわち軍占領地域のみと看做しうべし」。この調査は、占領地の貨幣流通量を「最少限度二〇〇〇万円を見込みうる」とし、また当時省内に居住する一般邦人を約四五〇〇人、日本軍兵士を約二〇万人とし、これらの人びとが銀行

第２表　山西省における貨幣流通量（1942年度）　(単位：元)

資金の市中への放出		資金の市中からの吸収		
省外からの送金分	179,121,000	省外への送金分	194,181,000	
中央[※1]からの補助金	4,036,000	国税分（中央への送金）	6,249,000	
同　開発資金	22,186,000	−		送金分野の差額
同　民団等国庫補助金	637,000	−		(①−②)
小計①	205,980,000	小計②	200,430,000	5,550,000
年間貸出増加額	4,968,000	年間預金増加額	17,088,000	
聯銀対朝銀[※2]預金額	79,875,000	−		差額（③−④）
放出額総計③	290,823,000	吸収額総計④	217,518,000	73,305,000

〔出所〕山西省公署顧問室「山西省内金融調査表」(作製年月不詳)、山西省檔案館所蔵、日偽檔案・B48 − 4 − 13。同史料中の「加工生産品生産高」についての２点の表が「昭和17年度」「民国31年度」であることから、1942年度と推定した。
〔注〕※1「中央」は華北政務委員会をさす。※2「聯銀」は中国聯合準備銀行を、「朝銀」は朝鮮銀行をさす。

を経由しないで六〇〇〜七〇〇万円を持ち込んでいると推定した。つまり、当時においては二七〇〇〜二八〇〇万円の日系貨幣（うち八五％が聯銀券）が省内で流通していたと推定されていた(1)。これは、次に分析する四二年ごろの流通量と比べると七分の一から八分の一であった。

第２表は、山西省における貨幣流通量の一端をしめす、一九四二年度（単年度）と推定される統計である。ただし、当時同省の中央銀行の位置を占めていた聯銀太原支店が、資金をどのように放出しどのように吸収したか、を示す史料である。いわば、国庫と民間とのあいだの資金のやりとりと同じ意味の統計表と考えてよい。

省外からの送金に因る聯銀の市中放出金は、省外からの一般送金と中央機関からの補助金等の送金とを合わせた二億〇五九八万元であった。省外への送金のための市中からの聯銀吸収金は、省外への一般送金と中央機関への国税三税（塩税、統税、アヘン税）送金とを合わせた二億〇〇四三万元であった。したがって、この表によれば送金分野では差し引き五五五万元の聯銀券が市場に放出されたことになる。しかし、一九四二年度の

山西省占領地で流通した聯銀券

国税三税の中央への送金額は一四七三万であったから（第1表）、中央への送金額の五八％（八四八万元）は聯銀太原支店を経由しないで市中から吸収された、と考えられる。そこで、この部分を考慮したならば、二九三万元が山西省の市中から吸収されたことになろう。

なお、この年度に聯銀太原支店が市中に貸出した金額は四九六万余元、預金として市中から吸収した金額は一七〇八万余元で、断然吸収した金額が多かった。

ここで注意すべきことは、聯銀の朝鮮銀行にたいする預金額（原語は「聯銀ノ對鮮銀預ケ金増加」）がこの年度に七九八七万余元も存在したことである。聯銀総行（北京）と朝銀北京支店とが締結した預け合い契約（一九三八年六月）にもとづいて、聯銀太原支店は朝銀太原支店に金円資金の当座預金を開設し、朝銀太原支店は聯銀太原支店に聯銀券建て預金を開設した。この契約は一年ごとであったから、七九八七万余元は四二年度における聯銀太原支店名義の金円当座預金額から朝銀太原支店名義の聯銀券建て預金額を引いた差額（預け合い残高）であった。この預け合いにおいては、日本側は聯銀による円預金引き出しは封じておきながら、聯銀券建て朝銀預金は自由に引き出していた[2]。

以上の説明をふまえていえば、この七九八七万余元は同年度における聯銀の朝鮮銀行への貸出金であった。聯銀の吸収した預金を朝鮮銀行への貸出金を含む市中貸出金から差し引くと、六七七五万元も貸し出されたということになる。つまり全体では七三三〇万余元の貸出超過があったことを、第2表は示している。当時、聯銀支店から朝鮮銀行太原支店への預け金の多くは後者によって市中に放出されたが、その大半が駐屯する日本軍むけの軍費であった。軍費の一部は省公署の治安費・建設費等への補助金として還流した。

第2表から知られることは、第一に、聯銀太原支店が市中吸収分を大幅に超えた貸出超過をしていたことである。第二に、その主たる貸出先は朝鮮銀行太原支店であり、そのために聯銀券の濫発を余儀なくされていたということである。これはまた、戦争の進展が占領地における戦時インフレーションをまねくという構造を例証するものであった。

3　日本軍占領下の山西省における金融機関

山西省公署所轄地区に設立された日系金融機関で最も早かったのは、一九三八年二月に太原に設立された朝鮮銀行代辨所であった。朝鮮銀行は軍費にかかわる資金事務の管理から始めて、在留日本人の貯金を受け付け、為替送金業務に営業を拡げた。中国聯合準備銀行は四一年に太原・臨汾・運城・潞安の四か所に分行を設立し、聯銀券の発行を始めた。四一年七月には、太原に山西実業銀行の総行を設立し、その後、汾陽・崞県・曲沃・陽泉・楡次・臨汾・運城・潞安・平遥・忻県の一〇か所に辨事処を設立した。

山西省の北部は、蒙疆政権の所轄地域として、日本軍占領後山西省から行政的に切り離された。金融政策についても同様で、一九三七年十二月には、早くも大同・朔県に蒙疆銀行（張家口を首都とする蒙疆政府の中央銀行）の分行が設立され、蒙疆銀行券の流通が始まった。四〇年初めには、大同に晋北実業銀行の総行が設立され、陽高・天鎮・左雲・岱岳に支行が設立された。抗戦以前の閻錫山政権の金融機関の多くは倒産した。一部は再編さ

第３表　日本占領下の華北における貨幣発行量

(単位：千元)

時期	聯銀券		蒙疆券		合計	
		指数		指数		指数
1938 年末	161,963	81	38,105	19	200,068	100
1939 年末	548,042	274	65,092	32	613,134	306
1940 年末	715,033	357	99,740	50	814,773	407
1941 年末	966,457	483	121,516	61	1,087,973	544
1942 年末	1,592,509	796	150,815	75	1,743,324	871
1943 年末	3,828,273	1,914	359,000	179	4,187,273	2,093
1944 年末	16,225,175	8,110	1,059,300	529	17,284,475	8,639
1945 年 8 月	142,399,855	71,175	3,529,218	1,764	145,929,073	72,939

〔出所〕山西省地方志編纂委員会編『山西通志第 30 巻（金融志）』、中華書局、1991 年、84 頁。
〔注〕同書では単位は「万元」とあったが、他の文献資料から「千元」に訂正。
〔備考〕指数は 1938 年末の発行量合計を 100 とする値。

れて日本側金融機関の付属機構となった[3]。
第３表は、日本占領下の華北における貨幣発行量である。治安の良し悪しや交通事情の違いがあったにせよ、どこの占領地においても紙幣濫発によるインフレーションが進んだものと考えられる。そして、そうした現象は山西省においても大同小異であった、

第４表　山西省における物資の生産消費統計（1942 年）

(単位：万元)

生産・供給		消費	
農畜産物生産	76,430	農産物農家消費	72,363
加工産物生産	2,817	農民以外の農産物消費	1,974
うちゴマ油	328		
豆油	294		
工鉱産物生産	11,671	工鉱産物消費	9,754
特産物生産	15,780	特産物消費	15,361
うちアヘン	11,700		
薬草	920		
山繭	912		
生産小計	106,698	消費小計	99,452
物資の移入	7,603	移入物資	7,603
物資の移出	-5,020	移出物資	-5,020
計	109,281	計	102,035

〔出所〕山西省公署顧問室「山西省内金融調査表」(作製年月不詳)、山西省檔案館所蔵、日偽檔案・B48 － 4 － 13。
〔注〕同史料中の「加工生産品生産高」についての 2 点の表が「昭和 17 年度」「民国 31 年度」であることから、1942 年度と推定した。

と考えられる。なお、一九四二年の山西省における聯銀券流通量（第2表参照）は同年の華北占領地全域の聯銀券発行量の一八・三％にすぎなかった。

4　山西省における物資の生産消費構造

第4表は、一九四二年における山西省の物資生産消費統計である。生産額のうちで、農畜産物生産額は七一・六％であった。工鉱産物生産額は一〇・九％であったが、工業の中心は繊維紡織業であり、機械工業等はほとんど未成熟であった。石炭や鉄鉱石等の採掘業が中心であったと考えられる。一四・八％を占める特産物の多くは、アヘン・薬草・山繭・なつめ・あんず・りんご・干ぶどうなどの農産物と「土布」（農家の副業生産としての織布）・麻袋・ござ等の農産加工品であったから、農業部門の生産といってよかった。これにたいして、二・七％を占める加工産物のほとんどは植物油であったから、軽工業部門の生産物であった。以上の点を考慮して数値を調整すると、農業部門の生産は八六・四％、工鉱業部門は一三・六％であった。日本軍占領下の山西省は依然として農業地域であった。なお、アヘンは特産物生産額の七四％、生産総額の一一％ときわめて大きな比重を占めていた。消費部門や移出入物資についてはデータ不足で不詳な点が少なくない。

注

（1）満鉄北支事務局調査部『北支金融通貨概況並之ニ伴フ商品流通事情調査　第四編　山西省調査』、一九三九年四月（調査期間は三九年三月八日～二十一日）、一〇〇～一〇四頁、なお引用にあたっては現代日本語に改め、カタカナ表記をひらがな表記とした。

（2）柴田善雅「日中戦争期華北占領地における通貨金融政策」、同氏『占領地通貨金融政策の展開』、日本経済評論社、一九九九年、二八一～二八七頁。なお、同稿は朝鮮銀行の華北占領地全域における役割について詳述しており、有益である。

（3）山西省地方志編纂委員会編『山西通志第三〇巻（金融志）』、中華書局、一九九一年、八三～八五頁。

第二節　課税体系と税収概況

1　省傀儡政権の課税体系

一九四〇年六月時点の山西省公署の地方税課税体系は、第5表の通りである。同表には、①田賦（農業税）、②営業税、③アヘン省附加税（阿片銷燬證費［アヘン販売証書費］と阿片執照費［アヘン営業鑑札費］とからなる）、④煙畝罰款（ケシ栽培税）、⑤契税（不動産売買に課せられる数種の移転税）、⑥煙酒牌照税（煙草と酒類の販売業者に課せられる営業鑑札税）、⑦婚帖（婚礼の主催者に課せられる税）、⑧屠宰税（家畜屠殺税）、⑨牲畜税（家畜売買税）、⑩畜牙税（家畜仲買税）、⑪斗牙税（穀物仲買税）、⑫斗捐（穀物売買税）、⑬出境煤捐（石炭の省外への移出税）、の一三種の租税および雑収入の項目がある。

第５表（1）　山西省公署の各種税款及び雑収入一覧表

税種		課税の対象と基準	徴税機関	納税者	分配区分
田賦（農業税）	地丁正税	耕地を３等９級に区分し、各畝の正銀両の額を基準（銀貨２元 / 両）	県公署	農民	省公署
	地丁附加（徴収費を含む）	同上（1両につき５角）	県公署	農民	2角は省、3角は県
	米豆	耕地を甲乙２等に区分し、各畝の米豆石数を基準（甲地の米では銀貨4元/石、乙地の米では3元/石）	県公署	農民	省公署、ただし甲地では２角は県公署、乙地では1.5角は県
	租課	官有耕地の正銀両の額を基準（銀貨1元 / 両）	県公署	農民	省公署
営業税		営業総収入額に対する 1/1,000 〜 8/1,000	営業税徴収局	法定営業者	省公署
		営業資本額に対する 2/1,000 〜 15/1,000			
アヘン省附加税	阿片銷燬證費	「土薬」の販売両数（3角 / 両）	統税局	アヘン卸売商人	省公署
	阿片執照費	アヘン卸売店・同小売店の営業免許（資本金3万元以上は150元、同3万〜5000元は100元、5000元以下は50元）	統税局	アヘン卸売商人及びアヘン小売商人	省公署
煙畝罰款（ケシ栽培税）		ケシ栽培地（18元 / 畝）	県公署	ケシ栽培者	5割は省公署、1割は道公署、1割は県区村禁煙経費、3割は県地方款
契税（不動産売買税）	契税	売買契約書の契約価額の6/100、不動産質入契約書の価額の3/100	県公署	購入者、不動産質権者	省公署
	契紙価	契約書の枚数に対して（5角 / 枚）	同上	同上	4.5角は省公署、0.5角は県公署
	草契紙価	草契紙の枚数に対して（2角 / 枚）	街村公所	同上	県公署
	公證費	売買契約書の価額の1.5/100、不動産質入契約書の価額の1/100	街村公所	購入者・質権者が6割、売却者・質入者が4割	街村公所と県公署とで折半

第５表（2） 山西省公署の各種税款及び雑収入一覧表

税種		課税の対象と基準	徴税機関	納税者	分配区分
煙酒牌照税（煙草・酒類の営業鑑札税）	煙酒牌照税	煙草卸売商（営業規模を3等に区分、100/40/20元）	県公署	販売者	95%は省公署、5%は県辨公費
		煙草小売商（営業規模を5等に区分、12/8/4/2/0.5元）			
		酒類卸売商（営業規模を3等に区分、32/24/16元）			
		酒類小売商（営業規模を3等に区分、8/4/2元）			
		洋酒の卸売商・小売商（略）			
	煙酒牌照附加税	煙酒牌照税に対して（各等級の3/100）	県公署	販売者	省公署
婚帖（婚礼税）		婚帖（婚礼招待状）に対して（1元/枚）	県公署	婚約者男女双方	省公署と県公署で折半
屠宰税（家畜屠殺税）	屠宰税	豚・牛・馬・ロバ・ラバ・羊・ラクダの屠殺（牛・ラバ・ラクダは2元/頭、馬・ロバは1元、豚は4角、羊は3角）	県公署又は営業税徴収局	屠殺者	8割が省公署、2割が県公署又は営業税徴収局
	同納付書費	同上納付書の枚数（0.01元/枚）に対して	同上	同上	省公署
牲畜税（家畜売買税）	牲畜税	豚・牛・馬・ロバ・ラバ・羊・ラクダの購入価額（価格1元につき0.04元）	県公署又は営業税徴収局	購入者	8割が省公署、2割が県公署又は営業税徴収局
	同納付書費	同上納付書の枚数（0.01元/枚）	同上	同上	省公署
畜牙税（家畜仲買税）	畜牙税	豚・牛・馬・ロバ・ラバ・羊・ラクダの購入価額（価格1元につき0.01元）	県公署又は営業税徴収局	購入者	省公署
	同納付書費	同上納付書の枚数（0.01元/枚）	同上	同上	5割が省公署、5割が牙紀（仲買人）
斗牙税（穀物仲買税）	斗牙税	穀類購入価額（価格1元につき0.01元）	県公署	購入者	4割が省、1割県、5割が牙紀（仲買人）
	同納付書費	同上納付書の枚数（0.01元/枚）	同上	同上	省公署

第５表（3）　山西省公署の各種税款及び雑収入一覧表

税種		課税の対象と基準	徴税機関	納税者	分配区分
斗捐（穀物売買税）	斗捐	穀類購入の斗数（1 斗につき 0.006 元）	県公署	購入者	0.0032 元は省公署、0.0028 元は県
	同納付書費	同上納付書の枚数（0.01 元 / 枚）	同上	同上	省公署
出境煤捐（石炭移出税）		石炭の省外移出量にたいして（トン当たり塊炭 0.6 元、混炭 0.45 元、粉炭 0.25 元）	県公署又は営業税徴収局	省外運搬者	7 割が省公署、3 割が県

〔出所〕山西省陸軍特務機関調製「山西省公署徴収各種税款及雑項収入課税率一覧表」（1940 年 6 月 29 日）、山西省檔案館所蔵、日偽檔案・48 － 4 － 28 － 4。

〔注〕同表には、「鑛産附加税」「食塩附加捐」があったが、同表作製時点ではまだ徴収が開始されていなかったので、ここでは除外した。アヘン省附加税は同表の原語では「阿片税」となっていたが、アヘン正税は中央税であり、この表は地方税の一覧表であるので、上記のように書きなおした。「畝」はムウ。

後述の第8表（一九四二年九月）では、①田賦、②契税、③煙酒牌照税、④婚帖、⑤営業税、⑥牲畜税、⑦牙税、⑧屠宰税、⑨特産税、⑩禁煙附加、⑪出境煤捐、であった。また、第6表（一九四三年一月）の租税種目は、①田賦、②契税、③煙酒牌照税、④婚帖、⑤営業税、⑥牲畜税、⑦牙税、⑧屠宰税、⑨特産税、⑩罰金、であった。三つの表の税種を比べると、おおむね大きな変動はないが、若干の異同が認められる。

第一に、アヘン関連では、第5表にはアヘン省附加税・煙畝罰款（ケシ栽培税）が記載されていたが、第8表では禁煙附加の一種があるのみ、第6表では明確な表示のない罰金があるのみであった。アヘン関連の税種は史料によって顔を出したり隠したりと、誠に一貫性がない。第二に、第5表にある斗捐は、第6表や第8表にはない。また、牙税は第5表では家畜仲買関係の畜牙税と、穀物仲買関係の斗牙税とに区分されていたが、第6表や第8表では牙税として一本化されていた。第三に、出境煤捐は第7表と第8表にはあるが、第6表にはなかった（あるいは特産税がそれに相当するのかもしれないが、不詳である）。いずれにせよ、アヘン関係税の取り扱いの異同が最も興味をひく。

（単位：元）

	1941 年				1942 年			
	課税額		未徴収額		課税額		未徴収額	
数収率		構成比		未徴収率		構成比		未徴収率
19.3	2,882,792	62.0	439,690	15.3	3,370,336	54.7	1,473,243	43.7
9.9	456,176	9.8	108,525	23.8	512,747	8.3	191,012	37.3
7.0	128,063	2.8	14,186	11.1	125,268	2.0	42,522	33.9
0.3	31,885	0.7	117	0.4	42,909	0.7	850	2.0
0.0	739,612	15.9	1,310	0.2	1,362,223	22.1	29,138	2.1
0.0	202,504	4.4	1,112	0.5	285,560	4.6	32,836	11.5
0.0	39,565	0.9	335	0.8	57,010	0.9	6,112	10.7
29.0	108,400	2.3	9,361	8.6	127,092	2.1	21,233	16.7
―	58,550	1.3	499	0.9	278,409	4.5	9,066	3.3
0.0	3,306	0.07	30	0.9	3,157	0.1	81	2.6
13.9	4,650,853	100.0	575,165	12.4	6,164,711	100.0	1,806,093	29.3

B48 － 4 － 13。

2　省傀儡政権の税収概況

第6表は、山西省公署の一九三九～四二年度税収統計である。租税種目としては、①田賦、②契税、③煙酒牌照、④婚帖、⑤営業税、⑥畜税、⑦牙税、⑧屠宰税、⑨特産税、⑩罰金、があった。課税額を一九三九年＝一〇〇としてその後の増加をみてみると、四〇年＝一九五、四一年＝二六二、四二年＝三四七であった。対前年比増加率では、四〇／三九＝一・九五倍、四一／四〇＝一・三四倍、四二／四一＝一・三三倍であった。課税額は毎年増えており、占領地民衆の租税負担が連年増していたことがわかる。ただし、未徴収額の対前年比増加率も四〇／三九＝二・七一倍、四一／四〇＝一・一九倍、四二／四一＝三・一四倍で、四二年は最悪であった。省政権の主たる税収源は田賦であって、三九年で税収全体の六四・八％、四二年でも五四・七％を占めていた（課税額の比率）。過去の政権同様、傀儡政権も農村・農民を支配の基盤としていたと理解してよい。

田賦についで、都市商人層を対象とする営業税、契税の

第6表　山西省公署1939～1942年度賦税調査表

税種	1939年				1940年		
	課税額		未徴収額		課税額		未徴収額
		構成比		未徴収率		構成比	
田賦	1,151,464	64.8	166,706	14.5	2,153,629	62.1	416,40
契税	96,743	5.4	4,486	4.6	342,870	9.9	33,99
煙酒牌照	69,948	3.9	2,825	4.0	109,465	3.2	7,67
婚帖	11,066	0.6	25	0.2	20,522	0.6	5
営業税	315,145	17.7	60	0.02	599,377	17.3	
畜税	61,016	3.4	791	1.3	126,156	3.6	
牙税	20,366	1.1	830	4.1	21,386	0.6	
屠宰税	48,395	2.7	2,213	4.6	80,860	2.3	23,41
特産税	—	—	—	—	—	—	
罰金	2,621	0.1	0	0.0	11,447	0.3	
計	1,776,764	100.0	177,936	10.0	3,465,712	100.0	481,55

〔出所〕「山西省（民国）28年至31年度賦税稽核表」（1943年1月20日作製）、山西省檔案館所蔵、日偽檔案

課税額が大きかった。一九三九年から四二年にかけては、課税額にたいする未徴収額の比率が増えていった。とりわけ、四一年から四二年にかけてはきわだって増えていた。たとえば、田賦では一五・三→四三・七％、全体では一二・四→二九・三％と増えた。これは抗日運動の進展による傀儡政権の支配基盤の弱体化を示していた。

第6表は民国三十二（一九四三）年度課税額について、以下のように付記していた。「三十二年内に徴収すべき課税額は二六七万五七四四元九角であるが、この税額から三十一年に各県公署が徴収すべきも県公署には未着の七六万四〇〇〇元を差し引くと、三十二年に徴収可能な賦税額は一九一万一七四四元九角となる。この税額に、各県が未徴収の三十一年地丁臨時治安費一八万元、同じく未収の三十年煙畝特殊罰款五二万九二二四元八角、三十一年未収の煙畝罰款七六万〇七四三元四角を加えると、（一九四三年に）徴収すべき賦税・煙畝罰款額は三三八万一七一三元一角となる」。この記述の中の「地丁臨時治安費」は農民にたいする臨時の雑税であり、「煙畝特殊罰款」はケシ栽培農民の

ケシ畑にかけられたアヘン栽培税であった。同表中の「罰金」もアヘン関連の税項目と考えられる。非公認アヘンの売買や吸食を摘発したさいの罰金ではないか、と推定する。この付記が示唆する興味深い事柄は、アヘン栽培税は賦税項目のなかから外されていたということである。アヘン栽培税の未収額が一九四一年で約五三万元、四二年で約七六万元（ここでは既収額は不明）と巨額であったにもかかわらず、である。「付記」からだけでは、その比重はわからないが、アヘン栽培税が田賦、営業税とともに省税の主たる税源であった、と推定される。

第7表　山西省公署1940年4月の賦税実収表（単位：元）

税種	賦税実収	比率（%）
田賦	44,361	21.2
営業税	49,195	23.5
アヘン税	55,609	26.5
煙畝罰款	–	–
契税	22,727	10.8
煙酒牌照税	※8,844	4.2
婚帖	–	–
屠宰税	5,445	2.6
牲畜税	3,641	1.7
畜牙税	863	0.4
斗牙税	–	–
斗捐	223	0.1
出境煤捐	18,834	9.0
計	209,742	100.0

〔出所〕山西省陸軍特務機関調製「山西省公署徴収各種税款及雑項収入課税率一覧表」(1940年6月29日)、山西省檔案館所蔵、日偽檔案・48－4－28－4。
〔備考〕※附加税含ム。

第7表は、一九四〇年四月の一か月だけの賦税実収統計である。通年のデータではないので確定的なことはいえない。しかし、この表は、アヘン税（アヘンの販売額やアヘン卸売商・同小売商の営業免許税）、営業税、田賦の三種が代表的な税源であったことを示している。

第8表は、山西省公署の一九四一年一～六月、四二年一～六月の賦税実収統計である。租税種目としては、①田賦、②契税、③煙酒牌照税、④婚帖、⑤営業税、⑥畜税、⑦牙税、⑧屠宰税、⑨特産税、⑩禁煙附加、⑪出境煤捐、があった。この表から実収総額の四二年／四一年増加率をみると、一・五六倍であった（第6表では一・三三倍）。

第8表と第6表の異同は、第8表には罰金がなくて、禁煙附加・出境煤捐があることである。禁煙附加はアヘン附加税(第7表のアヘン税と同じ)を、出境煤捐は省外への石炭の移出税(山西省は代表的な産炭省)を意味した。一九四一、四二年の罰金額と禁煙附加額とを比べると数値に大きな差があることから、両者の内容はまったく異なることが判明する。アヘン附加税を税種目に組み入れていた点で、第8表の税収の編成概念は第6表と異なる。第8表によれば、アヘン附加税は四一年上半期では田賦についで第二位、四二年上半期では田賦、営業税についで第三位の比重を占めていた。つまり、この表からも、省税(地方税)の中心は田賦、営業税、アヘン附加税の三種であったことがわかる。

3　県公署の徴税活動

第5表に見るように、省税の多くは所轄の県公署によって徴収されていた。省中部の文水県では、占領後県公署が発足し、そのなかに財政科が設けられた。科内には、科長・科員・会計や地方款収集処員ら計二〇余人の職員が配置された。さ

第8表　山西省公署1941年1～6月、42年1～6月の賦税実収表（単位：元）

税種	1941年		1942年	
		比率（%）		比率（%）
田賦	983,451	41.5	1,728,241	46.6
契税	249,575	10.5	280,680	7.6
煙酒牌照税	63,965	2.7	73,692	2.0
婚帖	14,110	0.6	18,516	0.5
営業税	361,974	15.3	726,659	19.6
畜税	98,741	4.2	137,470	3.7
牙税	19,557	0.8	27,227	0.7
屠宰税	50,100	2.1	69,772	1.9
特産税	（未開設）	－	166,559	4.5
禁煙附加	490,262	20.7	419,832	11.3
出境煤捐	38,784	1.6	57,702	1.6
計	2,370,519	100.0	3,706,350	100.0

〔出所〕「山西省（民国）31年度1至6月賦税収数比較表」（1942年9月17日作製）山西省檔案館所蔵、日偽檔案・B48－4－13。

らにまた、税務徴収所、同局が設置された。こうして、政令の及ぶ村鎮にたいして徴税が行なわれた[1]。他県でも概ね同じような経過であった、と思われる。

崞県公署における徴税活動を見てみよう（第9表）。同県では、税種の増加とともに徴税額が増えた。聯銀券の日本軍占領区における発行量は一九三九年から四三年にかけて七倍になった（第3表参照）からインフレが生じていたのであるが、このことを考慮しても同県では民衆の税負担が増したといってよい。この過程で田賦の比重は下がったが、それでも第一位（三九年が全体の七八%、四二年が六二%、四三年が四九%）を保ち続けた。営業税徴収開始後は、同税がこれに次いだ。四三年には特産税の徴収が始まったが、第4表の「特産物」の大部分がアヘンであったことからみて、これはアヘン税と理解される。同県では徴収にあたって「アヘン」という言葉は忌避されたのであろうか。同県のケシ畑は四二年の九四七ムウ（畝）が四五年には三〇〇〇ムウに増えたことからみて（第三章第4、5表）、特産税はその後も増えたと考えられる。文水県で

第9表　崞県公署の徴税活動（1939～43年）

税種	1939年		1940年		1941年		1942年		1943年	
	元	比率(%)	元	比率(%)	元	比率(%)	元	比率(%)	元	比率(%)
田賦	5,125	78	20,265	67	33,703	46	91,775	62	119,662	49
契税	1,091	17	6,113	21	6,557	9	10,077	7	17,131	7
婚帖	346	5	720	2	1,800	3	1,017	1	2,813	1
煙酒牌照税	－	－	3,087	10	3,774	5	4,416	3	6,259	2
営業税	－	－	－	－	19,100	26	30,439	20	55,591	23
畜税	－	－	－	－	4,400	6	6,707	4	8,680	4
屠宰税	－	－	－	－	2,100	3	3,095	2	8,137	3
畜牙税	－	－	－	－	1,100	2	1,676	1	2,170	1
特産税	－	－	－	－	－	－	－	－	24,692	10
計	6,562	100	30,185	100	72,534	100	149,202	100	245,135	100

〔出所〕原平県志編纂委員会編『原平県志』、中国科学技術出版社、1991年、269頁。

は、一九三八～四三年度六年間の累計で、田賦徴収が全体の四八・五％（五五万〇二二三元）、その他の工商業関連税が五一・五％（五八万四六三五元）であった。したがって、県級政府の徴税では、田賦徴収が最も重要であった、と考えられる。文水県では、この期間に以上の徴税収入とは別に、「糧食の掠奪が一億四六五〇万斤（七万三二五〇トン）」あったという。[2] 小麦・粟・とうもろこしなど庶民の常食が、日本軍によってか、県の徴税部門によってか、その他の機関によってかは不明であるが、毎年一万二二〇〇トン以上が収奪されていたわけであり、この現実を考慮すると、田賦を含む農産物徴収の比重はさらに高かった、と言わなければならない。

第9表の税種はすべて省税であるが、崞県では、これらとは別に次のような雑税が徴収された。「門牌税」（門扉に課せられた税）、「房産税」（家屋税）、「油税」（ランプ用灯油の購入時に課せられた税？）、「煙苗税」（ケシ種子の購入時に課せられた税）、「良民証税」（中国人民衆が日本軍占領下の地方都市を出入りするさいに提示を求められた「良民証」交付時に課せられた税）、「照像税」（当時は貴重であった写真を写真館で撮るさいに購入時に課せられた税）、「牛捐」（牛の購入時に課せられた税）、「人口税」（人頭税）、「修路費」（道路建設費）、「看路費」（道路監視費）、「旗捐」（国旗の購入時に課せられた税）、「電線捐」（街路の電線敷設費）、「汽車捐」（バス利用税？）、「招待費」（宴会税？）などである。[3] これらは**第5表**の省税項目にも記載されていなかったから、県レベルで随意決めて徴収した税外税であった。省税の徴収を請け負った県級傀儡政府は、占領体制という〝虎の威〟を借りて、省公署に増して苛烈な収奪を行なったということになる。

なお、山西省東北部の一三県は晋北自治政府（一九三七年十月大同に設立）を構成して蒙疆政権の統治に属しており、本章の対象とする省公署の所轄からは外れていた。しかし、右玉県の事例をみるかぎりでは、ほぼ同様な徴税政策が行なわれていたようである。右玉県では、三九年秋から徴税が開始された。その税種は、営業税・

屠宰税・契税・禁煙特税（アヘン税）・地捐（農地税）・房捐（家屋税）・戸別捐（戸籍登録税？）・牲口估価税（家畜評価税）・礦産税（鉱産税）など二〇種を超えた。県公署職員数の増加（四〇年には二五〇余人であったが、四二年には五〇〇余人に増えた）とともに、税種も増えていったという。(4)

4　中央政府からの財政補助金

第8表は、賦税実収額以外に付記で「中央政府」（北京の華北政務委員会をさす）からの補助金についても記している。即ち、この徴収額以外に「（一九四二年）一～六月の中央特別補助費として五七万四一四七元、一～六月の中央協款として四二万元」があった。計約一〇〇万元である。これら二種の「中央政府」からの補助金を加えると、四二年上半期の省公署収入は約四七〇万元であったから、この半年の史料でみるかぎりでは中央政府からの補助金は二〇％余と無視できない規模であった。これら二種の補助金がこの時期に特別な補助であったかどうかは不明である。

しかし、財政問題にかんする「山西省陸軍特務機関長口演要旨摘要」(5)（一九四〇年）によれば、「昭和十四（三九）年までは省の定額補助金」が各県に交付されていた、というから、中央からも毎年一定額が省公署に交付されていたのではないか、と推定する。また、四三年度には中央から山西省にたいして三〇〇万円が交付されたという資料(6)もあるから、中央補助費は少しづつ増えていったのではないか、と推測する。

5　省財政政策の転機としての一九四二年

一九四二年は財政政策の転機であった。その背景には、アジア太平洋戦争勃発後の日本の国際的孤立化があった。「国際情勢の急変、資産凍結にともなう関税収入の激減、ならびに経済封鎖の強化に附随する塩税の減収により、（華北）政務委員会より多額の補助費を期待し得ざる結果、明（四二）年度各級行政機関の財政は補助費依存財政より独立財政へと質的転換を余儀なくせしめられたり[7]」。そこで、主たる税源であった田賦・営業税の二税目の大幅な税率引き上げを実施した。すなわち、「山西省においては民国三十一（一九四二）年度予算において独立健全財政の確立をはかるべく地方税の中枢たる田賦・営業税の税率引き上げ等により極力確実なる税収の増加をはかった[8]」。

しかし、税収の安定化は困難であった。すなわち、「華北の第一線としての治安費の過重と偏境（辺境）地区としての税源貧困のため、省財政は甚だ困難なる実情」にあった。そのために、中央税であった紙巻きタバコ・マッチ・小麦粉三種の生産者（工場）に課せられた統税（製品出荷税）のうちの半額の省公署への割戻しと、同じく中央税である塩税に係わる督銷費の全額省への還付が決められ、山西省陸軍特務機関・山西省公署から華北政務委員会へそのための申請が行なわれることになった[9]。

占領後の統税（製品出荷税）をめぐる政策について略述すると、一九三九年に華北統税公署太原統税分局が設立されて、統税の徴収が始められた。これは、戦況が一段落して、占領下で商業や製造業が再開されたことによる。太原統税分局の下に稽徴所（審査徴税所）が設立され、太原市の四か所の城門にその分所が開かれた。また、市内の紡績廠や製粉廠には徴税辨事処が置かれた。紙巻タバコ・マッチ・小麦粉・綿紗・セメントが徴収項目であった。旧南京国民政府の統税規程が適用されたが、税率は以前より高かった。「印花税」（印紙税）も統税の一種とみなしてよいが、この徴税範囲はきわめて広かった。各種各様の商品販売領収証、商店の帳簿、婚姻証書、家屋売買契約書などに印紙を貼付しなければならなかった[10]。

統税に比べて塩税の徴収再開には困難があった。省内の代表的塩産地は省南部の運城にある河東塩池であった。運城が一九三八年三月に日本軍に占領されると、塩池は軍に「没収」され、「軍管理第四〇工廠」になった。太原の山西塩務局の下に「河東塩務局」が置かれて塩池を管理した。二〇年代末の最盛期には、河東塩池には塩場をもつ製塩業者が六四戸あり、日本軍占領直前でも四四戸いた。占領が始まると、圧迫と掠奪とに耐えかねて多くが逃亡してしまった。だから、三八年にはまったく製塩が行なわれず、三九年には正常年の製塩量の一〇分の一にも満たない五四一六トンであった。四一年には二万三四一七トンに回復したが、これでも正常年の半分の水準にすぎなかった。生産された塩はすべて河東塩務局に売り渡さなければならず、同塩務局が塩価の決定権をもっていた。毎年インフレが進んでいたから、残った製塩業者の経営は火の車だった。製塩業者たちは塩価引き上げを認めてもらうために、塩務局に「運動費」と称する大量の賄賂を贈らなければならなかった。こうした収奪の現実が製塩業の発展を阻害し、結局は塩税の増収を不可能ならしめた。[11]

省公署には、省税の税源不足を解決する方法はみつからなかった。結局のところ一九四二年には、「攤款」（民衆への強制的な寄付金）の徴収を余儀なくされることになった。「本（四二）年度に限り警備隊増加にともなう不足経費は攤款の徴収をもって充当せしむることを得」と指示せざるをえなかったのである。[12]

第10表　文水県1942年度地方予算歳入表

	金額（元）	比率
経常部門歳入	193,489	51
税収（省税附加税を含む）	106,860	28
罰金（ケシ栽培罰款を含む）	85,553	23
公産（地方政府財産）収入	776	…
雑項目収入	300	…
臨時部門歳入	188,014	49
富裕戸への強制的寄付金	156,014	41
雑項目収入	32,000	8
総計	381,503	100

〔出所〕李培信主編『文水県志』、山西人民出版社、1994年、379頁。
〔注〕比率中の「…」は1％未満

第10表は、文水県の一九四二年度地方予算歳入表である。同表において、いわゆる税金として認定できるのは原文で「有税附加」と表示されていた税収と、主として「煙畝罰款」（ケシ栽培税）からなると推定される罰金とであった。ところが、これらの合計は四二年度の文水県においてはほぼ半分を占めるにすぎなかった。なんと歳入の四割強が富裕戸への強制的寄付金を源泉としていた。これは、四二年の財政的逼迫を如実に示していた。財政政策からいえば、不公平・不合理・不安定の極みであった。

6　特別公債「山西省必勝儲蓄券」の発行

おそらく一九四二年と推定されるが、「山西省必勝儲蓄券」という特別公債が発行された[13]。その発行の理由は、「大東亜戦争の決戦下、低物価政策を維持し、通貨インフレを制圧するために、特に必勝儲蓄券を発行して購買力を抑制し、物資の節約を励行する。（儲蓄券発行により得た）資金をもって本省の増産事業を促進し、増産資金の運用を円滑ならしめ、山西の兵站基地の使命を完成する」（「山西省必勝儲蓄券実施要綱」）ことにあった。アジア太平洋戦争の勃発以降、税収難が増した。これは、そうした現実のなかで占領政権が思いついた新手の資産収奪方法であった。山西省政府が儲蓄券の発行者となり、各商号（商店）が販売を代行し、発行日から一年をへた時点で原本を返済すると決められた。無記名式で無利息とされた。吸収される資金は、「山西省儲蓄報国特別会計」が管理するとされた（同上「実施要綱」）。省儲蓄局が発行した儲蓄券は、各県の税務当局をへて各地の商店に押しつけられた。商店がどのように儲蓄券を販売したかというと、「購入者はあらゆる商品を購入する時に、その購入価格の一〇分の一を別途儲蓄する」、「（商店は）その款項を受領するさいに即時金額に応じて儲蓄券を発給する」というものであった（「各商号代銷儲蓄券辨法」）。つまり、買い物時には有無をいわさずに儲蓄券を押しつけたから、税としての名称は与えられなかったが、一〇％消費税に等しかった。当然、消費者や商人の反対があったから、「購入者が本儲蓄に反抗の言動があったとき、或いは拒絶したときには、ただちに地方主管機関により戦争非協力の処分をうける」と罰則規定が付けられた（同上「辨法」）。ただし、各年度に省内各地方でどれほどの金額の儲蓄券が発行されたかは不詳であり、今後の課題とする。

注

（1）李培信主編『文水県志』、山西人民出版社、一九九四年、三七八頁。
（2）同前書、同頁。
（3）原平県志編纂委員会編『原平県志』、中国科学技術出版社、一九九一年、二六九頁。
（4）高星炎・祁国偉「狂徴濫刮〝砒斤糧〟」、山西省史志研究院編『日本帝国主義侵晋罪行録』、山西古籍出版社、一九九五年、三八八頁。
（5）「山西省陸軍特務機関長口演要旨摘要」、一九四〇年、山西省檔案館所蔵、日偽檔案・四八―四―二八―一。
（6）山西省保安隊司令部『（民国）三十二年度中央補助費　三〇〇万円使途内訳書』、一九四四年一月三十一日現在、日偽檔案・四八―四―八―一九。
（7）山西省陸軍特務機関「財政改革の諸問題（講義要旨）」、一九四一年十月二十五日、日偽檔案・四八―四―一八。
（8）山西省陸軍特務機関長・花谷正「統税半額割戻しおよび食塩督銷費還付に関する件」、一九四二年一月三十日、日偽檔案・B四八―四―一三。

(9) 同前檔案。

(10) 王余慶「日寇統治下的苛捐雜税」、政協太原市委文史資料研究委員会編刊『太原文史資料』第三輯、一九八五年五月、一二六～一二七頁。

(11) 雒春普「借〝開発〟之名、行劫掠之実:日軍対河東塩池経済掠奪記略」、前掲『日本帝国主義侵晋罪行録』、四〇〇～四〇七頁。

(12) 山西省公署顧問室「攤款賦課の認可要綱」、一九四二年十一月十五日、日偽檔案・B四八―四―一三。

(13) 以下の引用資料は、いずれも山西省儲蓄局儲金科『山西省必勝儲蓄券各項章程(案)』所収、一九四二年と推定、日偽檔案四八―四―八―一二。

第三節　田賦徴収とその問題点

1　田賦徴収の地域的構造

占領地における田賦(農業税)徴収の地域的構造を考えてみる。といっても参照にたる史料はきわめて限られており、筆者が見たのは一九四〇年の県別徴収統計のみである(第11表と第12表)。雁門道は晋東北・晋西北の二五県、冀寧道は晋中・晋西・晋東南の三一県、河東道は晋南・晋西南の三五県である。第11表によれば、六万円以上の高額徴収県は九一県中の一二県で六県が河東道に属していた。一県当たりの平均は一万五一六三円であった。第12表によれば、雁門道は二五県のうち四万円以上が三県（一二％）、二万円未満が一五県（六〇％）であったのにたいして、河東道は三五県のうち四万円以上が一六県（四六％）、二万円未満は五県（一四％）であった。三一県の冀寧道は二道の中間で、四万円以上は八県（二六％）、二万円未満は一五県（四

第11表　1940年の県別田賦徴収統計表（徴収額6万円以上の県）

道名	県名	徴収額
雁門道（25県）	楡次県	65,700
	陽曲県	64,952
冀寧道（31県）	臨汾県	77,119
	平遥県	72,507
	汾陽県	67,872
	文水県	65,062
河東道（35県）	永済県	88,478
	聞喜県	69,348
	安邑県	64,398
	曲沃県	61,457
	長治県	61,819
	晋城県	60,847
[参照]	盂県	21,740
1県当たりの平均徴収額(計91県)		15,163

〔出所〕山西省特務機関復写「山西全省各県田賦額徴数目表」、1940年8月28日、日偽檔案・48－4－28－6。

第12表　田賦徴収額の道別分布表（1940年）

徴収額等級＼道名・県数	雁門道25県	比率（%）	冀寧道31県	比率（%）	河東道35県	比率（%）	小計91県	比率（%）
A　6万円以上	2	8	4	13	6	17	12	13
B　5万円以上6万円未満	0	0	1	3	8	23	9	10
C　4万円以上5万円未満	1	4	3	10	2	6	6	6
D　3万円以上4万円未満	2	8	3	10	8	23	13	14
E　2万円以上3万円未満	5	20	5	16	6	17	16	18
F　1万円以上2万円未満	8	32	7	23	3	8	18	20
G　1万円未満	7	28	8	25	2	6	17	19

〔出所〕山西省特務機関復写「山西全省各県田賦額徴数目表」、1940年8月28日、日偽檔案・48－4－28－6。

八％）であった。

農業のための自然条件は晋北よりも晋中や晋南のほうが優れていたが、治安の良し悪しも徴収額に大きく影響したと考えられる。田賦徴収額の角度から一九四〇年時点における占領地経営をみるならば、雁門道よりも冀寧道のほうが、冀寧道よりも河東道のほうが治安の安定した占領地であった、と思う。

2　省傀儡政権の税収状況と問題点

一九四〇年に山西省陸軍特務機関長は省財政の現状と問題点について次のように発言していた。「山西省の事変前の予算は年額約二四〇〇〜二五〇〇万円で、昨年（一九三九年）度当省の予算は約四〇〇万円[1]であるから、事変前と比較すると約六分の一ということができる。本年（一九四〇年）度、省の予算は約八五〇万と予定しおり、四〇〇万を徴税により賄（まいな）い、徴税収入のうちで一四〇〜一五〇万を田賦に依存しているのである。いま、昨年度の田賦正税の省納付成績をみると、約六〇万の田賦を予定していた。うち実際には四万八〇〇〇円納入されたに過ぎないのであって、この状態は諸官としても大いに考えて貰わなくてはならない。…一般的に省に金を納付することに『金を取られる』というような観念を持っているものがあるが、…各県が『金を取られる』ような気持ちで省に金を納付しない、省公署は省公署で最も大切な財源を持たないがため、その機能を働かすことができないというふうでは、いつまでたっても山西の政治は進歩しないであろう。…田賦正税を抑留するということは、いつまでも県の財政を軌道に乗せることができない結果になり、省財政を確立しえない結果はいつまでも山西においては、軍の粛正工作に並行し徹底した政治建設はできないのである[2]」。

田賦（農業税）には、省政府に取得権のある「田賦正税」と、県政府がその「正税」を徴収するさいに徴収し取得できる「附加税」とがあった。この資料では、一九三九年度の「田賦正税」の徴税予定額は約六〇万円であったが、実際にはその八％しか徴収できなかったと徴収実績の極度の不振を認めていた。そして、その原因を県政府が「田賦正税」（省税）を「抑留」、つまり着服したからだと非難していた。しかし、ほんとうに県公署が省税を着服していたのかどうかは明らかではない。戦争の混乱がつづくなかで、県政府には平時のような徴税能力がもとからなかった、とみるべきではないか。後引のように田賦の基礎となる「糧冊」（農業税徴税台帳）が散逸するという現実があり、だからこそ、県政府は後引のように「攤款」（強制割当金）の徴収を余儀なくされたのである。

一九四一年頃の省政権による省税収入について、日本軍当局者は次のように認識していた。「省款収入の大宗は田賦なるも、各県田賦の徴収状況は、祁県・汾西を除く他は本年度省款比額に比較して徴収実績良好ならず。その他省款の徴収は概ね良好なるも、省款比額は省公署より各県に課せられたる省款徴収義務の最低限度なるにつき、比額以上の徴収実績をあぐるごとく努むるものとす[3]」。これは、汾陽特務機関管内各県の徴収状況についての「認識」であった。同管内は省公署冀寧道公署管轄区域に対応すると考えられる。それは、臨汾・汾陽・祁県・平遥・文水・太谷・介休・交城・離石・霍県・霊石・趙城・洪洞・安澤・浮山・中陽・汾西の一七県公署と蒲県・方山の二県維持会であった（一九四二年当時）。この文書では、汾陽特務機関管内のほとんどの県で、田賦の徴収額が省の要求した「比額」（税額）に達していない、と述べている。

なお、当時は県財政をささえる県独立税はないに等しかった。この文書によれば、「県独立税の徴収状況は多額の攤款（強制割当金）と出境捐（県外への製品移出税）を徴収しあるのみ」であった。そこで、県公署は省款（省税）を徴収するさいに「県附加」という形で徴税を上乗せするのが常態であった。県附加の乱雑な徴収が行なわれれば、それが省税徴収を困難ならしめるのはいうまでもない。そこで、この文書は、次のように警告を発していた。「県附加の徴収は、税制一般の原則に従い、本税（省税）の範囲内において本税と同時または本税徴収後に徴収するものとす。従って、汾陽県のごとく田賦県附加が本税以上を徴収するがごときは、税源を枯渇せしむるおそれあるにつき、厳に戒むるを要す[4]」。

3　田賦整理の経過とその成果

一九四二年九月に作成された「山西省公署財政実施計画案進行の情形[5]」は次のように述べていた。こなれた日本語でないので、中国人官吏が作成したものと推定されるが、やや長く引用する。「事変以後において各県の糧冊（農業税徴税台帳）は全然無存することとなった。ゆえに各（県）知事は、事実に依り攤款をもって政費を維持した。本署は民国二十九（一九四〇）年七月間（頃）において案を擬定し、各県に通知して取り計らうべきものなり。並びに、各県治安の良し悪しに依って、三、五、八か月のうちに限り完成した。これは本署が田賦を整理する動機または最初の段階であった。…各県の処理の情形（状況）報告によれば、或いは治安の関係上整理の方法がなく、或いは手続の紛繁にして延期を請求した。これを、均しく厳令をもって、治標の方法（応急処理的な方法）に依って処理せしめた。近くから遠くまで確実に推行するよう命令した。その間に、再び命令をもって各県の処理結果を報告せしめた。多数の県知事の報告したところによれば、銀地数目（徴税対象の農地面積）の整理は額徴数（徴税額）と大きな差がある。現在審査中である。…本年（四二年）三月に開催したる上党道（公署）所属の県知事会議の結果にもとづいて、知事および第二科長を指定して田賦の整理、糧冊の編成、奨懲の辦法を製成せしめた。本署はこれを妥当と認め実効を収めた。ゆえに、これをもって各道尹（道知事）に通知し、各県には上述の基準によって処理せしめ、田賦整理委員会を組織し、官民協力をもって迅速に重要工作を完成せしめた。さらに沁県・安邑・潞城・聞喜・忻県・長子・夏県等の県よりの申請によって、田賦整理委員会の組織にかんする件は、すでに本署より認可せられるとともに処理せしめた。…五寨県の（農地面積の）整理結果は比額徴数（徴収税額）の八割以上に達し、優秀なる成績を挙げた。上述した県の外に、平遥・霍県・嵐県・永済・芮城等県の旧糧冊は大抵見つけた。ただし、数目が不確かであるため、今は抽出審査して照会している（後略）」。

以上に示したように、抗日戦争勃発の混乱によって各県の糧冊は散逸してしまった。その後一九四〇年七月頃に、山西省公署は田賦整理計画案を策定し各県に田賦整理の実施を指示した。各県はその治安状況におうじて短いところでは三か月、長いところでは八か月かかって県毎の田賦整理計画案を完成した。省公署は計画案の報告をうけて、各県に田賦整理を実行させた。そのさいに、多くの県では農地の測量面積と実徴額とに大きな開きがあることが判明した。実際の田賦の整理、糧冊の編成等の作業は、上党道公署所管各県では四二年三月の県知事会議以降着手された。省公署に認可にもとづいて沁県・安邑等七県では田賦整理委員会も設立された。四二年以降における山西省占領地農村における田賦の増収は、以上のような四〇年夏以降の田賦整理事業の結果であった。

なお、一九四四年と推定される「山西省における田賦実物徴収実施困難に関する点」と題する資料は実物徴収をしたくてもできない理由を六点列挙していたが、その第一点が「糧簿（徴収台帳）紛失問題」であった。すなわち、「本省各県田賦糧簿は事変のため大部分これを紛失し、現在の糧簿は始め村鎮長の報告によってこれを製成したるものにして、甚だ不正確なものなり。省としては、各県をして速やかに整理せよと命令したるも、治安の関係上、現在に至るも予期せる成果を収めず[6]」。四四年においてもなお田賦整理が「予期せる成果」を収めていなかったことが、この文書から知られる。これは、粘り強い抗日抵抗の成果であった。

4　一九四四年の全国経済委員会「田賦実物徴収案」とその波紋

南京の中央政権（汪精衛政権）の全国経済委員会は、同会第六次常務委員会議（一九四四年六月六日開催）で、「田賦実物徴収辨法」の実施を議決し、これを行政院（政府に相当）に送付した。行政院は「今年度をもって試験年とする」という決定を下した。これに対応して、各省市は「田賦実物徴収具体的計画案」を同年九月十五日までに全国経済委員会秘書処に提出することになった。(7)

こうしてまことに慌ただしく田賦実物徴収というアナクロニズムの税制が各省市に押しつけられることになった。これにたいする山西省の否定的な反応が、既引の「山西省における田賦実物徴収実施困難に関する点」であった。その反対の論拠を示すと、第一点が糧簿紛失問題（既述）、第二点が糧地数目相違問題（土地面積と穀物収量とが対応しないという問題）、第三点が保管運輸問題（倉庫がないために穀物が欠損するおそれあり、交通が不便なために輸送に困難が生じる）、第四点が幣害問題（金納の民家から貨幣を徴収した業務担当者が穀価の価格差を利用して悪事を働くおそれがある）、第五点がその他の影響（実物徴収となれば市中に流通している通貨の民による集収が少なくなり通貨膨張を招くおそれがある）、第六点が民食問題（実物徴収は民の食糧不足を招くおそれがある）であった。もっとも、筆者には第五、六点は反対のためのこじつけのように思われる。

山西省では、この方針にどのように対応したであろうか。詳細は不詳であり、課題として残されるが、前引の崞県では一九四四年に、「夏季小麦を一二〇〇トン、一ムウ（六・七アール）当りで四・五～六・五キロを実物徴収した。秋季の雑穀は四八一三トン、一ムウ当たりで一六～一八キロを実物徴収した。これとは別に、銀納穀糧・借款・各種雑税、毛皮や蔬菜の実物徴収や雑費負担があり、これらすべてを負担した後には民衆の手元にはほとんど残るものがなかった」という。[8]

ただし、この事例も中央の方針にたいする対応であったのか、不利な戦況下における県級政府のより暴力的な徴発の事例であったのかは、定かではない。省最北端の右玉県（当時は蒙疆政権下の晋北自治政府に所属）では、一九四三年秋から実物徴収を意味する「瓩斤糧」（トン斤糧）が導入されていた。同年秋における割当任務は穀糧（雑穀）四〇〇トン（三〇〇〇石相当）であった。実際には一・五倍の六〇〇トンが納付された。翌四四年には一〇〇〇トンが達成された。二年間の合計一六〇〇トンのうちの一一〇〇トンが大同省公署に送られ、残りは右玉県公署に留用された。なお、雑穀の重さを量るときに、県政府は旧度量衡とメートル法との換算率を農民に不利な率に設定して、実際には一四〇〇石近くを余分に取ったという。[9]

注

（1）第6表では、一九三九年度の予算収入額は　一七七万六七六四元であり、前引とは大きく差があった。この引用文では、塩税・統税・アヘン税の中央三税や補助金も加算しているのかもしれない。
（2）山西省陸軍特務機関編刊『歳入預算算出基礎資料』（一九四〇年七月六日）に添付された「機関長口演要旨」、日偽檔案四八―四―二七。
（3）「各県財政指導に関する件」、山西省陸軍特務機関長・植山英武↓汾陽特務機関長・宮内幸五郎あて、一九四一年九月十六日、日偽檔案四八―四―一八。
（4）同前檔案。

（5）「山西省公署財政実施計画案進行の情形」、一九四二年九月、日本語、日偽檔案四八―四―一三。この資料は、「ない」というべきところを「無存する」というように、こなれていない表現が随所にあるところから、中国語原文を翻訳した文章と考えられる。引用にあたっては、原文のカタカナをひらがなとし、句読点を増やした他に、文法上の過ちを直した。
（6）「山西省における田賦実物徴収実施困難に関する点」、日本語、日偽檔案四八―四―八―三八。
（7）「全国経済委員会通牒」、汪精衛名義、華北政務委員会あて、一九四四年、日本語、日偽檔案四八―四―八。
（8）前掲『原平県志』、二六九頁。
（9）高星炎・祁国偉、前掲「狂徴濫刮〝砥斤糧〟」、三八八～三九〇頁。

第四節　営業税徴収とその問題点

1　営業税の導入

太原市を中心に、当時における営業税の導入経過を述べると、一九三九年春以降、三〇余県に営業税徴収局が設立された。太原には第一営業税徴収局が設立された。局内には局長一名、徴収員若干名が置かれた。営業額ないし営業総収入が徴税の基準とされたが、資本金三〇〇元未満は免税であった。四一年からは営業税の税源が増え、その後も税源は拡大された[1]。

営業税は、商業・製造業・サービス業等あらゆる業種に課せられた。第13表（一九四一年以前）、第14表（四二年以後）はこれを例示したものである。大別して金融機関関係、飲食業関係、衣料品関係、その他に区分される。

一九四一年以前は税率の決め方に一貫性がみられなかった。四二年以後は、金融機関以外は税率が倍増したが、業種別、ないし社会生活との必要性にもとづいて三つの基準に分けられた。第一級（必需品の業種）、第二級（どちらかというとあったほうがよい品物の業種）、第三級（ぜ

第13表　主要業種の営業税と税率（1941年以前）

業種	税率その他
銭荘・銀号・貸金業	資本額の20/1,000、年税額を毎月均分納付
租賃物品業、電気業、洗染業、養蜂業	営業額の4/1,000、毎月1回納付
物品修理業、成衣業、肥料業、刻字業	同上
棉花土布・山貨地貨・蔬菜・麺・油塩販売業	同上
煤炭・火柴・箱櫃・紗棉・陶磁料器・醋販売業	同上
印刷業、紙類販売業、磚瓦石灰販売業	営業額の5/1,000、毎月1回納付
交通業（火車、汽車、電車、輪船、飛機を含む）	営業額の6/1,000、毎月1回納付
轉運業（大車、膠皮輪車、人力車を含む）	同上
飯舗業、洋布・鋼鉄器・銅錫器販売業	同上
旧貨・綢緞・絲織品・鶏鴨・茶販売業	同上
京広雑貨・書籍文具・西式家具販売業	同上
糧食業、客桟業、澡塘理髪業、鞋帽販売業	営業額の7/1,000～8/1,000、毎月1回納付
蛋青黄・鮮貨・薬材・糖菓雑食罐頭販売業	同上
保険業（保険代理業を含む）、貨桟業	10/1,000、毎月1回納付
飯荘業、旅館業、娯楽業、照相写真業	同上
棉花・煤汽油・人力車・自行車・五金販売業	同上
毛織品・絨毯・西装・皮貨・金銀宝石販売業	同上

〔出所〕「山西省徴収営業税率及び繳納期限表」、1942年、日偽檔案B48－4－13。
〔注〕租賃物品業は賃貸し業、山貨地貨は地域の農産品、火柴はマッチ、醋は醸造酢、火車は汽車、汽車はバス、輪船は汽船、大車は大八車、膠皮輪車はゴムタイヤの軽車両、飯舗業は食堂経営、旧貨は古物、綢緞は絹織物、絲織品は生糸類、京広雑貨は北京や広州から仕入れる高級雑貨、澡塘は風呂屋、鞋帽は靴と帽子、蛋青黄は鶏やアヒル等の玉子、貨桟業は卸商、鮮貨は生鮮食品、煤汽油は灯油やガソリン、自行車は自転車、五金は金属器具、絨毯はじゅうたん、西装は洋服、皮貨は皮革製品の意である。

いたく品等の業種）である。営業税の徴税領域が拡大し、税源が増えた。収奪は強化されたが、租税負担増のなかで一定の合理性、公平性が追求された、と解釈できる。

2　営業税の課税対象：太原市内の各業店舗数

営業税について述べたが、その課税対象となった商店はどれほどあったか。太原市内の商店についてみると、抗戦以前の一九三三年では二五七二戸あったが、旧政権の崩壊と日本軍占領直後の三七年十二月には六六九戸に激減した。商工業の停滞を憂慮した傀儡の省政府は、各店舗に業務の再開を命令した。また日本の占領体制も一定の小康状態を得たために、三九年十二月では二八の同業公会に二六四六戸が加入するまでに回復した（同業公会未加入の小商人を加えると三六五六戸）。

第14表　主要業種の営業税と税率（1942年以後）

業種		税率その他
銭業類	銭荘・銀号・貸金業	資本額の 20/1,000
飲食用業類	第 1 級：糧食販売業、醤販売業、醋販売業、山貨地貨販売業	営業額の 12/1,000
	第 2 級：茶・鶏鴨・鶏鴨蛋青・肉販売業	営業額の 16/1,000
	第 3 級：鮮貨・糖菓雑食罐頭・酒販売業、旅館業、客棧業、飯荘業	営業額の 20/1,000
衣用業類	第 1 級：土布・棉衣・棉織品・洋布販売業	営業額の 12/1,000
	第 2 級：鞋帽・新衣・絲織品販売業	営業額の 16/1,000
	第 3 級：綢緞・毛織品・西装・皮貨販売業・絲繭・綉貨販売業	営業額の 20/1,000
普通用品業類	第 1 級：煤炭・火柴・陶磁料器販売業	営業額の 12/1,000
	第 2 級：箱櫃・紙・鋼鉄器・銅錫器販売業	営業額の 16/1,000
	第 3 級：薬材・西式家具・玩具販売業・皮革・五金・絨毯・蛋青黄・化学品販売業	営業額の 20/1,000
その他	第 1 級：鑿井業、刻字業、養蜂業	営業額の 12/1,000
	第 2 級：租賃物品業、電気業、洗染業	営業額の 16/1,000
	第 3 級：保険業、交通業、娯楽業、照相写真業	営業額の 20/1,000

〔出所〕「山西省徴収営業税率及び繳納期限表」、1942 年、日偽檔案 B48 － 4 － 13。
〔注〕絲繭・綉貨は生糸・絹製品、鑿井業は井戸掘り業の意である。

さらに四〇年には、同業公会三一、商店数三一一三戸に回復した。しかし、同年には日本軍は近隣の抗日地域にたいして治安強化作戦・経済封鎖政策を始めた。これによって、太原と周辺農村地域との交易網が断たれる結果となった。市内の手工業産品の農村への販路も、農産品の市内への供給も断たれた。流通量は激減し、市内の物価は高騰した。これが商業活動を直撃し、その後市内の商店数、同業公会は減少した。そして四四年五月には、商店数は一四五四戸に減った。[2]

以上に太原市における商店数の増減を示したが、一九三九〜四〇年に安定した商店数はその後は下降していった。冒頭に引いた筆者の旧稿では、三九年の史料のみをみて省傀儡政権の営業税比重が顕著であると推定した。しかし、のちの商店数の推移をみるとこの推定は妥当ではなかった、と考えられる。三七年を一〇〇とする小売物価指数が四〇年に二二六、四二年に四五六と高騰するなかで、実質的には営業税収入は長期的に減少していった、と思われる。

『太原市各商業団体所属家数一覧表』[3]は、日本軍の経済封鎖政策が始まって太原の商業が再び衰退に向かった時期の史料である。同史料によれば、すでに一九四二年三月に同業公会は二六、加入店舗は一六九二戸に減っていた（同業事務所は七、その加入店舗は三二九戸）。小商店は商業組（業種を基準に編成されていたのか、地域ないしはその他の基準で編成されていたのかは不詳）に編成されており、商業組数は二〇、加入店舗は九五九戸、移動店舗を使った小商人は四六戸で、四人の管理員によって管理されていた。上は銭荘・銀号から下は道端で車を引く小商人までを入れると、三〇二六戸を数えた。

一九四二年三月時点における代表的な業種を例示すると、以下の通りであった。銭業同業公会（金融）：一三戸、糧食業同業公会（米穀商）：四一戸、肉業同業事務所（肉屋）：三二戸、旅桟業同業公会（旅館）：八二戸、飯業同業公会（料亭）：八八戸、布業同業公会（布類販売）：一一九戸、成衣業同業事務所（仕立屋）：一〇七戸、估衣業同業公会（古着屋）：八八戸、靴鞋業同業公会（靴屋）：五七戸、綢緞業同業公会：二四戸、紙煙業同業公会（煙草販売）：八四戸（四〇余戸がろうそく・マッチ販売を兼ねていた）、薬材業同業公会：七三戸、五金業同業公会（各種金属器具販売）：四六戸、鉄器業同業公会（鉄器販売）：三二戸、鉄炉業同業事務所（鉄かまど販売）：六四戸、照像業同業公会（写真館）：一六戸、理髪業同業事務所（床屋）：四四戸、楽戸業同業事務所（売春宿）：三八戸。煙業同業事務所（アヘン販売）：六戸。以上のように金融・旅館・風俗業と衣食住に係わる商店が主要な課税対象となった、と考えてよい。

最後に、アヘン商について若干ふれておく。一九四〇年七月時点で、太原にアヘン卸商は六戸、アヘン小売商は一四戸あった[4]。戸数から推測するに、前引の煙業同業事務所は「土店」（アヘン卸商）のみによる同業組合だったと思う。一般のアヘン小売商は商業組に組織されていたと思われる。これは他業種でも同様であった、と考える。

注

（1）王余慶「日寇統治下的苛捐雑税」、政協太原市委文史資料研究委員会編刊『太原文史資料』第三輯、一九八五年五月、一二六〜一二七頁。

（2）任歩魁「解放前的太原商業」、『太原文史資料』第七輯、一九八六年、一二六〜一二七頁。任歩魁「太原市工商同業公会沿革」、『太原文史資料』第一五輯、一九九一年、五七頁。

（3）『太原市各商業団体所属家数一覧表　民国三十一（一九四二）年三月』、日偽檔案B四八―四―一三。

（4）「華北統税総局太原統税局経営土店清冊　昭和十五年七月現在」、「華北統税総局太原統税局経営膏店清冊　昭和十五年七月現在」、ともに日偽檔案四八―四―二八。

第五節　支出構造とその問題点

1　省傀儡政権の財政支出概況

第15表は、一九四〇、四一年度の山西省公署実行予算額である。費目は、①行政費、②財務費、③教育費、④建設費、⑤治安費、⑥衛生費、⑦協助費、⑧奨恤費（表彰・慰労費）、⑨情報宣伝費、⑩予備費、の一〇費目からなる。ここから、省政権の支出概況を考えてみよう。

二か年度分の史料しか示すことができないが、以下のようなことがいえよう。第一に、最大の支出費目は省公署・道尹公署・各県公署等の運営に使用された行政費であり、一九四〇年では五〇％、四一年では四〇％を占めた。第二に、次いで治安費・建設費・教育費の順であった。第三に、行政費・教育費では経常支出が多く、治安費・建設費では臨時支出が多かった。治安費や建設費においては、経常支出をはるかに上まわる臨時支出があったが、これは戦争に対応した「臨機応変」の財政支出が求められたためである。「周縁植民地」としての支配の不安定さを示唆するデータである、といってよい。

省財政支出の半分前後が行政費であったということは、この政権がかろうじて官僚機構を支えることのできる支出しかできなかったことを意味している。建設費、すなわち地域産業発展のための公共事業費や、住民の福利厚生や学校教育の維持のための支出である教育費と衛生費の合計は治安費以下であった。省公署はかろうじて存在するだけの政権であり、有意義な経済政策や社会政策は執行できなかった、と考えてよい。

2　省傀儡政権の「治安費」支出

戦時植民地としての省政権の特徴を示す費目が「治安費」支出である。省公署の一九四〇年度における同費目の細目は、第16表の通りである。

この表から一九四〇年当時の治安機関について説明しておくと、警察署は省都の太原と運城（省南部の都市で軍事的要衝）にあった。一般の県に

第15表　山西省公署の実行支出予算額（1940、41年度）　（単位：元）

	1940年支出合計				1941年支出合計			
		経常支出予算	臨時支出予算	比率(%)		経常支出予算	臨時支出予算	比率(%)
行政費	4,009,351	3,339,351	670,000	50.0	3,801,286	3,689,386	111,900	40.6
財務費	125,572	125,572	−	1.6	167,784	167,184	600	1.8
教育費	739,333	493,290	246,043	9.2	822,081	765,381	56,700	8.8
建設費	827,374	219,908	607,466	10.3	950,915	388,615	562,300	10.2
治安費	1,189,785	551,785	638,000	14.8	2,127,284	799,251	1,328,033	22.7
衛生費	428,824	408,824	20,000	5.3	376,496	376,496	−	4.0
協助費	45,750	45,750	−	0.6	97,070	97,070	−	1.0
奨恤費	30,000	30,000	−	0.4	30,000	30,000	−	0.3
情報宣伝費	50,000	50,000	−	0.7	222,165	222,165	−	2.4
予備費	570,927	570,927	−	7.1	770,983	770,983	−	8.2
計	8,016,916	5,835,407	2,181,509	100.0	9,366,064	7,306,531	2,059,533	100.0

〔出所〕1940年度は、山西省陸軍特務機関編刊『歳入預算算出基礎資料』(1940年7月6日）に添付された「民国29年度山西省公署歳出預算書」、日偽檔案48－4－27。1941年度は、山西省陸軍特務機関編刊『昭和16年度山西省財政指導要領』(1941年4月25日）に添付された「民国30年度山西省公署実行預算各費目比較表」、日偽檔案48－4－18。

〔注〕奨恤費は、官吏・軍人やその家族を対象とする表彰・慰労のための費用と考えられる。

は警察署はなくて、警備隊があった。太原・運城の警察署も各県の警備隊も、省公署の警務庁の所管であった[1]。これとは別に、日本軍山西派遣軍司令部直属の憲兵隊が三九年春には太原と臨汾に設立され、陸軍特務機関も別にあったが[2]、これらは省公署からの「治安費」支出対象ではなかった。

経常支出では、省都太原と運城の警察署や各地の教練所の運営費が中心であった。占領地一五県の地方治安費は「省会（省都）警察署」の経営費用に匹敵する金額であった。これは、当初は省公署治安費から支出するつもりであったが、結局削減された。各県公署に費用負担が転嫁されたものと考えられる。

臨時支出では、当初要求された警備隊の「槍価費」（銃器購入費）は実行臨時支出に匹敵する規模であった。しかし、警備隊の銃器購入費も警察署の銃器購入費もともにカットされた。省政権は管下の県警備隊の費用は負担

第16表　山西省公署1940年度「治安費」支出内訳

（単位：円）

経常支出	551,785
省会（省都）警察署	254,480
運城警察署	47,265
甲種警察所	57,271
河東道乙種警察教練所	47,575
雁門道乙種警察教練所	47,575
冀寧道乙種警察教練所	47,575
県警備隊幹部訓練所	29,856
潞安地区乙種教練所	20,188
各県地方治安費	※1 —
臨時支出	638,000
模範地区警備隊充実費	240,000
警備隊槍価費（銃器購入費）	※2 —
警察署槍価費	※3 —
警備用電話架設費	※4 —
省会警察署消防器購置費	30,000
機械力利用設備費	257,000
県警備隊幹部訓練所開辨費	45,000
潞安地区乙種教練所開辨費	15,000
保郷制度施行費	51,000
合計	1,189,785

〔出所〕山西省陸軍特務機関編刊『歳入預算算出基礎資料』（1940年7月6日）に添付された「民国29年度山西省公署歳出預算書」、日偽檔案48－4－27。

〔注〕※1当初預算額270,000円（1県月額1500円、15県分を1年分）の全額を削減。※2当初預算627,000円の全額を削減。※3当初預算285,000円の全額を削減。※4当初預算300,000円の全額を削減。

しない、ということである。「事変」以前に省負担であった県警備隊の費用が省負担から県負担に移行された理由は、「事変前は軍隊にして、今日県警備隊は県警察なり」ということであった（省財政にかんする山西省陸軍特務機関長の口演後の質疑応答、一九四〇年）。特務機関長はまた、「県警備隊の増強には別に軍から経費を支給されると聞きたるもいかが」という質問には、以下のように回答していた。「とくに支給せられず。但し、模範地区にはその経費あり。また、行政補助金の運用上で警備隊方面に重点を置くは当然なり」。しかし、省公署から下付された行政補助金の原資は軍費であった。これを「警備隊方面に重点」的に給付しているという特務機関長の後段の答弁は、「軍から警備隊には経費は支給されていない」という前段の答弁とは辻褄があわない。後段が現実を吐露した発言であり、県警備隊は県が費用をまかなうとしながらも、軍からの間接的な援助があった、と思われる。

なお、臨時支出のうちの「模範地区警備隊充実費」については、「模範地区一六県警備隊充実費、年五七万六〇〇〇円の五か月分」という注記があった。同じ原表の「保鄰制度施行費」の注記には「六一県に交付す」とあった。「保鄰制度」とは、中国社会に伝統的に存続した地縁的な連帯責任制度をさす（これは本書序章で言及した「閭鄰制」と同義である）。省公署から「保鄰制度」施行をめぐるなんらかの通達が及んだ県が六一県あったということである。しかし、警備隊がにらみをきかせることのできた「模範地区」は一六県にすぎなかった。安定的な軍事占領が実現していた県は占領地全体のわずか四分の一にすぎなかったのである。傀儡省政権の浸透力が弱かった「周縁植民地」の現実を如実に示す数値である。

3　保安費の使途と保安司令部の位置

第17表は、一九四三年度に山西省保安司令部に交付された中央補助費の使途内訳である。中央補助費の「中央」

第 17 表　省保安司令部の中央補助費使途内訳（1943 年度）　(単位：円)

品目	金額	省款負担
既に払下購入した兵器弾薬類	612,269	全額
小銃 4100 丁	148,215	
小銃実包 100 万発※1	354,250	
軽機関銃 29 丁	3,883	
軽機実包 29.9 万発	105,921	
払下購入を予定する兵器弾薬類	70,850	―
小銃実包 20 万発	70,850	
兵器修理費の部	35,000	全額
払下小銃 600 丁の修理	30,000	
小銃修理部分品	5,000	
兵器修理廠増強費の部	234,777	全額
河東・冀寧 2 道修械廠	202,777	
雁門・上党 2 道旋盤購入	32,000	
兵器手入材料購入費※2 の部	159,300	20,650
スピンドル油	88,500	
小銃手入用洗管	9,000	
小銃手入用洗矢	51,000	
その他	10,800	
手榴弾購入費の部	42,700	5,665
手榴弾発射筒 1000 発	42,700	
修繕並びに施設費の部	32,841	全額
上党道の指揮部・修械廠修繕	3,196	
河東道の指揮部・訓練所修繕	9,125	
雁門道の訓練所修繕	1,159	
冀寧道の指揮部・修械廠修繕	8,499	
冀寧道電灯取付費	5,039	
その他	5,823	
訓練費の部	21,540	全額
河東道指揮部衛生兵訓練	1,540	
省直轄大隊訓練	20,000	
その他	326,717	95,757
徴兵のための施設・宣伝費	50,000	
前年度通信器材購置費立替	230,960	
中陽県陣地構築費	45,757	
総計	1,535,994	1,058,499

〔出所〕山西省保安司令部『(民国) 32 年度中央補助費 300 万円使途内訳書』、1944 年 1 月 31 日現在、日偽檔案・48 － 4 － 8 － 19。
〔注〕※1 県に配当し代金は県款負担としたが、回収金は 13 万円のみ。※2 重火器大隊用の 20,650 円は省公署負担、それ以外は県に配当し代金は県負担。

とは、北平（北京）の華北政務委員会を指していた、と考えられる。原史料の表題には、「（民国）三十二年度中央補助費三〇〇万円」と記されているが、保安費としての実際使途額は一五三万余円であった。残余は未使途金と考えられる。四三年度に省公署に交付された中央補助費の総額がどれだけあったか、保安費三〇〇万円が同年度の中央補助費のうちのどれだけの比重を占めていたのか（中央補助費全てが保安費として使われたのかどうか）、は不詳である。

第17表でいうところの省保安司令部（「省保安隊司令部」という記述もある）は、以前の県級の警備隊を再編した治安部隊であった。県級警備隊を基礎に一九四二年に省警備処が設立され、それはまもなく省警備隊司令部に改称された。それがまた、四三年七月に省保安司令部に改組されたのである。四か所の道公所にあった警備隊総隊部は保安隊道指揮部に、各県の警備隊は県保安隊に改称された。警備隊も保安隊も一貫して省公署の警務庁の所管の下に置かれ、司令部司令は省長が兼任した。(3) 以上のような省保安司令部の役割よりみて、保安費は既述の省公署「治安費」の一部であった、と思われる。

さて原史料では、一九四三年度の保安費としての実際使途額一五三万五九九四円のうち一〇五万八四九九円が「省款負担のもの」、四〇万六六四五円が「省より一時至急立替払いを切望のもの」、七万〇八五〇円が「最近資金を準備せられ度きもの」と説明されていた。この意味はすっきりと理解できないが、「省款負担のもの」というのは、省公署が中央補助費として受領し保安費として支給した額を指していた、と思う。「省より一時至急立替払いを切望のもの」とは、支出を執行したが、未払いなので取り敢えず至急省公署から立て替えてほしいという金額である、と理解される。つまり、省款から支出された部分と省に一時立替払いを依頼した部分とを合計すると、保安費としての実際使途額一五三万余円の大半は、原資は中央補助費であっても、省政府からの財政支出であった。

この表で一九四三年に省保安隊が得た一五三万余円の主要な使途をみると、兵器弾薬類（購入予定額も含む）は四四％、兵器修理廠増強費は一五％、前年度通信器材購置費立替払い分は一五％であった。兵器修理廠増強費の主要な使途は河東・冀寧二道の修械廠のための機械購入費であったが、原史料の「摘要」によれば、これら二道の保安隊指揮部・修械廠は四二年に抗日勢力によって破壊された。この表からだけで保安隊の装備を分析するのは適切ではないかもしれないが、購入された火器の中心は小銃であり、小銃・機関銃も実弾も日本軍からの払い下げ品を購入したものであった。払い下げの小銃のなかに不良品が少なくなかったために、修理を余儀なくされた。中国人からなる保安隊は、装備においても日本軍に従属する二流の治安部隊であったことを示唆している。

注

（1）史法根・許来明・董維民編『民国時期山西省各種組織機構簡編』、山西省地方志編纂委員会辦公室、一九八三年、二九〇〜二九一頁。

（2）「太原憲兵隊」は同前、三三〇〜三三二頁。「山西省陸軍特務機関」は同前、三二三〜三二四、三二六頁。

（3）同前、三三二〜三三三頁。

おわりに

本章で考察した財政収入に関する論点について一応の整理をしておく。第一に、中央政権（華北政務委員会）と山西省公署間の資金移動については、歴年のデータが欠落しており、部分的に明らかになったにすぎない。それは、恒常的に中央からの補助金があり、省公署の財政を支えていたことである。第二に、山西省公署の税源では、田賦・営業税・アヘン税が三本柱であった。第三に、田賦徴収は問題が多かった。最大の問題は、一九四〇～四二年に田賦整理事業が実施されたとはいえ、占領の全時期をつうじて糧冊（農業税徴税台帳）は十分には整備されなかったことであった。第四に、アジア太平洋戦争勃発後の一九四二年には山西省占領地でも治安が悪化し、治安費等の負担が増した。営業税の税率が大幅アップとなり、塩税政策の転換や物資の強制的な割当徴収も始められた。

第五節で使用しえた省財政支出に関する史料は、一九四〇、四一年度ときわめて不完全な材料である。日本軍占領時代を通じた支出の趨勢を明らかにすることには、成功していない。「中央」である華北政務委員会からの財政支援の全体像や省財政と道・県の財政との連関も不明である。考察は依然として不十分であるけれども、日本軍占領下の山西省政権の財政はきわめて不安定であり、実効のある経済政策や社会政策は執行できなかったのではないか、と思われる。

残された課題のなかの最も重要な問題は、県級政権の財政問題である。省内占領地における中国聯合準備銀行や朝鮮銀行の役割についての検討も不十分である。依然として全般的なデータ不足は否めない。史料収集の努力が必要である、と考えている。

第三章　山西省傀儡政権のアヘン管理政策

はじめに

本章の課題は、山西省の日本軍占領地（一九三七～四五年）に限定して、同地域におけるアヘン管理政策を明らかにすることである。

アヘンは日本軍の占領地支配を継続し強化するために重要な役割をはたした。第一に、中国の民力を摩滅させ、抗日の民族的抵抗を弱める力を発揮した。第二に、生産と流通過程に課税することによって占領地支配のための財源確保に寄与した。したがって、日本軍は占領地においてアヘン毒の汚染を拡大しつづけた。この点は山西省の占領地においても例外ではなかった。しかし、この分野で私たちが接することのできる原資料や記録はけっして多くはない。山西省においても、戦争や革命の混乱期にこの分野の記録の多くが失われ、後の時代の証言・回想もきわめて少ない。そこで、研究の重要性とは裏腹に、取り組みの困難なテーマになっている。本章においては、山西省檔案館が所蔵する日本軍傀儡政権が残した資料を主として吟味しつつ、検討をすすめたい。

先行研究についてふれると、対象を山西省占領地に限定した研究や記録はけっして多くない。研究論文としては、筆者自身の別稿がある。(1) 中国語では、王振三と張新平の二編の文章が日本軍占領下の大同地区におけるアヘン問題を、また葛如蘭が省北部の応県におけるアヘン問題を記録している。太原におけるアヘン生産の記録としては、胡敬斎の文章がある。(2) 筆者の前記別稿においては、山西省檔案館が所蔵する日本側の一次資料を紹介しつつ、アヘン管理の制度的側面の解明を中心に行なった。本章は、その後収集した資料を利用した改良稿で、日本帝国主義によるアヘン管理政策の考察の一部をなすものである。満州国や蒙疆政権等の統治下におけるアヘン問題をめぐる研究史の整理は、本章では割愛する。

なお、本章で取り上げる「アヘン」には、生アヘン（未精製アヘン）だけでなく、ヘロイン・モルヒネその他の精製アヘンも含めることにする。

注

(1) 拙稿「山西省の日本軍占領区におけるアヘン管理政策」、大東文化大学東洋研究所編刊『東洋研究』第一一二号、一九九四年。なお、抗日戦争以前の一九三〇年代までの山西省におけるアヘン管理政策については、拙稿「一九一〇～三〇年代における閻錫山政権のアヘン管理政策」、日本現代中国学会編刊『現代中国』第七三号、一九九九年、がある。

(2) 王振三「日寇毒化大同人民的罪行」（《文史精華》編輯部編『近代中国烟毒写真』上巻、河北人民出版社、一九九七年）、張新平「従黄花菜到罌粟花：掲露日寇侵華罪悪之一幕」（同上書）、葛如蘭「日偽時期鴉片在応県的泛濫」（同上書）、胡敬斎「解放前太原製毒見聞」（同上書）。

第一節　抗日戦争初期のアヘン管理政策

1　抗日戦争初期における麻薬自由販売の時期

山西省の日本軍占領地におけるアヘン管理政策は、二段階に時期を区分できる。第一期は一九三七年秋〜三九年の期間で、アヘン・モルヒネ・ヘロインなど麻薬の公然たる自由販売期である。第二期は四〇〜四五年八月の期間で、アヘンの売買・流通・移輸出の統制と平行してケシの強制栽培が行なわれた時期である。

まず第一期について検討するが、この時期の政策については不明な点が少なくない。山西省では、一九三八年七月に山西省公署（日本軍の省級傀儡行政機関）が太原で正式に発足した。省公署はいちおう管内のアヘン仲買商人や小売商人の管理主体となった。

江口圭一氏の研究によれば、「蒙疆」や華北占領地では、一九三七〜三九年の時期には、きびしい統制は実施されなかった。

「蒙疆」についていうと、一九三七年九月中旬に山西省大同を占領した日本軍は、十月十五日に大同に傀儡の晋北自治政府を設立した。この政府は山西省の雁門関の北にある一三県を管轄することになった。十一月二十二日には、察南自治政府（八月二十七日設立）、蒙古聯盟自治政府（十月二十七日設立）、晋北自治政府の連合体として蒙疆聯合委員会が設置された（各自治政府は財政単位としては存続した）。その後、三九年九月一日に三自治政府を統合した政権として蒙古聯合自治政府が発足した。蒙疆聯合委員会を構成する三自治政府は、三七年十二月の蒙疆聯合委員会「アヘン業務指導要領」にもとづいて、それぞれアヘンの生産・取引・吸煙などについて届出制や許可制を施行した。それらはアヘンの規制を目的とするものではなく、アヘン税の税収を確保するための措置であった。三九年六月、蒙疆聯合委員会はアヘンの増産を目的としてアヘン管理政策を変更した。同月、アヘン仲買商を「蒙疆土薬有限公司」に組織して、彼らにたいする統制を強化したのである。華北占領地では、三七年十二月に設立された中華民国臨時政府が、三八年以降アヘン専売制を導入しようとした。しかし、三九年当時はこれが実施されぬままに、アヘンの取引や吸煙が公然と行なわれていた。(1)

この時期における山西省占領地におけるアヘン自由販売は、以上のような華北占領地全体のアヘン政策、すなわち未だにアヘン管理の基本方針を確立することができなかったという現実に規定されていた。一九三八年十月二十八日には、北京の中華民国臨時政府が、太原地方法院にたいして「査禁毒治罪暫行条例廃止にかんする訓令」を発した。(2)これによって、国民政府時代のアヘン関係法規は否定されたが、新たな政策的枠組みはまだ提起されなかった。

山西省では、一九三九年（月日不詳）に省公署民政庁長・宋澈、財政庁長・宋啓秀によって、「ケシ増産計画案」が省公署に提出された。のち蘇体仁（省長）から谷萩那華雄（省公署顧問室顧問、太原陸軍特務機関長）にたいして同上の趣旨の文書が上申された。省公署は、日本軍の同意を得て、占領地におけるケシ栽培の普及を指示した。[3]

また同じ年（月日不詳）には、太原禁煙分局（局長、王西林）が設立された。同分局は中華民国臨時政府の直属機構として発足した。[4] 四〇年初めには、山西省公署はケシ罰金納付許可制度を採用した。[5]

山西省から切り離された晋北自治政府における最初のアヘン関連法規としては、一九三八年二月一日に施行された『（晋北）阿片取扱暫行辦法』がある。[6] 三九年八月一日には、『晋北種烟規則』が施行された。[7] これは、栽培面にかぎって晋北のケシ栽培農民を管理するための法規であった。また八月一日には、『晋北禁煙特税法』も施行された。[8] これは、晋北のケシ栽培農民にたいして禁煙特税（ケシ栽培税）の税率や徴収方法を明示した法規であった。同法第二条では、「禁煙特税の税率は、ケシ栽培許可面積一ムウ（約六・七アール）ごとに毎年八円とする。附加税の税率は正税の一〇〇分の二五とする」とされた。第一〇条は、「県はケシの栽培に関して一切課税することができない」と定めて、県政府の課税権を否定していた。蒙古聯合自治政府の設立以降は、晋北地方のアヘン管理政策は蒙疆地方全体を対象とする法規の下に実施されることになった。[9]

2　日本軍占領とアヘン汚染の重大化

日本軍占領地の拡大はアヘン問題にどのような影響を与えたであろうか。いくつかの県の事例を拾ってみよう。省中部の寿陽県県城を日本軍が占領したのは一九三七年十一月二日であった。その後（時期は第2表によれば三九年十一月）、日本軍についてやってきた朝鮮人の通訳・隋栄生（第2表によれば隋雲生、店名は「雲香膏店」）が県城内に土膏店（小売店）を開設した。経営は省内の清源県人・陳林に任された。同店は小売りも仲買も行ない、生アヘンも精製アヘンも商った。店内には吸飲者用のベッドや座席が数十人分用意された。この土膏店開設によって、町でも村でもアヘン吸食者が大量に増え、ケシの栽培が公然化した。穀物畑をつぶしてケシ畑に転換したために、多くの良田が失われた。また、かつての閻錫山政権時代には「毒品」として流通が禁じられていた「金丹」、「料面」（ともにヘロインの一種）が省外から流入したから、家産が傾いて餓死・凍死する者も現われた。[10]日本軍の占領統治は、名ばかりであった閻政権時代の「禁煙」をも反古にしたから、寿陽県ではアヘン中毒は一層広がったのである。

山西省では、一九三七年末までに省東北部や中部は日本軍に占領され、三八年三月までに省西南部を含むほとんどの県城が占領された。省東北部の広霊県では、占領下の農村ではケシが大量に栽培され、アヘン吸食者が増えた。[11]省東北部の懐仁県でも、占領後ケシの栽培が強制された。また日本軍は「金丹」や「料面」を県内に持ち込んだ。そこで、製造者・販売者・吸食者が増えた。[12]省中部の文水県でも、占領下の農村でケシが大量に栽培された。[13]省中東部の和順県では、四〇～四一年ごろ、傀儡の県公署は県城付近でケシを一一～一二ヘクタール栽培させた。日本人商人が「料面」を公然と売買した。[14]省西南部の河津県でも、占領後、日本軍は「金丹」や「料面」を県内に持ち込んだから、中毒患者が増えたという。[15]

省東北部の応県は晋北自治政府が発足すると、同政府に組み込まれた。同県については占領した日本軍がどのようにアヘン事業を広げていったか、を示す興味深い証言がある。一九三七年九月下旬に応県も日本軍に占領された。翌年春、県の傀儡政府は農民にケシ栽培を下令した。県全体の栽培面積は約五〇〇〇ムウで、各村平均して三〇ムウ前後であった。県城を押さえるにすぎない日本軍は、村むらにおけるケシの栽培・収買やアヘン税の管理を「保甲隊」を結成する地元の土匪である喬日成に委ねた。喬日成は村落行政の末端の長である甲長を通じて栽培から徴税までを管理した。傀儡の県政府は三八年に税務局内にアヘン税と塩税を扱う部署を設置したが、三九年九月にはアヘンの徴税を専門に担当するアヘン清査局を設置した。こうして県政府はケシの清査やアヘン税の部署を設置したが、村むらにおけるアヘン関係事務の実権は甲長らを支配する喬日成の手のなかにあった。喬は天津のアヘン商を店の代表の地位につけてアヘン卸売店も開き、課税を免れたアヘンを天津や北京のアヘン商と結託して売りさばいた。もっとも、四一年になると日本人と喬日成との関係が決裂し、喬の抱える私兵は日本軍に粉砕された。そこで、県政府と県のアヘン清査局はやっとアヘン事業の実権を手にすることができた。[16]以上のように、応県では、日本軍はまず県城を押さえ、地元の中国人有力者を代理人として利用して農村部を間接的に支配した。その後、機会をとらえて代理人を排除し、農村部を直接支配するというやり方をとった。

晋北の大同では別の手口が採られた。大同の特産品に「黄花菜」(わすれぐさ)という野菜がある。多年生の宿根草で、花を干して中国料理の食材に使う。大同では、北魏時代に栽培が始まり、明の永楽年間には東南アジアにも輸出されるようになった。日本軍は一九三七年九月中旬に大同を占領した。まもなく、市内に傀儡機関である治安維持会ができ、「治安の破壊」を口実に小商人から黄花菜の購買権を取り上げた。そして、回教徒らに「裕民公司」という会社をつくらせ、大同における黄花菜の専売権をこの会社に与えた。裕民公司は農村で黄花菜を買い付けたが、安く買い叩いた。日本人は黄花菜栽培のインセンティブを奪う一方で、ケシの種を農民に売り付けた。やがて、黄花菜の畑はケシ畑に変わっていった。四〇年以前に年産三〇〇万斤を数えた大同の黄花菜は、四五年には四〇万斤に激減したという。[17]こうして特産品の交易権を民衆から取り上げ、特産品生産をつぶして、ケシへの作付け転換を強制したのであった。

第１表　山西省日本軍占領地における「土店」(1940年７月)

店名	営業者	同・年齢	同・出身地	営業資本金 (元)	営業地	開業時期
公益成	成秀山	37	清源県	300,000	太原市	1939. 9.
晋陽号	戴文生	30	大同市	100,000	太原市	1939. 9.
聚新豊	侯尊三	60	楡次県	300,000	太原市	1939. 9.
興茂公司	鄭桂升	30	北京市	100,000	太原市	1939. 9.
晋華成	高鳳翔	46	応県	80,000	太原市	1939. 9.
新生徳	張岐山	45	太谷県	60,000	太原市	1939. 9.
雲徳成	鄭培先	56	代県	51,000	代県	1939.10.
茂記土店	聶志如	44	代県	32,000	代県	1939.10.
公聚成	宿垣敬	53	楡次県	50,000	楡次県	1939.11.
祥瑞久	楊受三	44	祁県	5,000	祁県	1939.11.
興亜土店	要明甫	53	楡次県	12,000	寿陽県	1939.11.
義記土店	刑潤生	53	忻県	20,000	忻県	1939.11.
義生土店	劉耀華	44	河北省高陽県	30,000	陽泉県	1939.11.
益壽号	張得志	35	河北省來水県	20,000	汾陽県	1939.12.
義聚合	楊炳政	45	楡次県	15,000	太谷県	1939.12.
源六土店	康徳貴	50	陽曲県	10,000	楡次県	1939.12.
晋汾土店	郭印恭	53	孝義県	10,000	汾陽県	1940. 1.
聚増永	李徳林	31	北京市	30,000	平遥県	1940. 2.
生記土店	羅立義	47	清源県	6,000	清源県	1940. 2.
義記土店	劉永昌	44	繁峙県	180,000	繁峙県	1940. 2.
勝記土店	楊茂軒	46	奉天市	50,000	臨汾県	1940. 3.
雍尖土店	謝香樵	44	河北省	5,000	新絳県	1940. 3.
益晋土店	解明徳	46	新絳県	5,000	新絳県	1940. 3.
晋益祥	賈漢郷	38	祁県	5,000	祁県	1940. 3.
鴻記土店	李益亭	52	代県	120,000	代県	1940. 4.
義記土店	栗若愚	38	五台県	50,000	代県	1940. 4.
復興永	郭安仁	47	孝義県	10,000	寧武県	1940. 4.
亨利土店	周尚文	38	代県	190,000	繁峙県	1940. 5.
徳記土店	劉渓庵	37	河北省武清県	160,000	繁峙県	1940. 5.
義和成	馬耀清	43	清源県	30,000	清源県	1940. 6.
義泰隆	張清温	48	清源県	10,000	孝義県	1940. 6.
晋隆祥	蘇永安	43	文水県	20,000	寧武県	1940. 7.
計32店		(平均営業資本金の規模)		64,563		

〔出所〕「華北統税総局太原統税局経営土店清冊（1940年７月現在)」、日偽山西省公署連合全宗檔案［48－4－28］所収。
〔注〕「土店」はアヘン仲買商で、生アヘンを取り扱った。

第２表　山西省日本軍占領地における「膏店」(1940年７月)

店名	営業者	同・年齢	同・出身地	営業資本金 (元)	営業地	開業時期
興亜楼	李士興	42	忻県	3,000	太原市	1939. 9.
富栄号	王顕呂	42	河北省獲鹿県	3,000	太原市	1939. 9.
義長公司	陳義齋	54	安徽省	3,000	太原市	1939. 9.
会仙膏店	万子発	37	静楽県	3,000	太原市	1939. 9.
霖記益	関乃藩	46	奉天市	3,000	太原市	1939. 9.
槐春膏店	王福昌	55	寿陽県	3,000	太原市	1939. 9.
新民膏店	王錦堂	56	陽曲県	4,000	太原市	1939. 9.
義興号	趙又山	36	五台県	3,000	太原市	1939. 9.
東聚興	霍聚凌	51	河北省深県	3,000	太原市	1939. 9.
大豊膏店	王月楼	57	河北省香河県	3,000	太原市	1939. 9.
惠雲景	張承惠	51	太原市	3,000	太原市	1939.10.
永業堂	劉守業	34	代県	3,000	代県	1939.10.
雲香閣	呉好義	52	代県	3,000	代県	1939.10.
茂記膏店	劉徳森	36	河北省武清県	3,000	太原市	1939.11.
雲香膏店	隋雲生	33	大連市	3,000	寿陽県	1939.11.
新興膏店	張受軒	55	平遥県	3,100	楡次県	1939.11.
源泉永	劉克勤	30	河北省大光県	3,000	陽泉県	1939.11.
福記膏店	宿世美	58	忻県	3,000	忻県	1939.11.
徳泉池	趙文欽	51	河北省冀県	3,000	忻県	1939.11.
聚成膏店	張文郁	49	河北省唐県	4,500	陽泉県	1939.12.
庵潤	白徳庵	50	汾陽県	3,000	汾陽県	1939.12.
永生金	王義郷	40	山東省招遠県	5,000	楡次県	1939.12.
泰昌宏	張康	45	洪洞県	3,200	楡次県	1939.12.
永生祥	張近賢	55	楡次県	3,200	楡次県	1939.12.
永泉	龐粛菴	45	代県	3,000	代県	1940. 1.
滄記	楊華堂	47	河北省寧晋県	3,000	太原市	1940. 1.
庚辰公司	朱裕仁	33	山東省	3,000	太原市	1940. 2.
東亜膏店	張召甫	37	河北省冀県	3,000	平定県	1940. 2.
興記膏店	陸明甫	55	猗氏県	5,000	新絳県	1940. 3.
三盛膏店	李連成	65	汾陽県	3,000	汾陽県	1940. 4.
茂記膏店	徐翠竹	42	繁峙県	3,500	繁峙県	1940. 7.
晋臨膏店	孫竟	31	平定県	4,000	臨汾県	1940. 7.
華記膏店	杜希賢	67	臨汾県	3,000	臨汾県	1940. 7.
計33店		(平均営業資本金の規模)		3,258		

〔出所〕「華北統税総局太原統税局経営膏店清冊（1940年7月現在)」、日偽山西省公署連合全宗檔案［48－4－28］所収。

〔注〕「膏店」はアヘン小売商で、精製後のアヘン膏を取り扱った。「静楽県」は原文の「清楽」県を訂正したものである。

3　一九三九～四〇年時期におけるアヘン仲買商と小売商

次に、一九三九～四〇年頃における省内のアヘン仲買商店と小売商店の動きについて検討する。**第1表**は山西省公署管内のアヘン仲買商人、**第2表**はアヘン小売商人のリストである（一九四〇年七月現在）。すべて三九年九月以降に開業した商人であった。それ以前にもアヘン商人はいたはずであるから、これは日本軍側によって新規に合法的な経営を認可された商人のリスト、と理解すべきであろう。仲買商人三二店の平均営業資本金の規模は六万四五六三元、小売商人三三店のそれは三二五八元であった。小売商人の資本金規模は仲買商人の二〇分の一であった。北京市・奉天市（現瀋陽）・河北省など他省市出身者が仲買商人では七人（二割強）、小売商人では一四人（四割強）を占めていた。出身の県ないし市で営業していた者は、仲買商人では一一人、小売商人では一〇人を占めており、やはり少なくなかった。営業地として最も多かったのは太原で、仲買商人では六店、小売商人では一四店であった。

注

(1) 江口圭一『日中アヘン戦争』、岩波書店、一九八八年、六七～七五、八二～八六頁。
(2) 山西省檔案館所蔵／日偽山西省公署聯合全宗檔案［四九―二―一五六］。
(3) 山西省地方志編纂委員会辨公室編刊『近現代山西政権機構概況』、一九八四年、三三八頁。なお、山西省図書館《山西省志・人物志》編写組編『日偽山西省職官表』、山西省地方志編纂委員会辨公室刊、一九八〇

年十二月、によれば、谷萩那華雄の省公署顧問としての任期は一九三七～三八年、民政庁長・宋澈と財政庁長・宋啓秀の任期はともに三八年六月二十七日～四三年二月であった。本文の記述と谷萩の在任期間との間に時期的齟齬があるがそのままとした。

(4) 山西省地方志編纂委員会辨公室編刊『民国時期山西省各種組織機構簡編』、一九八四年、三四八頁。

(5) 前掲『日中アヘン戦争』、一三三頁。

(6) 江口圭一編著『資料日中戦争期阿片政策：蒙彊政権資料を中心に』、岩波書店、一九八五年、二四五～二四七頁。

(7) 蒙古聯合自治政府財政部『現行租税関係法規』、一九三九年(内蒙古図書館所蔵)、六一頁。

(8) 同前、六二～六三頁。

(9) 江口圭一編著『資料日中戦争期阿片政策：蒙彊政権資料を中心に』所収の同氏解説論文を参照。

(10)『寿陽県志』、山西人民出版社、一九八九年、三四八～三四九頁。

(11)『広霊県志』、人民出版社、一九九三年、四二八頁。

(12)『懐仁県志』、中国工人出版社、一九九二年、三二五頁。

(13)『文水県志』、山西人民出版社、一九九四年、五〇一頁。

(14)『和順県志』、海潮出版社、一九九三年、三六〇頁。

(15)『河津県志』、山西人民出版社、一九八九年、五〇二頁。

(16) 葛如蘭「日偽時期鴉片在応県的泛濫」(前掲『近代中国烟毒写真』上巻、一九四～一九七頁)。

(17) 張新平「従黄花菜到罌粟花」(同前、一八六～一九〇頁)。

第二節　抗日戦争中期以降のアヘン管理政策

1　アヘン管理体系の樹立

アヘン管理の実態を比較的詳しく知ることができるのは、一九四〇年以降である。

一九四〇年秋、華北禁煙総局が華北政務委員会の下に設置された。太原禁煙分局（三九年設置）はその下部機構となった。総局は、華北の日本軍占領区におけるアヘン管理の最高機関として位置づけられた。もっとも、山西省では、山西省公署（省政府）がアヘンの生産・管理の基本政策を立案し、各県政府ないし県治安維持会（傀儡政府の臨時的行政機構）に任務をおろしていた。総局の設置後、日本軍のアヘン管理はより体系化された。

第3表は、一九四二年八月頃における太原禁煙分局所属各処所の名称と等級の一覧である。この表には、山西省公署の行政範囲から外されていた大同をはじめ晋北地方は除かれている。辦事処が二四か所、分駐所が二か所あった。辦事処のうち一級が四、二級が五、三級が一五あった。等級の意味は不詳であるが、行政的な事務量を反映した職員の多寡に対応したものであった、と思われる。四二年のケシ栽培面積でみると、一級辦事処が置かれた代県、二級辦事処が置かれた交城、繁峙、離石、三級辦事処が置かれた文水、忻県等は大規模栽培県であった（第4表を参照）。一級辦事処が置かれた各県は、政府がアヘン税の取り立てに力を注ごうと考えた地方であった、と思われる。

2　アヘン統制の開始

一九四〇年には華北の占領地支配体系が大きく変化した。同年三月三十日、南京に汪精衛を首班とする「国民政府」が発足した。これにともなって、臨時政府（北京）、維新政府（南京）が解消された。臨時政府は華北政務委員会に改組され、「国民政府」の下部行政機構として河北・山東・山西・河南の華北四省を統治することになった。改組にともなって、太原禁煙分局は華北政務委員会に直属した。(1)

第3表　太原禁煙分局所属各処所名称等級一覧表（1942年8月）

処所名称	等級	管轄区域
代県辦事処	1	代県
臨汾辦事処	1	臨汾、浮山、襄陵、汾城
楡次辦事処	1	楡次、和順、遼県
離石辦事処	2	離石、方山、中陽
長治辦事処	2	長治、路城、長子、高平、襄垣、晋城、屯留、壷関
安邑辦事処	2	安邑、夏県、運城、臨猗、平陸、永済
崞県辦事処	3	崞県
寧武辦事処	3	寧武、神池、五寨、偏関、可嵐
曲沃辦事処	3	曲沃、聞喜、新絳、絳県、翼城
忻県辦事処	3	忻県、定襄
太谷辦事処	3	太谷、武郷、楡社、沁県
平遥辦事処	3	平遥、介休
祁県辦事処	3	祁県
洪洞辦事処	3	洪洞
汾陽辦事処	1	汾陽、孝義
交城辦事処	2	交城
繁峙辦事処	2	繁峙、五台
文水辦事処	3	文水
陽泉辦事処	3	陽泉、平定、昔陽
寿陽辦事処	3	寿陽、盂県
清源辦事処	3	清源、徐溝
霍県辦事処	3	霍県、霊石、汾西
趙城辦事処	3	趙城、安澤
娘子関辦事処	3	娘子関
(太原)車站分駐所		車站
(太原)大北門分駐所		大北門

〔出所〕1942年8月10日付、太原禁煙分局→山西高等法院送付「太原禁煙分局所属各処所名称等級一覧表」、山西省檔案館所蔵／日偽山西省公署連合全宗檔案(49－2－160)。

以上の変化に対応してアヘンの管理政策にも変化が生じた。

南京「国民政府」行政院司法行政部は、一九四〇年六月十九日に、「禁煙治罪暫行条例・禁毒治罪暫行条例の修正意見にかんする訓令」を公布した。二条例を廃止して一般刑法で処理しようとする方針をたてたのであったが、反対・修正意見が出た。そこでやむなくこのような訓示を出さざるをえなくなったのである。(2)

一九四〇年八月三十一日、華北政務委員会は、以下数点のアヘン関連法規を公布した（いずれも同年十月一日に施行された）。①「華北禁煙暫行辨法」、②「華北禁煙暫行辨法施行細則」、③「華北禁煙総局組織暫行規程」、④「華北禁煙分局組織暫行規程」、⑤「華北土薬業公会規則」、⑥「華北禁煙緝私規則」、⑦「華北査獲私土奨励規則」、⑧「華北禁煙総局徴費規則」。また同日、華北政務委員会は、「華北土薬業公会章程」を批准した。(3)以上の各種法令公布によって、山西省を含む華北地方のアヘン専売制度が確立した。

同年十月以降、ケシの栽培者から業者への売買は自由価格・自由販売から、指定価格による指定業者への買い入れ統制に変わった。山西省公署顧問室が作成した「ケシ栽培ならびにアヘンの収買について」（日文、一九四二年）は、その制度的変容を説明したもので、要点は次の通りである。

「民国二十九〔一九四〇〕年八月三十一日、禁煙諸法規は公布せられ、禁煙局の設置、ケシ栽培の統制、特定収買人制度の樹立、華北土薬業公会の設立等により、華北における禁煙機構はここに確立し、従来のアヘンの流通過程は一変して、土薬業公会および特定収買人の掌中に帰したり。／一．ケシ栽培の統制……ケシ栽培の統制については、華北政務委員会において各省ケシ栽培畝〔ムウ〕数の割り当てをなし、禁煙総局はこれにもとづき、各省所在の禁煙分局をして栽培者の登記ならびにこれが取り締まりをなす。山西省は民国三十〔一九四一〕年度（第一年目）ケシ栽培割り当て畝数を一〇万ムウと規定せられたるも、当時栽培畝数は五万ムウ余りにして、右割り当て畝数による場合は増植せしむることを要し、したがって『山西省禁煙五ケ年計画』に違背せるため、本省において公布せる山西省禁煙諸法規にもとづき、前年度栽培畝数の範囲内においてケシ栽培を許可し、本［一九四二］年度もまた『山西省禁煙五ケ年計画』に準拠し、前年度栽培畝数の二割を減じて四万一五五五ムウ［三七七〇ヘクタール］のケシ栽培を許可せり。以上のごとく、本省内におけるケシ栽培については太原禁煙分局の意図に左右せらるることなく、『山西省禁煙五ケ年計画』により栽培の登記ならびにこれが調査を実施し、毎年これが減植の方針を採りつつあり。／二．特定収買人……特定収買人は『華北禁煙暫行辨法施行細則』第二一条および第二二条の規定により、禁煙総局において指定せるものにして、ケシ栽培者において生産せられたる生アヘンは指定せられたる特定収買人の独専［独占］に帰し、収買価格により収買す。したがって、価格の変更ならびに自由売買は禁止せられあり。本省における特定収買人にたいしては、太原禁煙分局において指示監督し、省公署は収買状況を監視す。／イ、山西省本年度生アヘン特定収買人……晋北地区：陶菊圃［？］　晋中地区：郭宝覧／ロ、山西省生アヘン収買価格（略）／三．華北土薬業公会……華北土薬業公会は華北政務委員会の会令により、民国二十九年十月禁煙総局の指定せる土薬業者をもって組織し、出資総額は一〇〇〇万元なり。ただし、本公会の存続期限は三か年とし、必要におうじてその都度延期す。本公会の目的は、アヘンの製造、売買ならびに禁煙総局において指定したる製造売買に付帯せる業務なり。したがって本公会は各省に土薬業分会を設置し、右業務を運営しあり。以上のごとく、土薬業公会ならびに特定収買人制度により、アヘンの自由売買は禁止せられ、従来の土店・膏店の営業範囲は、土薬業公会より消費に供求（供給）すべきアヘンの取次・販売に極限せられたり」。(4)

以上のように、山西省占領地においては、一九四〇年十月よりアヘンの流通は自由販売から、禁煙総局の指定した土薬業公会および特定収買人の運営下に置かれるようになった。傀儡政権は被指定業者を通じた統制販売によってアヘン収入を独占しようとしたのである。他方で、蒙疆政権下においては、三九年六月にアヘン仲買商を「蒙疆土薬有限公司」に組織して、彼らにたいする統制が強化された。しかし、この政策は彼らの反発を招いたために、四〇年四月に同公司は解散した。そして、同年六月以降、蒙疆各地に仲買商による「土業組合」が結成され、以後はこの団体がアヘン収買に力を発揮した。山西省占領地に組織された「土薬業公会」の役割は、蒙疆の「土業組合」と概ね同じであった、と考えられる。山西省は蒙疆地方のようなケシの大生産地ではなかったから、占領政権はアヘン仲買商を強力に統制する必要を感じなかったのか。それとも、政権の支配力が蒙疆よりも弱かったからなのか。筆者は、後者ではなかったか、と考えている。

3 「山西省禁煙五ケ年計画」とその欺瞞性

一九四一年二月十三日、山西省公署は、各県政府・県治安維持会にたいして、密令「禁煙五ケ年計画に関する件」を通達した。この密令は、アヘン管理をめぐる省公署の政策要綱的文書であった。傀儡政権の政策的意図をこの文書から知ることができる。

それは、次のような内容であった。「本省におけるケシの栽培禁止は事変前（一九三七年七月以前）すでに実施せられたるも、事変後環境の関係によりアヘンの禁止は廃止せられ、住民は自由に播種しつつある実情にして、もし厳に査禁せざれば、民衆を誤解せしむる害あるを恐る。本省はこれに鑑み、昨年よりケシの栽培を禁止し罰款を徴収する方法をとり、また五ケ年禁絶計画を制定し、毎年播種数量を減じ、最後に禁絶の徹底を期し、禁止の命令を遵守せしむるとともに農村を救済す。本年春耕の期にさいし、すでに制定したる計画を実直に施行し、もってその目的を達成すべし。別に命令するほか、ここに五ケ年禁絶計画を添付し、該（県）知事・（県治安維持会）会長にたいし、確実に実施すべき旨を令す[5]」。

「五ケ年禁絶計画」の内容は次の通りであった。「山西省公署　民国三十（一九四一）年一月実施。／三十年度は二十九年度栽培面積を越えざること。／三十一年度は八割に減ずべし。／三十二年度は五割に減ずべし。／三十三年度は二割に減ずべし。／三十四年度は禁絶せしむ[6]」。

しかし、「五ケ年禁絶計画」はけっして順調には実行されなかった。

一九四一年三月二十九日、華北禁煙総局は、太原禁煙分局にたいして第二二八号訓令を通達した。内容は、アヘン栽種地区面積の査定においては、省公署と協議したうえで華北禁煙総局に報告し査定すべきである、というものであった[7]。

これは、山西省公署顧問室の「ケシ栽培ならびにアヘンの収買について」（日文）が示すように、山西省のアヘン生産計画をめぐって華北政務委員会と山西省公署とのあいだで重大な齟齬があったからである。すなわち、前者は一九四一年度の同省ケシ栽培割当畝数を一〇万ムウと規定した。しかし、当時の栽培畝数は五万ムウ余であった。省公署は、華北政務委員会の指示に従えば、漸禁を基本精神とする後述の「山西省禁煙五ケ年計画」に違背することになるとして、華北政務委員会の要求した計画数値をしりぞけようとしたからである。

しかし、その後の動きは、省公署が華北政務委員会に妥協したことを示している。

つまり、一九四一年五月に省公署財政庁は、各県治安維持会にたいして、「煙畝罰款徴収に関する件」を通達した[8]。

同年六月二十六日には、省公署は各県政府・県治安維持会にたいして、訓令「太原禁煙分局協助に関する件」を通達した[9]。六月にはまた、省公署は各道・県政府・県治安維持会にたいして、訓令「本年度（民国三十年度）

各県超過畝数鏟除一時免除に関する件」を通達した[10]。

もともと閻錫山政権下では、省政府公認のアヘンであった「戒煙薬餅」以外の売買・流通が禁止されていた。一九四一年二月十三日付けの山西省公署密令「禁煙五ケ年計画に関する件」は、閻政権の崩壊後、民衆が勝手にアヘンの生産・販売を始めたことを指摘し、これを統制することを宣言したものである。傀儡政権は発足から三年間以上も無為無策でアヘンを放任してきた。しかし、五か年で禁絶するという計画は、後述のように結局破綻した。

一九四一年六月には、省公署はケシの新たな収穫期を目前にして新年度の方針を提起した。それは、「山西省〔民国〕三十年度煙畝登記調査報告辧法」、「山西省〔民国〕三十年度初査煙畝辧法」、「山西省〔民国〕三十年度覆査煙畝辧法」、「山西省〔民国〕三十年度煙畝罰款徴収辧法」などの公布である[11]。これらの省条例は、栽培農民を対象としてケシの収穫の遺漏をできるだけ少なくしようとするためのものであった。

4　アジア太平洋戦争勃発以降のアヘン管理

アジア太平洋戦争勃発直後の一九四一年十二月十日、興亜院会議で「支那阿片需給計画」が決定された。蒙疆アヘンの収納量を一〇〇〇万両（五〇〇トン）、華北アヘンの収納量を二〇〇万両（一〇〇トン）とするアヘン増産計画がさだめられた。ただし、四二年八月二十日の興亜院会議で前者は七〇〇万両、後者は一四〇万両に下方修正された[12]。当時の山西省の予定収納量は不詳であるが、増産が定められたと考えられる。

山西省におけるアジア太平洋戦争勃発以降のアヘン管理の動きは不詳である。史料からは、一九四三年六月十日に華北政務委員会が、四〇年八月に公布した各種禁煙法規を大規模に修正して以下の法規を制定・施行したことが知られる。名称が四〇年八月と同じ法規は、①「華北禁煙暫行辦法」、②「華北禁煙暫行辦法施行細則」、③「華北禁煙緝私規則」、④「華北土薬業公会規則」、の四種であった。名称が部分的に変わった法規は、⑤「華北査獲私土及私薬奨励規則」（「私薬」の部分を追加）であった。新たに制定された法規は、⑥「華北禁煙暫行辦法補訂辦法」、⑦「華北禁毒暫行辦法」、⑧「華北禁毒暫行辦法施行細則」、⑨「華北禁煙禁毒徴費規則」であった。(13)

一九四三年六月の法規改定を吟味する。最も基本的な法規①における大きな変更点は、華北禁煙総局の役割をより具体的に規定したことである。すなわち、「禁煙総局は罌粟の栽培、阿片の吸食、阿片又は阿片吸煙器具の収買・販売ないし運輸並びに戒煙薬の製造・販売ないし運輸の許可に対し、費用を徴収することを得」（第二五条）。これは、四〇年秋に正式に設置された同総局がすでに三年間の運営実績をもっており、それをふまえた役割の明確化が求められたためである。「何人と雖も阿片偽物を製造し、運輸し、売買し、授受し、所有し又は所持することを得ず」（第七条）という項目も新設された。これは、「アヘン偽物」すなわちモグリで精製・運送・売買されたアヘンの蔓延を吐露したものであった。また、アヘンや戒煙薬などの製造・販売や輸移出入は申告をしなければならず、抵抗や妨害をしたら罰金を徴収するという規定があった。しかし、三年間に戦時インフレーションが急激に進んだために、四〇年では「一〇〇円以下」であった罰金は、四三年では額面五〇倍の「五〇〇〇円以下」になった。わざわざ厳格な規定を追加しなければならなかったのは、現実の統制がますます難しくなったからであった。

②では、第四章に薬用アヘン・科学用アヘンに、新たに戒煙薬が付け加えられた（第二九〜三二条）。また、禁煙総局にケシ栽培地区や面積の画定権があるという事項が新設された。すなわち、「罌粟栽培の地区及びその総面積は、毎年華北禁煙総局にて先に画定し、財務総署の認可を受くべし」（第一八条第三項）と規定された。③で

は、禁煙官署員の権限を強め、違反者の捜索・押収・逮捕には警察官員の同行を不要とした（第五条）。また、違法物件に「毒品・戒煙薬」を追加した。④では、土薬業総公会の規定に土薬業地方公会の規定が新たに加えられた（第二章）。地方の「土薬商人」によるアヘン売買の拡張をふまえて、「土薬業地方公会」および所管地方禁煙局を通じて地方の「土薬商人」を統制管理することを意図したのである。

⑤では、新たに「私薬」の調査・獲得・没収にかんする事項を追加した。「私薬」とは、「華北禁煙暫行辨法に違反する戒煙薬、および華北禁煙暫行辨法に違反する毒品、並びに所有者不明、あるいは所有者の所在不明の戒煙薬及び毒品」をさした。アヘンとしては捕捉することのできない麻薬類が摘発の対象として追加されたのである。⑥では、生アヘンの収買許可証費の基準（第三条）や、アヘン運輸許可証の発給者を数量毎に区分する規定（第四条）があった。⑦⑧では、それ以前の法規では言及されていなかったモルヒネその他を「麻薬」として定義し、その製造・吸食・輸移出入・運輸・売買・授受・所有などについての総括的な取締規定を定めていた。⑨でも、「麻薬」の製造許可証費や運輸許可証費の徴収基準について新たに付け加えた。

その後、一九四四年七月に華北政務委員会は、①「華北麻薬暫行処理要綱」、②「華北禁煙総局処理麻薬暫行辨法」を公布した。いずれも華北禁煙総局の起草による。[14]「アヘン」と言ったり「毒品」と言ったりして別個に規制されていたものが、これらの文書では「麻薬」と呼称されてさらに広く網をかけられることになった。もっとも、①の「処理要綱」によれば、取り締まりの対象は「注射麻薬」であったようで、「看護士や薬剤師が所持する業務用の麻薬類物品」も「華北禁毒暫行辨法」にもとづいて批准された物でなければ「不正当麻薬」と認定され摘発されることになった（第二項）。「各法院、各地方官署及び各機関内に保存される麻薬類物品」は、一か月以内に華北禁煙総局に送付しなければならない（第六項）とされ、「各官署や各機関が没収した麻薬」は、「適当な方法で迅速に」華北禁煙総局に送付しなければならない（第五項）とされた。公立病院を始めとする「各法院、各地方官署及び各機関」の綱紀がゆるんで、「各官署や各機関」がアヘンを始めとする麻薬汚染の発生源となっていた現実を推測させる文書である。規定がより詳細となり、罰則がより厳格なものとなったのは、戦況が悪化して、現実がますます重大化しつつあったからである、と思われる。

抗日戦争末期の一九四五年三月頃、山西省公署は「薬草栽種園設定計画要綱」と「薬草園督種奨懲規則」を施行した。これは、酒を「般若湯」というように、ケシを「薬草」、ケシ畑を「薬草園」と言い換えた文書である。戦局の悪化に対応して薬品としてのアヘンの需要が増大したこと、直截な名称が傀儡省政権の不正義を示す証拠としてはばかられたこと、などの理由が背後にあった、と考えられる。

注

（1）華北政務委員会は傘下に省・道・県三級の行政機構をもっていた。各機構の名称は「公署」であり、その長は省長・道尹・県知事であった。省〜県の各級には日本人「顧問」が配置された。顧問は太原陸軍特務機関から派遣された「駐在代表」であった。「日偽統治華北材料匯集」、『山西革命根拠地』一九八八年第四期、一〇頁／前掲『近現代山西政権機構概況』、三一七頁、を参照。

（2）山西省檔案館所蔵／日偽山西省公署聯合全宗檔案（四九―二―一五七）。

（3）山西省陸軍特務機関複写『華北禁煙関係法規（日訳）』、一九四〇年十二月十三日、所収（山西省檔案館／日偽山西省公署聯合全宗檔案［四八―二―四］）なお、同上法規集に収録された史料は、岡田芳政他編『阿

片問題（続・現代史資料一二）』、みすず書房、一九八六年、には未収録である。

（4）山西省公署顧問室「ケシ栽培ならびにアヘンの収買について」（日文）。山西省檔案館／日偽山西省公署聯合全宗檔案（四八—二—四）。〔…〕内は引用者による訂正ないし説明である。

（5）「禁煙五ケ年計画に関する件（省公署密令）」、一九四一年二月十三日、山西省陸軍特務機関複写『山西省煙畝関係法規（日訳）』、一九四一年七月十四日、所収（山西省檔案館／日偽山西省公署聯合全宗檔案〔四八—二—四〕）。

（6）「（ケシ栽培）五ケ年禁絶計画（省公署）」、山西省陸軍特務機関複写『山西省煙畝関係法規（日訳）』、一九四一年七月十四日、所収（山西省檔案館／日偽山西省公署聯合全宗檔案〔四八—二—四〕）。

（7）華北禁煙総局↓太原禁煙分局「訓令第二二八号」、一九四一年三月二十九日（山西省檔案館／日偽山西省公署聯合全宗檔案〔四八—二—四〕）。

（8）「煙畝罰款徴収に関する件（省公署訓令）」、一九四一年五月、山西省陸軍特務機関複写『山西省煙畝関係法規（日訳）』、一九四一年七月十四日、所収（山西省檔案館／日偽山西省公署聯合全宗檔案〔四八—二—四〕）。

（9）山西省陸軍特務機関複写『山西省煙畝関係法規（日訳）』、一九四一年七月十四日、所収（山西省檔案館／日偽山西省公署聯合全宗檔案〔四八—二—四〕）。

（10）「本年度各県超過畝数鏟除一時免除に関する件（省公署訓令）」、一九四一年六月、山西省陸軍特務機関複写『山西省煙畝関係法規（日訳）』、一九四一年七月十四日、所収（山西省檔案館／日偽山西省公署聯合全宗檔案〔四八—二—四〕）。

（11）「山西省（民国）三十年度煙畝登記調査報告辨法」、「山西省（民国）三十年度初査煙畝辨法」、「山西省（民国）三十年度覆査煙畝辨法」、「山西省（民国）三十年度煙畝罰款徴収辨法」、一九四一年六月、いずれも山西省陸軍特務機関複写『山西省煙畝関係法規（日訳）』、一九四一年七月十四日、所収（山西省檔案館所蔵／日偽山西省公署聯合全宗檔案〔四八―二―四〕）。

(12) 前掲『資料：日中戦争期阿片政策』、五四七～五四八頁。

(13) 山西省檔案館所蔵／日偽山西省公署聯合全宗檔案（四九―二―一五八）。①の日本語文は、岡田芳政他編『阿片問題（続・現代史資料一二）』、みすず書房、一九八六年の四七三～四七五頁に収録されている。②は、同上書の四七六～四七九頁。③は、同上書の四八四～四八五頁。④は、同上書の四七〇～四七二頁。⑤は、同上書の四九一～四九二頁。⑥は、同上書の四七二頁。⑦は、同上書の四七九～四八〇頁。⑧は、同上書の四八〇～四八四頁。⑨は、同上書の四八三～四八四頁。

(14) 山西省檔案館／日偽山西省公署聯合全宗檔案（四九―二―一五八）。

第三節　ケシ栽培の展開過程

1　抗日戦争中期のケシ栽培

さきに、アヘンを五か年で禁絶するという山西省傀儡政権の「計画」をみた。では、ケシ栽培の現実はどうであったか。「禁絶計画」導入直前の一九四〇年について、現代の山西省地方志編纂者は次のように書いている。「(一九四〇年に)山西でケシを栽培した県は五六県、栽培面積は五万五九四二・八ムウ(三七三〇ヘクタール)であった。日本軍がそのなかから徴収した「煙畝税」(ケシ栽培税)は一〇万〇六九七元に達した。この一項だけで、同年の「財政収入」六六万三二八〇元の一五%余を占めた。また、その流通過程において、「土膏店執照税」(アヘン仲買商・小売商にたいする営業鑑札税)、「土薬附加税」(アヘン売買附加税)などアヘンをめぐる各種税収もあった。そこで、これらを加えると、「財政収入」の二〇%以上を占めた」[1]。

山西省公署編刊『山西省統計年編　民国二十八年』から一九三九年度の山西省公署歳入をみると、歳入合計は九六万三九三四元、うち田賦(農業税)は二六万九八五六元、契税(不動産売買税)は九万七四八五元、営業税は三五万三六八六元、その他税収が二四万二九〇四元であった。この歳入数字では、田賦のうちどれだけがケシ畑を対象とする煙畝税(ケシ栽培税)であったかは不詳である。その他の税収中には、「土膏店執照費」一万〇六五〇元、「土薬附加税」六万三二八二元の項目がみえる。これら二項の合計は七万三八三二元で歳入の七・七%にしかならなかった[2]。

一九三〇年代の閻錫山政権時代の山西省は一〇五県であった。日本軍占領後の三九年四月、省東北部の一三県は「晋北政庁」として蒙疆聯合委員会に移管され(四三年一月大同省公署)、日本軍傀儡の山西省公署所轄県数は九二県となった。ただし、三九年夏の時点で実際に省公署の管轄下に置かれていたのは一市五四県にすぎなかった。しかも、省公署の統治能力はきわめて低かった。三九年六月に開かれた第二回県政会議代表出席県(一市五二県)のうち、所轄村鎮の五〇%以上に「政令を確実に伝達できた」市県は一市一七県にすぎなかった。これは、省公署が管轄区域と主張した一市五四県の三割強にすぎない[3]。それゆえ前引の山西省地方志編纂者による分析、「一九四〇年の栽培県五六県」は過大にすぎるのではないか、と思われる。

ただし、山西省では一九三九年末に国共間の統一戦線の解体を意味する山西新軍事件が発生した。四〇年八月から年末にかけては「百団大戦」も展開された。華北抗日根拠地の八路軍による大規模な反攻作戦で、山西省占領地においても日本側の鉄道幹線や幹線道路網などが各地で寸断された。さらに、それにたいする報復として、華北の日本軍は、四一年春から四二年初夏にかけて四回の「治安強化運動」を抗日根拠地にたいして展開した。日本軍は、各地の「掃蕩」戦において、経済封鎖を実行しながら食糧掠奪を進めた。こうした戦争の激化によって、戦場が急速に拡大した。いわば遊撃区が広がって、日本軍（省公署）、抗日根拠地（中共）、国民政府系の閻錫山政権の三者はともに実際の所轄区域を減らした。このために、占領地ではケシの栽培統制を強めた四二年（後述）のほうが、四〇年よりも栽培県数・栽培面積を減らすという結果になった。

一九四二年度に山西省公署によってケシ栽培が許可された県数は、第４表によれば、二六県にすぎなかった。許可面積は総計四万一五五〇ムウ（二七七〇ヘクタール）、道・省から派遣された委員により再調査された栽培面積は三万二五六一ムウ（二一七〇ヘクタール）であった。後者が実際の栽培面積である。許可面積が当局の計画を意味するとすれば、現実は計画の二二％減となった。しかし、離石・楡次・忻県・代県の四県は再調査面積が許可面積を超えていた。四県合計の許可面積は九七〇〇畝であったが、実際には一万一三八九ムウ（七五九ヘクタール）に達していた。つまり一七％超過であった。

再調査面積が許可面積を超えても、とくに咎められなかったようである。これは、省政権の本音を端的に示している。もっとも、その原因は形ばかりの「漸禁政策」のなかで、県政府が栽培農民に迎合して厳正な対応を放棄したことにあった。

第４表　山西省日本軍占領地におけるケシ栽培面積（1942 年）

	許可面積（畝）	再調査面積（畝）	41 年耕地面積（畝）	備考
介休	800	なし		同県では全く栽培せず
平遥	2,500	365		
離石	4,000	4,284	318,084	同県では 284 畝超過した
汾陽	1,900	591.07	430,874	
交城	2,700	2,493.17	264,452	
文水	3,000	2,809	607,442.5	
太谷	800	268		
趙城	1,300	1,300		
霍県	2,300	1,622		
陽曲	4,000	2,810	48,251	
楡次	1,200	1,293		同県では 93 畝超過した
静楽	2,000	1,275	302,143	
忻県	1,500	2,461		同県では 961 畝超過した
清源	700	698		未確定、実際には面積超過
晋泉	900	372		
嵐県	800	716	286,452	
崞県	1,500	947	337,776	
代県	3,000	3,351		同県では 351 畝超過した
繁峙	4,000	3,614		
寧武	1,000	637	161,478	
神池	250	21	598,759.5	
定襄	100	100		
五寨	100	46	174,567	
平定	500	172.11		
寿陽	500	244.73		
盂県	200	71.1		
合計	41,550	32,561.18		

〔出所〕「山西省特許栽種罌粟県分表　民国 31 年度」、山西省檔案館所蔵／日偽山西省公署連合全宗檔案［48 － 2 － 4］。
〔備考〕許可面積の中国語原語は「特許畝数」、再調査（された栽培）面積の原語は「覆査畝数」である。参考に付した 1941 年耕地面積は晋西北抗日根拠地政権が把握した数値である。張雋軒「民国 30 年春耕工作総結」、中共呂梁地委党史資料徴集辦公室編刊『晋綏根拠地資料選編（第 5 集）』、1984 年 8 月、23 ～ 24 頁、から引いた。なお、晋泉県はもとは太原県で 1942 年 7 月に改称された。

一九四一年六月の「山西省公署訓令：本年度各県超過畝数鏟除一時免除にかんする件」（道尹・県知事・治安維持会長あて）は、次のように述べていた。「各委員帰来しその報告によれば、各県知事は超過したる煙畝（ケシ畑）にたいしては、人民の生活困難なるためこれを救済するを要す。かつ、栽培経費はすでに相当の経費を消費し、また他の作物を改めて播種するも時期を失したり。故に、鏟除するは困難なり。各県知事は当初の栽培限制に注意せず。成長したるのち、無理に鏟除せんと欲するも、はなはだ困難なり。また、上司にたいしては超過畝数を鏟除するをもって功を求め、農民にたいしてはなお罰款を徴収するものありて、毒を清除する主旨はかえって弊害を醸成せんとする実情なり」[4]。つまり、省には形ばかりの漸禁政策があり、県にはアヘン税欲しさにそれを空洞化していくような地方の役人の対応があったのである。傀儡政権全体の迷走を象徴するような現実である。

占領地のケシ栽培は、日本軍国主義による国家的犯罪として当時から抗日勢力によって指弾されていた。しかし、客観的な内部情報の取得が困難なために、その報道には現実を誇張する傾向が見られた。たとえば、一九四二年一月に国民政府系の中央社電が伝えた報道によれば、省中部の太谷県のケシ栽培面積は六〇〇〇ムウ（第4表では八〇〇ムウ）、毎年徴収されるアヘン税は二〇〇万元、各村にはアヘン館が林立し、各村一日当たりの平均アヘン売上高は二〇〇余元、県全体では年間九四〇万元を売り上げている、と伝えていた[5]。もっとも、抗日側の報道にすべて誇張があったわけではなかった。たとえば、四二年十二月に国民政府系の中央社電が伝えた報道は、「敵区から来た人の談話」として、同年に繁峙県が命じたケシ栽培面積を四〇〇〇ムウとし（第4表の数値と同じ）、応県の予定徴収アヘン税を一三〇〇両と伝えていた[6]。史料の判定は大変に難しい。

山西省公署の管轄地域ではなかったが、晋北（山西省北部）のケシ栽培についてもふれておく。一九三九年には晋北のケシ栽培面積は一万ムウにすぎなかったが、四〇～四二年には大同等一二県のケシ栽培面積は一六万ムウに達し、蒙疆全体の一六～一八％を占めていた[7]。

2　抗日戦争末期のケシ栽培

一九四五年春になると、省公署は破廉恥にもケシを「薬草」に、ケシ畑を「薬草園」に言い換えた。この言い換えがどのような意図のもとで行なわれたか、は同年三月頃制定された次の「山西省薬草栽種園設定計画要綱」から知ることができる。これは、以下のようなプランであった。

「一．方針／①本省は、薬草を栽種して医療の使用に供するために、特に治安が良好で交通の便利な地点に薬草栽種園を設ける。政府が監督し民間が栽培するという方法を採る。／二．要領／①民国三十四［一九四五］年度の薬草園の区域には、雁門道の楡次・晋泉・清源・忻県・崞県、および冀寧道の文水・交城・汾陽・太谷・祁県・平遥など一一県を指定する。／②省全体の栽種面積を七万ムウ［四六六七ヘクタール］以内とし、各県の栽種面積はこれを別に定める。／③薬草の栽種は民政庁の主管監督とし、建設庁・財政庁と緊密な連絡をとって、これを処理する。／④各県の栽種面積は、区村を督励し適当な地点を［本年］三月の内に選定せしめ、表・地図を道公署に提出して審査をうる。省政府が人を派遣して調査し決定する。／⑤決定された地畝以外はけっして内密に栽培してはならない。違反した場合は、その薬草は廃棄処分し、栽種者は法にもとづいて処罰される。／⑥決定された薬草栽種地畝は、六月末までに一律一ムウにつき土薬二〇両［六二五グラム］を県政府に上納する。県政府はそれを査収した後、省政府に報告する。／⑦薬草栽種費は一両につき一五〇元とする。土薬納入時に数量を確認して支給する。／⑧薬草栽種地は食糧を供出しない。／⑨薬草栽種者が定められた上納量のほかに剰余の薬草があった場合、政府がすべて購入する。購入価格と購入方法とは別にこれを定める。／⑩薬草栽種地畝に災害が生じた場合は、余ったところで不足分を埋めるようにして上納数量を確保する。栽種地畝がすべて特異な災害に遭ったと省政府が認定した場合でなければ、上納数量の減額を請求することはできない。／⑪各県の薬草栽種監督者および土薬収集活動従事者にかんする奨懲規則は別にこれを定める。／⑫本要綱に適切でないところがあれば随時これを修正することができる。／⑬本要綱は公布の日より施行する」(8)。

第５表　山西省日本軍占領地におけるケシ栽培面積（1945年）

	検討面積（畝）	実際面積（畝）	被災後の残存面積（畝）	42年再調査面積（畝）
太原市	10,000	2,488	※1 2,425.46	[42年陽曲県] 2,810
晋泉	12,000	9,065.93	667.65	372
清源	8,000	6,716.6	※2 3,382.3	698
忻県	3,000	3,000	1,814.4	2,461
崞県	3,000	3,000	2,550.16	947
文水	10,000	10,000	3,011.9	2,809
交城	5,000	5,000	2,681.2	2,493.17
汾陽	3,000	3,000	687.72	591.07
楡次	12,000	8,706.36	677.28	1,293
平遥	5,000	6,606.59	402.65	365
祁県	5,000	4,758.08	149.31	未掲載
太谷	2,500	2,500	49.35	268
離石	5,000	1,340	不詳	4,284
合計	82,500	66,181.56	18,499.38	19,391.24

〔出所〕「民国34年度山西省栽種薬草県分畝数一覧表　34年5月22日」「民国34年度山西省栽種薬草園地及畝数発育状況調査表」（山西省檔案館所蔵／日偽山西省公署連合全宗檔案［48－2－2］）。なお、原表の計算ミスは修正した。
〔備考〕検討面積の中国語原語は「核実畝数」、実際面積の原語は「実種畝数」。
〔注〕※1 すでに収穫された297.85畝を含む。※2 すでに収穫された2,857.1畝を含む。

この「要綱」では、山西省公署によってケシ栽培が許可された県数は一九四二年度の二六県から一一県に減らされている。アジア太平洋戦争は末期を迎えていた。四四年には日本海軍は太平洋上で次つぎと米軍に敗退していた。東南アジアでは四四年夏、インパール侵攻作戦が失敗した。中国の戦場では、日本軍は四四年春、「大陸打通作戦」を敢行して、国民政府軍を西南に敗走させたが、四五年春には国民政府軍が態勢を建てなおして反攻を始めた。華北の戦場でも、四四年には県庁所在地など地方都市の奪取にむけて、八路軍による局地的反攻が始まった。総じて中国における日本軍占領地は動揺と縮小を始めていた。このことが、山西省におけるケシ栽培県数の減少に作用していた。

それでは、「薬草」栽培の現実はどうであったか。第５表から一九四五年五月時点の調査結果をみると、一市一二県の検討面積（事前に計画

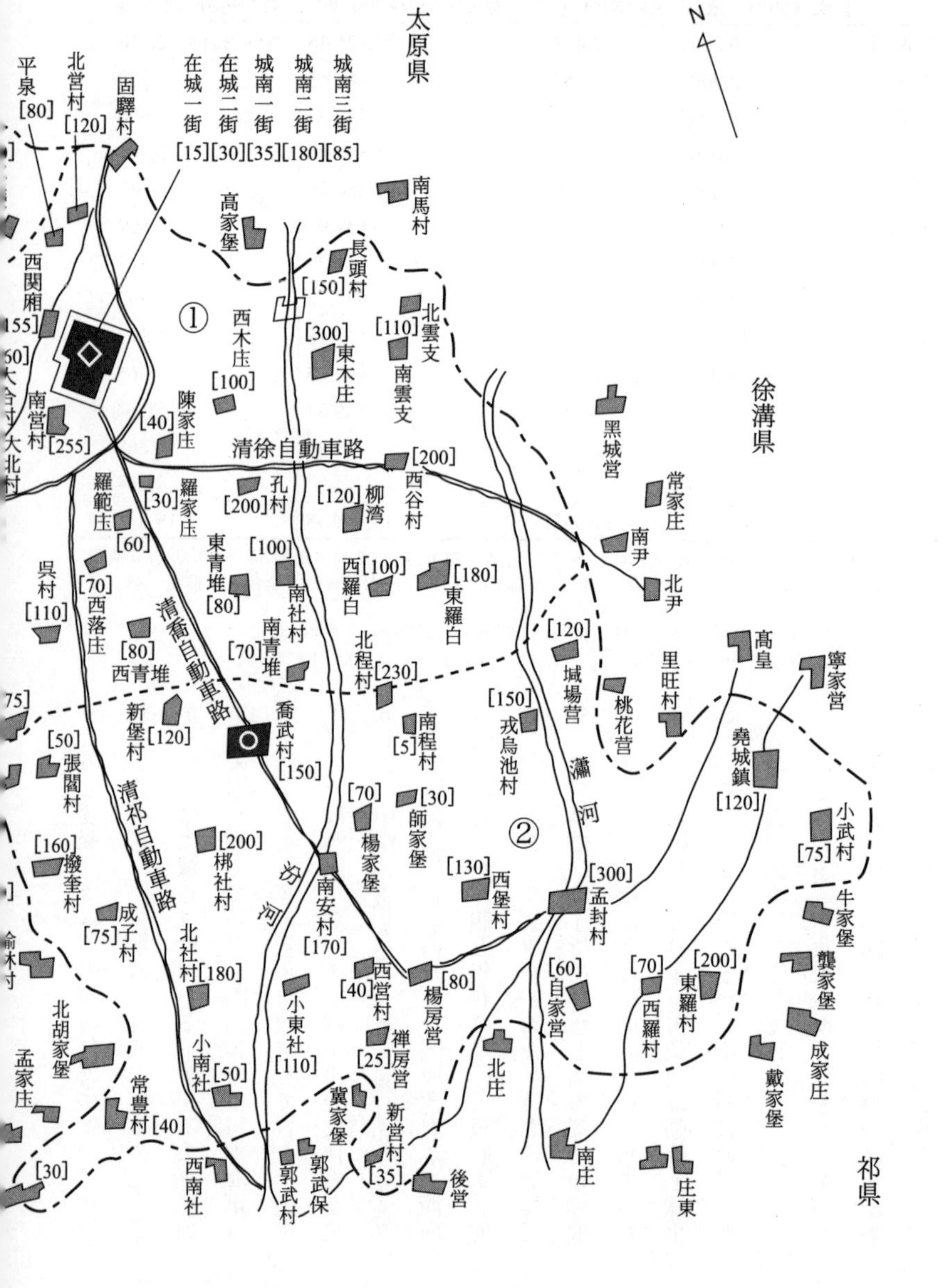

N
太原県
徐溝県
祁県
平泉 [80]
北営村 [120]
固驛村
在城一街 [15]
在城二街 [30]
城南一街 [35]
城南二街 [180]
城南三街 [85]
南馬村
高家堡
長頭村 [150]
北雲支 [110]
東木庄 [300]
南雲支
西木庄 [100]
①
西関廂
南営村 [255]
陳家庄 [40]
清徐自動車路
西谷村 [200]
黑城営
常家庄
南尹
北尹
羅範庄 [60]
羅家庄 [30]
孔村 [200]
柳湾 [120]
東青堆 [80]
南社村 [100]
西羅白 [100]
東羅白 [180]
呉村 [110]
西落庄 [70]
西青堆 [80]
清喬自動車路
南青堆 [70]
北程村 [230]
城場営 [120]
桃花営
里旺村
高皇
寧家営
堯城鎮 [120]
戎烏池村 [150]
南程村 [5]
新堡村 [120]
喬武村 [150]
張閻村 [50]
瀟河
師家堡 [30]
楊家堡 [70]
②
小武村 [75]
撥奎村 [160]
梆社村 [200]
清祁自動車路
汾河
南安村 [170]
西堡村 [130]
孟封村 [300]
牛家堡
成子村 [75]
北社村 [180]
西営村 [40]
楊房営 [80]
自家営 [60]
西羅村 [70]
東羅村 [200]
龔家堡
北胡家堡
小東社 [110]
禅房営 [25]
北庄
成家庄
戴家堡
孟家庄
小南社 [50]
常豊村 [40]
冀家堡
新営村 [35]
後営
南庄
庄東
郭武村
郭武保
西南社
[30]

第１図　1945 年の清源県における「薬草園」の分布図

〔出所〕山西省檔案館／日偽山西省公署連合全宗檔案［48 － 2 － 2 － 211］

された面積）は総計八万二五〇〇ムウ（五五〇〇ヘクタール）、実際面積（実際に耕種された面積）は六万六一八二ムウ（四四一二ヘクタール）であった。実際面積は当初の検討面積と比べて二〇％減少したのである。しかし、日本軍占領下二六県についての四二年度の再調査面積（調査後に把握された栽培面積）三万二五六一ムウ余（二一七一ヘクタール）と比べると、実際面積は二・〇三倍増加した。占領地の動揺と縮小にもかかわらず、ケシ栽培は強化されたのである。

第1図は、一九四五年の清源県（太原市の南方）における「薬草園」の分布状況を示した図である。県内各村にくまなく「薬草園」があり、面積は最小で五畝、最大で三〇〇畝であったことが知られる。

さらにまた、一九四五年春の一市一二県の実際面積を第4表に載っていた一三県の再調査面積と比べると、興味深い事実がわかる。それは、これらの県では、四五年春には四二年の三・四一倍に面積が拡大していたことである。この事実は、四一年の「五ケ年禁絶計画」の欺瞞性を雄弁に証明している。なぜそういうことになったのか。

後述のように、県級地方政府の「公務員」たちが奨金というインセンティブを与えられて、「薬草」栽培の「督励」に奔走したからである。栽培農民にとっては、日本軍のアヘン政策は、禁絶ではなくて強制または奨励であった。もっとも、災害の打撃をうけて耕種面積は実際面積の二八％にまで縮小した。被災後の残存面積は、はからずも四二年再調査面積の九五％に縮小したが、それは「五ケ年禁絶計画」と比ぶべくもなかった。

一九四五年三月に、山西省冀寧道公署の道尹（道長官）であった牛新田は山西省長あてに所轄各県の「薬草播種の経過」を上申する文書を送っていた(9)。この文書は、県長辛叔青からの報告にもとづいて省中部の汾陽県における ケシ栽培事情を記述していた。一県の事例にすぎないが、四五年にいたる数年間の経過を知ることができる。

辛叔青によれば、一九四五年に汾陽県が冀寧道公署から割り当てられた「薬草」栽培面積は九〇〇〇ムウであり、時機を失せぬよう目下準備中である。汾陽県の三九年から四二年までの「薬草」栽培面積をみると、四二年が最多で二七三三・三ムウであった。県内では第五区が主要栽培地区で二〇七五・四ムウ、県全体の七割を超えた。第五区では仁岩村が最多で、栽培面積は一四七五・三ムウに達した。他の区・村で栽培されないのは、土壌が不適なためである。しかし、四三年から四四年にかけて汾陽県はしばしば水害に襲われた。仁岩村一帯の収穫量も保証できない。本（四五）年は、第五区の治安も四二年よりも悪いために、安全に収穫できるかどうかも問題である。また、四三年度には命令によって栽培された「薬草」をきれいに刈り取り処分したから、本年度の種子はおそらく不足している。汾陽県に割り当てられた九〇〇〇ムウは過大にすぎ、もしも土壌不適の土地で栽培しても一畝当たり二〇両の達成は困難であろう、という内容であった。

ただし第5表では、汾陽県の一九四五年の実際栽培面積は三〇〇〇ムウと記されている。おそらく既述のような上申書にもとづいて、各県の栽培面積は大幅下方修正されたものと思われる。それにしても、汾陽県の事例が示す栽培面積の過大な割当は、「五ケ年禁絶計画」からの見事な背反であったといってよい。

注

(1) 渠紹森他編『山西外貿志　上冊（初稿）』、山西省地方志編纂委員会辨公室刊、一九八四年、二九八頁。引用数字の原載は『民国二十九年山西統計年鑑』とある。なお、引用部分は「徴収された煙畝税［ケシ栽培税］は一〇〇、六九七万元に達し、この項目だけで同年の財政収入六六三、二八〇万元の一五パーセント余を占めた」となっているが、他の資料から「万元」の「万」は誤記と解釈した。拙稿「一九三〇年代における閻錫山政権の財政政策」、『アジア経済』第二五巻第七号、一九八四年、二六～二七頁、を参照。

(2) 同前論文、二六頁。原載は『山西省統計年編　民国二十八年』、一九四〇年。

(3) 前掲『近現代山西政権機構概況』、三四五頁。拙稿「犠牲救国同盟会と山西新軍」、宍戸寛他との共著『中国八路軍、新四軍史』、河出書房新社、一九八九年、二七一～二七二頁。

(4) 前掲『山西省煙畝関係法規（日訳）』一九四一年七月十四日、所収。山西省檔案館／日偽山西省公署聯合全宗檔案〔四八―二―四〕。

(5)「敵毒化政策、晋遍地烟田」、『新華日報』一九四二年一月二十六日。

(6)「晋敵偽毒化陰謀、奨誘雁北民衆大量種煙」、『新華日報』一九四二年十二月十五日。

(7) 江口圭一編著『資料日中戦争期阿片政策：蒙彊政権資料を中心に』、岩波書店、一九八五年、三〇八～三一一頁、三四五頁。ただし原載はいずれも『蒙彊ニ於ケル罌粟阿片〔抄〕』。

(8) 民国三十四〔一九四五〕年度「山西省薬草栽種園設定計画要綱」、山西省檔案館／日偽山西省公署聯合全宗檔案〔四八―二―三―一三七〕。

(9) 冀寧道道尹牛新田→山西省王省長「山西省冀寧道公署　民字第一〇九号　民国三十四年三月二十二日」、山西省檔案館所蔵／日偽山西省公署聯合全宗檔案〔四八―二―三〕。

第四節　禁煙法規からみたケシ・アヘン管理政策の要点

1　中央機関と山西省地方機関とのあいだのアヘン税配分

いわゆる「アヘン税」とは、「土膏店執照税」（アヘン仲買商や小売商が納付すべきアヘン営業鑑札費）と「土薬附加税」（アヘン売買附加税、具体的にはアヘン仲買商がアヘン小売商に、小売商が吸飲者に販売するさいに納付すべきアヘン販売証書費）とを指す。この二種は、華北政務委員会所管の禁煙総局に納付される中央税（正税）部分と省税（附加税）部分とからなっていた。ケシ栽培農民が納付すべき税目は「煙畝罰款」と称せられた。実体はケシ畑にたいする農業税であったが、名目は「行政的な罰金」と称せられた。不法行為なのではなくて、罰金さえ払えば政府に公認された生産活動なのである。

以上を確認したうえで一九四二年に山西省で生産された生アヘンの買価と税金構成とをみる（第6表）。一級生アヘンについてみると、収買人購入価格一五・七五元のうち中央税としてのアヘン税にあたる銷燬証（販売証書）手数料が二元、アヘン附加税（省税）が五角、県附加税が二角、市附加税が一角、さらに「北京附加」（華北政務委員会が取った附加税を指すと思われる）が五角であった。中央機関（禁煙総局や華北政務委員会を指すと思われる）から県市にいたる各行政機関の取り分（租税）が三・三元と、約二〇％を占めていた。アヘンが中央機関にとっても地方政府にとっても重要な財源であったことがわかる。なお、生アヘンの生産者からの購入価格の決定権や等級の鑑定権は少数の収買人にあった。

第6表から知られるように、アヘンの等級（質の良し悪し）は租税・雑費部分の多少とは連動していなかった。そこで、収買人や土薬業公会にたいしては、「良質」のアヘンを取り扱おうというインセンティブは働かなかった、と考えられる。しかし、生産量の増大は取扱量の増大を結果としてもたらしたから、強力な動機になった。

第6表　山西省における生アヘン1両当たり買価および税金表

構成＼等級		1級	2級	3級	4級
収買人購入価格構成	生アヘン原価	10.00	9.00	8.00	7.00
	銷燬証手数料	2.00	2.00	2.00	2.00
	省附加	0.50	0.50	0.50	0.50
	県附加	0.20	0.20	0.20	0.20
	市附加	0.10	0.10	0.10	0.10
	収買人利益等	2.00	2.00	2.00	2.00
	運輸証手数料	0.30	0.30	0.30	0.30
	輸送費	0.15	0.15	0.15	0.15
	北京附加	0.50	0.50	0.50	0.50
収買人購入価格		15.75	14.75	13.75	12.75
土薬業公会利益		1.80	1.80	1.80	1.80
収買人卸売価格		17.55	16.55	15.55	14.55

〔出所〕山西省公署顧問室「ケシ栽培ならびにアヘンの収買について」(日文)、1942年、日偽山西省公署連合全宗檔案（48－2－4）。
〔備考〕1両は約50グラム、単位は元。

2　ケシの生産管理

栽培は政府の統制下に置かれていた。「華北禁煙暫行辨法（一九四〇年八月三十一日公布）」によれば、「主管官署の許可をへるにあらざれば、ケシを栽植することをえず。アヘンの代用品の製造を目的とする者もまた同じ」（第九条）とされ、「主管官署の許可をへたるケシ栽種者は、その所産の生アヘンをかならず主管官署の指定者に売ることを要す」（第一一条）とされた。栽培許可の発給も厳密であった。すなわち、「ケシ栽種人は、姓名・年齢・原籍・住址および栽種の場所・面積を明記し、毎年一月三十一日以前に禁煙総局に申請し、その栽種許可証の発給を受くべし」（華北禁煙暫行辨法施行細則［四〇年八月三十一日公布］第一九条）とされ、「前条（第一九条）の許可を得たる者は、その一栽種区ごとにその地址の面積および栽種人の住所・姓名等を記載せる木標を樹立すべし」（同前　第二〇条）とされた。

抗日戦争末期には、県や村の公務員にたいして「薬草」栽培の奨励金が支給されることになった。すなわち、「薬草の栽培を督励する各級公務員が、任務を十全に達成しなんらの不正行為もない場合は、左の各項により奨金を支給する。一．各村においては、土薬一両の収集量について村公務員に奨金一元五角を支給する。二．各区においては、土薬一両の収集量について区公務員に奨金一元を支給する。三．各県においては、土薬一両の収集量について県公務員に奨金一元を支給する」[1]。これは、言葉のうえでは「督励」であった。しかし、軍事的な圧力を背後にもつ行政監督者による督励は、現実には上意下達の役割をもった、と考えられる。

ケシ農民にたいする課税項目（一九四一年頃）についてまとめておく。第一に、「罰款」という名のケシ栽培税があった。すなわち、「本年の煙畝（ケシ畑）は一ムウにつき罰款として一八元を徴収し、その全額を省に送付することと定めたり。該県は、もし地方の財政が困難なるにより別に県附加を徴収する必要あるときは、徴収せんと欲する金額および用途を明らかにし、本署に申請して許可を受けることを得。ただし、（県）附加額は一ムウについて一八元を超過することを得ず」[2]。第二に、「ケシ栽培（許可）証」の交付という名目の徴税もあった。許可証の交付料は栽培面積の大小に応じたものであった。「ケシ栽培証は栽培面積により毎市ムウにつき国幣一二元を徴す」[3]。「煙畝は現行徴費規則第一一条の規定により、一畝について栽種執照（栽培許可証）費として国幣一二元を徴収するほかに、さしあたり地方附加捐として一ムウについて八元以内を徴収することを許可した。（中略）もしも栽培許可証を受領しないでケシを栽培するところがあったなら、さしあたり一ムウについて罰款として二〇元を徴収することを許可した。この収入は地方財源に充てる」[4]。以上のように、省税として「罰款」と「栽培許可証費」があった。第三に、「県附加税」があった。四一年ではケシ畑一ムウにつき、「罰款」一八元＋「栽培許可証費」一二元＋「県附加税」さしあたり八元で、計三八元に達した。なお、「国幣」とは当時の占領地の通貨、中国聯合準備銀行券である。

本来であれば傀儡政権下におけるケシ畑に課せられる租税額と小麦畑や棉花畑の租税額とを比較検討しなければならない。税制面でも農民をアヘン生産に誘導するメカニズムがあったのではないか、と筆者は考えるが、この点は今後の課題とする。

3　アヘンの生産管理

ケシ売却については、「ケシ栽種人はその生産せる生アヘンを指定の時期内に禁煙総局の指定せる特定人に売渡すべし」（華北禁煙暫行辨法施行細則〔一九四〇年八月三十一日公布〕第二一条）と定められた。精製アヘン、すなわちアヘン膏の製造権はだれに与えられたか。「アヘン膏の製造は、アヘン総卸売人（仲買人）および主管官署において指定せるアヘン小売人これを製造す」（同前　第一一条）と定められた。製造者については、「アヘンの製造は暫時主管官署に指定せられたる者これを為す。煙具の製造は主管官署の許可をへるにあらざれば、これを為すことを得ず」（華北禁煙暫行辨法〔四〇年八月三十一日公布〕第五条）とされた。満州国では、生アヘンは仲買人から小売人に売られ、小売人がこれを精製した。ここに示した華北占領地では、総卸売人または指定された小売人により精製された。満州国の場合と基本的には同じであった。

生産者から消費者へのルートは以下の通り定められた。「生アヘンはアヘン総卸売人よりアヘン小売人に発売し、アヘン膏は主管官署の指定せる者を除くほか、アヘン総卸売人よりアヘン小売人に発売し、さらにアヘン小売人よりアヘン吸食人に転売す」（華北禁煙暫行辨法施行細則［一九四〇年八月三十一日公布］　第一二条）。すなわち、栽種許可証を取得したケシ栽種人↓（生アヘン）↓営業証を取得したアヘン総卸売人↓（アヘン膏、生アヘン）↓営業証を取得したアヘン小売人↓（アヘン膏）↓吸煙証を取得したアヘン吸食人、というルートになっており、すべての段階で禁煙総局が統制・管理していた。違反者には処罰規定があった（同前　第三〇～三六条）。独立した罰則法規としては、「華北禁煙緝私規則」（四〇年八月三十一日公布）があった。

4　アヘンの販売・流通管理

合法的なアヘン吸食者、すなわち「アヘン吸食権」取得者は以下のように定められており、公然と吸食することができた。「およそアヘンに属するものを吸食するを得ず。ただし、五〇歳以上のものにして曾てアヘン中毒に罹れるものは、この限りにあらず。年齢三〇歳以上にして病気のため吸食し、一時に戒絶（治療）することあたわざるものが、医者の証明をへて確かに救療上必要とみとめたるものにたいしては、特例を設けて、暫時吸食を許可することを得。本条第一項ただし書および第二項の規定は、公務および教育の服務し、並びに学生および人民を代表するものには適用せず」（華北禁煙暫行辨法［一九四〇年八月三十一日公布］　第三条）。

吸煙証の交付は以下の通りであった。「アヘン吸食者は本辨法（華北禁煙暫行辨法）施行後三か月以内に、当該主管官署にたいし登記を申請し、ならびに吸煙証を領取すべし」（華北禁煙暫行辨法施行細則［一九四〇年八月三十一日公布］　第一条）。

既述のように、「医者の証明をへて」吸飲の許可をあたえるとあったが、こうした審査がどれほど厳正に行なわれたか、は疑わしい。満州国では管理が不徹底で、申請すれば無検査で許可証が交付された。そこで、アヘン吸飲者は日増しに増加したという[5]。絶え間のない戦場となった山西省占領地のアヘン管理が満州国以上に徹底していたとは、とうてい考えられない。資料的裏付けがないので断定はできないが、次に記す「吸煙証」の発行は事実上は野放しであったのではないか、と推測する。「吸煙証はアヘン吸食人の姓名・性別・年齢・原籍・住所・職業・毎月の吸煙量等を記載し、登記ならびに吸煙証手数料は有効期間に照らし徴収するものとし、この期間内においては本人の写真を貼付すべく、前項の吸煙量はあらかじめ証書受取人より申請し、禁煙官署これを査定す」(同前　第三条)。こうした吸煙証を取得したのち、「アヘン吸食人は吸煙証を提示するにあらざれば、アヘンまたは吸食器を購買することを得ず。前項アヘン吸食人の毎月のアヘン購買量は、吸煙証に記載せる毎月吸食量を超過することを得ず」(同前　第八条)という条件の下で吸飲が許されたのである。

一九四〇年頃のアヘン吸飲者の登録申請料は、六〇歳以上の者／国幣五元、五〇歳以上六〇歳未満／一〇元、四〇歳以上五〇歳未満／二〇元、三〇歳以上四〇歳未満／四〇元（華北禁煙総局徴費規則［四〇年八月三十一日公布］第二条）であった。また、「吸煙証」の発行手数料は、吸飲量で異なっていた。すなわち、「吸煙執照（吸煙許可証）所載の毎月吸食量は、アヘン膏三両あるいは三両未満とし、該執照毎一枚にたいし国幣一二元を徴収す。毎月吸食量のアヘン膏三両以上の者は、三両を超過するごとに国幣一二元を加徴し、その三両以内の者は、三両と見做して加徴す。吸煙執照は、これが引替えをおこなうごとに、その執照費をすべて最初の倍額を加徴す」(同前　第三条）と定められた。

吸飲場所等については、以下のように定められた。「吸食アヘンの場所ならびに設備は、営利の目的をもって他人に供給することを得ず。ただし、主管官署の許可せる小売アヘン人はこの限りにあらず」(華北禁煙暫行辦法［一九四〇年八月三十一日公布〕　第八条)。「主管官署の許可をへるにあらざれば、アヘンおよび吸煙器具の運搬・売買・授受・所有もしくは持有することを得ず」(同前　第六条)。小売店の営業証交付については、「アヘン総卸売人またはアヘン小売人、吸煙器具製造人および吸煙器具総卸売人または小売人等は、すべて禁煙総局において指定し、ならびに営業証を発給し、その費用を徴収す」(華北禁煙暫行辨法施行細則〔四〇年八月三十一日公布〕　第一三条)、「アヘン小売人售吸所を設置せんと欲する場合は、禁煙総局に申請し、禁煙総局これを審定して售吸所証を発給す」(同前　第一五条)とされた。

営業証の取得手数料は、以下の通りであった。「一．アヘン総卸売人の営業執照は、三年ごとに一回引き替えをなす。資本額一〇〇〇万元以上の者は、毎月執照費国幣五万元を徴収す。二．アヘン小売人の営業執照は、毎年一回引替えをなす。資本の多寡によらず、毎月一律に執照費国幣五〇元を徴収す」(華北禁煙総局徴費規則〔一九四〇年八月三十一日公布〕　第五条)。営業証の有効期限は、総卸売人では三年、小売人では一年となっていたが、毎月取得手数料を禁煙局に支払わなければならなかった。小売人は、これとは別にアヘン買い付け時に、重量におうじて「銷燬証費」(焼却証費)という名義の取引税を納付しなければならなかった。すなわち、「アヘンを買収するさい、毎両につき銷燬証費として国幣二元を徴収し、銷燬証を貼付す」(同前　第一二条)と定められていた。

非合法なアヘン・「毒品」(ヘロイン・モルヒネなど精製した麻薬)の摘発件数について考えてみる。第7表は一九四三年一年間の太原市管内警察署における非合法麻薬の吸食者・販売者についての統計である。一年間しか確認できないので、占領期全体の趨勢を知ることはできない。しかし、非合法麻薬の事件は季節性をおびた事件であったことがわかる。毎年度のケシの収穫は概ね七月に始まり、八月に繁忙期をむかえ、九月に終わった。ア

第７表　太原市における非合法麻薬の吸食者・販売者の統計（1943年）

月別	アヘン押収量（両）	「毒品」押収量（両）	吸食事件	販売事件	小計
1～3月	57.00	16.51	3	6	9（0.06）
4～5月	78.75	8.28	0	11	11（0.1）
6月	47.50	0.80	1	7	8（0.12）
7月	88.00	7.35	3	7	10（0.17）
8月	2,006.90	105.20	4	5	9（0.23）
9月	33.50	25.95	12	2	14（0.33）
10～12月	234.00	155.02	12	7	19（0.16）
合計	2,545.65	319.11	35	45	80（0.14）

〔出所〕「山西省会（太原市）逐月査獲鴉片及毒品数量統計表（民国32年）」、「山西省会（太原市）逐月刑事案件統計表（民国32年）」日偽山西省公署連合全宗檔案［48－4－24］所収。
〔注〕「毒品」はヘロイン・モルヒネなど精製した麻薬を指す。小計の後の（　）は当該時期の刑事事件総数にたいする麻薬事件の比率（％）を指す。

ヘンやアヘンを原料とする「毒品」の押収量が多かったのもこの季節であった。事件数もやはりこの季節に多かった。これは、刑事事件総数にたいする麻薬事件の比率が八、九月に高かったことからも裏付けられる。この表は「氷山の一角」を示す数値にすぎなかったから、収穫期は同時に密造・密売・密輸のピークであったと推測される。

以上に販売・流通管理の概要を述べた。資料的制約のために、山西省占領地でどれほどのアヘンが生産され、流通していたのか、を明らかにすることはできなかった。数量面での検討ができなかっただけではない。農村で生産された生アヘンを公認の収買人がどれだけ買付け（捕捉）できたか、収買人の購入価格（公定価格）が闇値とどれほどの開きがあったか、も明らかではない。公定価格が市場の実勢と遊離していたならば、傀儡政権がいかに強権を発動したとしても、生アヘンの闇市への流失は避けられなかったであろう。

5　アヘンの移輸出入管理

アヘンは占領地内で消費される商品であっただけでなく、抗日根拠地など「敵国」へ輸出された代表的商品でもあった。日本軍や傀儡政権はアヘン輸出とひきかえに穀物や棉花を入手することができたからである。しかし、移輸出入管理についての傀儡政権の規定は、知り得たかぎりでは多くはない。「華北禁煙暫行辨法（一九四〇年八月三十一日公布）」に、「アヘンおよび煙具は主管官署の許可をへるにあらざれば、輸出入ならびに移出入することをえず」（第四条）という条項があった。「関税」に相当する徴税の内容も不詳であり、今後の課題としたい。

アヘンの輸出入や域内流通には料金を支払って「運輸証」を取得しなければならなかった。「運輸証」の金額は運輸量によって異なっていた。一九四〇年頃の基準は以下の通りであった。「一．外産アヘン運輸証を購入するさいは、費用を徴せず。ただし、輸入せられたるアヘンに基準し、本規則第一二条前項の規定［前掲］により、銷燬証を貼付す。二．特許輸出アヘン運輸証は、輸出せるアヘン数量により、毎両に国幣一元を徴す。三．管内アヘン運輸証は、出省および本省の二種に分かつ。（甲）出省の者は、運輸せるアヘンの数量により、毎両につき国幣三〇銭を徴す。（乙）本省の者は、運輸せしアヘンの数量により、毎両につき国幣一〇銭を徴す」（華北禁煙総局徴費規則［四〇年八月三十一日公布］第九条）。以上のように、域外アヘンの運輸証取得は無料であり、そのかわり銷燬証費を納付しなければならなかった。輸出用アヘンの運輸証が一両一元と最も高く、次いで省外への移出が一両三〇銭、省内流通アヘンが一両一〇銭と定められた。「運輸証」費は流通過程に課せられた取引税の一種であった。

6　アヘン吸飲者にたいする医療ないし救済対策

「華北禁煙暫行辨法（一九四〇年八月三十一日公布）」では、「主管官署はアヘン吸食の習癖を矯正するため、アヘン吸食者にたいして必要の処分を施すことを得」（第一四条）とされていた。その後四一年七月二十一日に、太原に「戒煙所」(アヘン患者治療所)が設立された。

「太原戒煙所暫行簡章」によれば、「戒煙所」の運営は次の通りであった。[6] 入所志願者は申請書・保証書とともに保証金三〇元を納付しなければならなかった(第二条)。治療期間は三〇日とし、退所は医師や検察の認定によって決めた(第三条)。期限内に被治療者が勝手に退所することは許されず(第七条)、治療期間に使用される普通の薬品は一律無料とし(第四条)、食費は一日当たり一元ないし一・五元を徴収するものとした(第五条)。こうして「戒煙所」が設立されることになったが、実態は明らかではない。もっとも、一九四二年十二月十六日付の太原戒煙所の報告では、一年間に治療をうけて出所した者は一千数百人に上っていた。[7]

一九四一年十一月二十二日～十一月二十四日には、太原交易場の三階で「禁煙拒毒展覧会」が開催された。[8] また十一月には、華北政務委員会が「華北国民拒毒運動実施委員会組織規程」を公布した。これは反アヘン・キャンペーンの委員会結成のための規則であった。北京や地方都市では、この規則にもとづいて、新民会・新聞界・商界・紅十字会・医師公会などを動員して同委員会を結成しようとしていた。[9]

一九四二年十一月には、華北政務委員会は、「公費人員戒毒問題にかんする訓令」を所轄の各省にむけて発布した。これは官吏のアヘン中毒を戒める訓令であり、官吏のあいだにもアヘン中毒が蔓延していたことを示す資料である。[10] 四四年十月十九日には山西高等法院(三八年十月一日設立)は、「公務員限期戒煙辦法」を公布した。アヘン中毒を患う官吏の治療のための措置を示した法規であった。[11] 民衆のアヘン中毒はともかく、官吏のなかに多くのアヘン中毒者がいたのでは、麻薬の摘発活動が成果をあげるべくもなかった。占領地行政の質的劣化を避けるためにも、官吏のなかに広がるアヘン中毒は解決しなければならなかった。

注

（1）山西省公署「山西省薬草園督種奨懲規則（中文）」一九四五年三月頃、日偽山西省公署聯合全宗檔案［四八―二―三］。なお、同奨懲規則には、山西省政府顧問室の原稿に書かれた日本語もある。加筆補正が施されていることより、日本語が原案と考えられる。この点からも省政府の傀儡性が判明する。

（2）山西省公署財政庁↓各県治安維持会、一九四一年五月「訓令：煙畝罰款徴収にかんする件」、『山西省煙畝関係法規（日訳）』所収。

（3）華北禁煙総局徴費規則（一九四〇年八月三十一日公布）第一一条、『華北禁煙関係法規（日訳）』一九四〇年十二月十三日、所収。

（4）華北禁煙総局↓太原禁煙分局「訓令第二三八号（中文）」一九四一年三月二十九日。日偽山西省公署聯合全宗檔案［四八―二―四］。

（5）定時秀和「日本の阿片侵略と中国阿片の抵抗について」、大阪教育大学歴史学研究室編刊『歴史研究』第三〇号、九一頁。

（6）山西省檔案館／日偽山西省公署聯合全宗檔案［四九―二―一六〇］。

（7）同前。

（8）同前。

（9）山西省檔案館／日偽山西省公署聯合全宗檔案［四九―二―一五九］。

（10）山西省檔案館／日偽山西省公署聯合全宗檔案［四九―二―一六二］。

（11）山西省檔案館／日偽山西省公署聯合全宗檔案［四九―二―一六七］。

おわりに

本章では、山西省アヘン政策関係の一次資料を紹介しつつ、日本帝国主義が中国占領地において侵略と懐柔の手段としてアヘンを利用した事実を検討した。具体的には、次のような点を明らかにしたつもりである。

第一に、山西省の日本軍占領地では一九三七年秋～三九年の時期にはアヘンの自由販売が公認された。その後四〇～四五年にはアヘンの売買・流通・移輸出の統制と強制栽培とが実施された。アヘンよりもさらに毒性の強いモルヒネ等の「毒品」が蔓延したために、四三年以降はアヘンを含む「麻薬」にたいする規制が強化された。第二に、傀儡政権である山西省公署は、漸禁を基本精神とする「五ケ年禁絶計画」を四一年一月から実施した。「計画」によれば、四五年には「禁絶」されるはずであった。しかし、実際には四五年にいたるまで山西省のアヘン栽培面積は拡大をつづけた。

資料的制約により、残された課題も少なくない。たとえば、山西省占領地における生アヘンの生産や流通をめぐる数量的動態を明らかにすることができなかった。移輸出入の数量的動態も不詳のままである。傀儡政権の財源としてのアヘンの比重も充分には明らかになっていない。占領地においては日本軍が最高の意思決定機関であり、アヘン政策の受益者でもあったはずである。そこで、山西省公署から日本軍へのアヘンをめぐる利益がどれほど還流したか、も明らかにされなければならない。

本章は、アヘン管理の制度的側面の考察を中心とした。しかし、この面でも課題が残された。たとえば、アヘンの生産・管理政策をめぐって華北政務委員会と省公署とのあいだにどのような対立や協調があったか、は明らかではない。日本軍占領地のアヘンは大量に国民政府統治区や中国共産党の抗日根拠地に密輸された。そこで、アヘンの移輸出入管理政策も立案されたにちがいないが、この点も十分には明らかにできなかった。引き続き史料発掘の努力が必要である。

第四章　山西省傀儡政権下の製鉄事業

はじめに

今日山西省の代表的国有企業である太原鋼鉄公司の前身は、一九三四年に当時の閻錫山政権によって設立された省公営企業・西北煉鋼廠である。日本帝国主義の侵略の手が伸びつつあった三〇年代中葉に、閻錫山政権は「造産救国」、すなわち国防プラス工業化の推進による省権力の増強をめざした。そして、西北煉鋼廠の建設を工業化の中核に位置づけた。しかし、西北煉鋼廠は抗日戦争前には完成しなかった。同廠は、三七年十二月、日本軍によって軍事管理下におかれ、「軍管理第六工場」と改称された。四二年四月、北支那開発株式会社等日本企業一三社によって山西産業株式会社が設立された。同時に、西北煉鋼廠とそれに付随する西北窯廠は軍管理から解除され、山西産業所管の太原鉄廠・太原窯廠と改称された。銑鉄の生産が始められたのは日本軍占領時代の三九年、鋼鉄は四一年に生産を開始した。以上の経緯を考慮して、本章では日本軍占領下の西北煉鋼廠を「軍管理第六工

高炉を建設中の西北煉鋼廠（のち太原鉄廠）1937．7

コークス炉を建設中の西北煉鋼廠(のち太原鉄廠)1937．9

〔出所〕『太鋼発展史 1934 〜 1993』(中国科学技術出版社)。

場」「太原鉄廠」と呼ぶことにする。

本章は、日本軍占領時代における太原鋼鉄公司の経営的特徴と変容とを考察する。抗日戦争時代の中国は、日本占領地区・国民政府統治地区・中国共産党統治地区の三種の世界が鼎立する世界であった。東北と華北から華南にかけての沿海地方とを奪取した日本にとっては、「戦争によって戦争を養う」必要があり、製鉄業を主体とする重工業化の推進は不可欠の課題であった。そして、西南の奥地に陣取る国民政府にとっても、重工業化は国防建設の要であった。

それでは、太原における製鉄生産は、抗日戦争時代の中国においてどれだけの位置を占めていたであろうか。一九四〇年では、日本軍占領下の東北における製銑量は一〇六・一万トン、華北は五万トン、これにたいして国民政府統治地区では五・五二万トンであった。四二年の製銑量はそれぞれ一六一・七万トン、九万トン、七・七五万トンに伸びた。以上のように華北の製鉄生産は東北のそれと比べると微々たる量であったが、国民政府統治地区の生産量は凌駕していた。[1] さらに華北の製銑量の内訳をみると、四一年では北京の石景山が一・二万トン、太原が三・二万トン、陽泉が〇・七万トンであった。[2] 太原における製鉄経営は華北占領地区では重要な位置を占めていたといいうる。

これら三種の世界において営まれた製鉄業をめぐるこれまでのわが国の研究史について若干ふれておこう。「満州国」、すなわち東北の日本占領地区についてみると、日本は鞍山や本渓湖で製鉄経営をしていた。華北占領地区では北京郊外の石景山と本章が対象とする山西省の太原・陽泉が主要な製鉄業拠点であった。東北の製鉄業については、奈倉文二・松本俊郎・村上勝彦ら諸氏の研究がある。[3] 国民政府の統治下では、資源委員会や兵工廠による国営製鉄所が重慶で経営されていた。これについては、志賀基子氏の研究がある。[4] 中共の統治した抗日根拠地は、経済的に遅れた西北農村あるいは政治的に不安定な日本軍後方農村にあり、中共自身が資金力・技術力に乏しかったために、近代的製鉄業を起こすことはできなかった。抗日根拠地の製鉄業は在来の製法による小規模製鉄業にすぎなかったのである。したがって、抗日戦争時代の中国における製鉄業の問題を検討する場合には、日本占領地区と国民政府統治地区とを押さえればよい、と思う。

本章に直接かかわる先行研究としては、太原・陽泉の製鉄業を分析した窪田宏氏の論考があり、華北占領地の産業構造との連関で山西省の製鉄業や石炭採掘業を分析した范力氏の著作がある。[5] 窪田氏の論考も范力氏の著作も東京経済大学所蔵の大倉財閥関係史料を発掘・利用した実証的な研究である。両氏の研究は製鉄業に特化した本章の分析よりも広いもので、参照に値する。しかし、製鉄業にかんしていえば、経営の基本方針や概況分析の域を出てはいない。また製鉄業では、前身の西北実業公司西北煉鋼廠との継承関係にもっと注目しなければならない[6]。本章では、経営史だけではなく鉄鋼生産の実態や工場における労務管理についてもできるかぎり考察を深め、先行研究の枠を突破したいと思う。そのさいには、筆者が山西省檔案館などで収集した史料や近年中国で刊行された文献・記録類が参考になるはずである。

次に、考察の前提として西北煉鋼廠操業以前の山西省の洋式製鉄についてふれておく。西北煉鋼廠操業以前の洋式製鉄所は、保晋鉄廠（平定県陽泉）と、育才煉鋼廠（一九二六年設立）の二か所であった。保晋鉄廠は、保晋公司が一九一九年に設立したもので、日産能力二〇トン高炉一基をそなえ、年産能力七二〇〇トンであった。平定・盂県一帯で産出する鉄鉱を製錬する目的で建設された。一九三〇年代前半におけるその銑鉄生産量は第1表の通りである。なお、二〇トン高炉以外に五トン高炉一基が存在していたのに、これは公式統計には届け出なかったという。抗日戦争勃発前には約二〇〇〇トンの銑鉄貯蔵量があったという。日本軍占領後の三八年二月頃より大倉鉱業株式会社に操業が委託された[7]。なお、育才煉鋼廠は山西兵工廠の一部として設立された。製鋼炉として二〇トン平炉一基をそなえ、土法生産の小型製銑所から銑鉄を購入し、製鋼業に従事していた[8]。

第1表　保晋鉄廠の銑鉄生産量・使用量（1931～34年）

	①生産量（トン）	②使用量（トン）	①／②（%）
1931	5,563	12,226	45.5
1932	5,000	13,000	38.5
1933	5,200	17,500	29.7
1934	3,680	18,000	20.4

〔出所〕門倉三能『北支鐵鑛・硫黄鑛資源』、丸善株式会社、1940年、197頁。

本章の視点についていうと、占領地における企業経営が中国ナショナリズムとどのような内容の矛盾を生じたか、を生産・雇用・労働の局面から考えたいと思う。一般的に占領が始まると、旧来の経営者（および技術者）は逃走してしまう。しかし、労働者はすべてが逃亡するわけではない。逃亡した者のなかには戻ってくる者もいる。新規に雇用される者もいる。だから占領体制は経営や所有を専有していた旧支配層にとっては全ての物の喪失を意味するが、民衆にとっては必ずしもそうではない。労働環境の悪化は不可避であるが、企業組織は残り復活するからである。そして、経営者の交替により、雇用・経営をめぐる階級的矛盾は民族的矛盾に転換することになる。本章では、こうした矛盾がどのような形態をとって現れたか、をとくに考えてみたい。

日本軍占領地の製鉄業をめぐる考察は、これまでのところ消費地立地型製鉄業（これには製品輸送コストの低廉な港湾都市の製鉄業も含める）が中心である。これにたいして、本章が対象とする山西省太原の製鉄業は典型的な原料産地立地型の製鉄業であった。製品の大消費地からは遠く、鉄道を利用した輸送費の負担は大きかった。鉄鋼生産地である太原ないし山西省における機械工業の発達は不十分であった。そこで鉄鋼生産地の周辺では製品の販路は少なかった。日本軍はこうした比較優位の見られない占領地で製鉄業経営に着手したのである。それゆえに雇用・経営をめぐる民族的矛盾もより深刻であった、と考えられる。しかし、これまでの占領地工業史研究においては原料産地立地型製鉄業への論及はきわめて少ない。太原鉄廠をめぐっては、既述のように日本経済史の角度からの窪田宏氏の研究があるにすぎないのである。

以上、本章の課題と問題意識について簡単に述べて、本題に入ることにする。

注

（1）萩原充「中国の経済建設」、三九七頁、長岡新吉・西川博史編『日本経済と東アジア』所収、ミネルヴァ書房、一九九五年。同稿は日本軍占領地区・国民政府統治地区の製鉄事業についての手際のよい整理である。
（2）東亜研究所編刊『支那占領地経済の発展』、二〇三頁、龍渓書舎、一九七八年（原著の刊行は一九四四年）。

(3) 奈倉文二『日本鉄鋼業史の研究』、近藤出版社、一九八四年。松本俊郎『侵略と開発』、御茶の水書房、一九九二年。松本俊郎「満州鉄鋼業開発と『満州国』経済」、山本有造編『「満州国」の研究』所収、京都大学人文科学研究所、一九九三年。松本俊郎『「満洲国」から新中国へ：鞍山鉄鋼業からみた中国東北の再編過程、一九四〇～一九五四』、名古屋大学出版会、二〇〇〇年。村上勝彦「本渓湖煤鉄公司と大倉財閥」、大倉財閥研究会編『大倉財閥の研究』所収、近藤出版社、一九八二年。

(4)「抗戦期の後方製鉄業をめぐって：四川省における考察」、『近きに在りて』二七号、一九九五年。

(5) 窪田宏「山西省における大倉財閥」、前掲『大倉財閥の研究』所収。范力『中日〝戦争交流〟研究：戦時期の華北経済を中心に』、汲古書院、二〇〇二年。華北における製鉄業の概況は中村隆英『戦時日本の華北経済支配』、山川出版社、一九八三年、が論及している。なお、范力氏の著作は、中国の歴史研究者の「過剰な被害者意識と日本にたいする特別な思い」を自己批判し、それを克服するために、「戦争交流」という概念を提唱している。平時の「平和交流」にたいする反対概念として措定された概念であり、これをもって中国人の「戦勝史観」の克服をめざすという。筆者には、范力氏の歴史研究者としての気概は理解できるが、「戦争交流」概念はまだ言葉遊びの域を出ていないように思われる。「戦争交流」という概念を援用して提起されたものは依然として漠然としている。戦時の日中交流は、「交流」と呼ぶには不平等な局面が多すぎたのではないか。歴史研究者は、そのような局面を十分に明らかにしたのちでないと「戦争交流」概念を使うことはできないのではないか、と思う。

(6) 西北煉鋼廠時代を考察した拙稿「抗日民族主義時代の企業経営：閻錫山政権時代における中国山西省製鉄事業」、篠田隆編『発展途上国の経営変容 (二十一世紀の民族と国家 第五巻)』、未来社、一九九七年、所収を参照のこと。
(7) 門倉三能『北支鐵鑛・硫黄鑛資源』、丸善株式会社、一九四〇年、一四三～一四四頁。
(8) 門倉三能、同前書、一五一頁。

第一節 軍管理第六工場（太原鉄廠）の発足

1 軍管理の開始

軍管理において大きな役割をはたすことになったのは、興中公司と北支那開発株式会社であった。興中公司は、一九三五年十二月、南満州鉄道株式会社（満鉄）の出資により、資本金一〇〇〇万円、四分の一払い込みをもって設立された対中国経済工作のための一「民間」株式会社であった。抗日戦争勃発後は、日本軍の行動に即応して、炭鉱・電気事業・その他必要な事業の接収管理を実行した。また、冀東電業・北支棉花・北支産金・華北産金・蒙疆電業などの会社を相次いで設立し、華北占領支配のための経済体制確立の基礎をつくった。その後、日本政府は華北における経済的支配を強化するために、「北支那開発株式会社法」（三八年四月三十日公布施行）を採択して、三八年十一月、日本特殊法人として北支那開発株式会社を東京に設立した。また、同月二十四日付内閣書記官長の依命通牒によって、北支那開発は満鉄から興中公司の全株式を譲り受け、同公司の諸事業を分離・

整理し、多くは北支那開発の子会社として独立させた。こうして華北占領地における重要産業の統制は、興中公司から北支那開発に委ねられることになった。こうした措置をうけて、山西省でも経済統制の主体が興中公司から北支那開発に移行し始めた。もっとも北支那開発が発足してからも、西北煉鋼廠等の省内製鉄関連工場の運営は興中公司に委ねられた。(1)

次に、軍管理の開始から大倉鉱業が受託経営に関与するまでの経過を述べる。一九三七年十一月十日、大倉鉱業技師・佐々木琢磨が軍の命令をうけて西北実業公司煉鋼廠の調査を行なった。十二月、軍命をうけた大倉鉱業技師・高橋鉄造は製鉄技術員および資源調査班第一班を引率して本渓湖を出発した。三八年一月三日、太原に到着した高橋一行は、日本軍太原特務機関長の指揮をうけて同工場の接収に着手した。その後一月二十四日、興中公司にたいして正式に同工場の委託経営にかんする下命があった。同時に大倉鉱業にたいしても興中公司の「協力会社」として経営に参加すべき旨の下命があった。(2)

軍管理について説明すると、軍による直接管理と委託経営との二種類があったが、山西省における鉱工業施設の管理は後者であった。この場合、企業は受託事業所の経営権を与えられたが、当該事業所にかんする最終的権限は軍に属した。それゆえ、軍は適時に経営者を交替させることも可能であった。山西省では、北支方面軍特務機関と各企業との契約によって五〇か所前後の工場・鉱山が委託経営に出された。このうち大倉鉱業が受命したものは一七か所、うち大倉単独受命が二か所で、残りの一五か所が興中公司が受命し大倉が協力するという形態の「共同受命」であった。そして、大倉を含めた日本企業が受命したうちで資本規模が省内最大の事業所が西北煉鋼廠であった。(3)

委託経営の実態はというと、企業は資金と人員を出してリスクを負って経営したが、真の支配者は軍特務機関であった。軍は占領地支配の強化と軍需物資現地調達の立場から採算無視の命令を発することが多かった。たとえば、大倉が経営権をえた陽泉炭鉱の無煙炭は移輸出の利益が見込めたが、軍はその省外搬出にいちいち許可を求めた。他方で、省内売炭価格は、軍命令で低価格に固定されていた。企業のあげた利益は軍に供託されて、特務機関の政治工作資金とされた。そこで、企業は運転資金にもこと欠くことが多く、そのたびに大倉鉱業東京本社に送金をあおぐことを余儀なくされた(4)。もっとも、山西産業株式会社（以下、山西産業）が設立されて形の上で軍管理が解除されたのちも、山西産業は所管工場の設備購入、更新・改造などを「太原陸軍連絡部」に申請し、許可をとって実行していた(5)。

2　軍による接収と日本側企業による投資

一九三七年十一月、太原が陥落すると、日本軍は西北煉鋼廠をただちに接収した。接収された閻錫山政権の西北実業公司所轄事業所の多くが、太原陥落後に日本軍の掠奪破壊の被害を蒙った。とりわけ、軍需生産を担った西北製造廠（三六年設立）の被害が顕著で、同廠傘下で元兵工廠系統の西北育才煉鋼機器廠・西北機車廠・西北水圧機廠・西北鉄工廠・西北鋳造廠・西北農工器具廠・西北熔化廠・西北機械廠・西北汽車修理廠等の主要生産設備は満州国や日本本土に掠奪搬送された。しかし、西北煉鋼廠は唯一例外的に、太原陥落後に日本軍の掠奪破壊の被害を免れた。同廠の設備は据え付けが九割がた完了していたが、設備が掠奪・搬送されることもなかった(6)。

第2表は、西北煉鋼廠、即ち太原鉄廠の接収時における接収財産評価額と一九三九年九月までの受託者借入金等についての統計である。日本軍側の一方的評価であるけれども、接収財産は四九〇万円余であった。うち機械設備にたいする評価額が最も高く、総額の七六・八％に達していた。接収から三九年九月までに委託経営者と協力会社とが投下した資金(借入金)は九九万円弱にすぎなかった(後述)。接収後の投資はあったが、接収という名の掠奪を明瞭に示す数字であった。

興中公司・大倉鉱業による太原鉄廠の受託経営開始(一九三八年一月)から三九年九月までの資金運用経過は、第3表の通りであった。同表によって親会社からの資金供給額が知られる。興中公司からは六二万五〇四三・四六円、大倉鉱業からは三六万一四五二・三五円、計九八万六四九五・八一円で、興中公司の投入した資金が六三%、大倉鉱業からの資金が三七%を占めた[7]。

それでは、供給された資金はどのように運用されたか。これを示すものが、第4表である。同表によれば、固定資産投資額は九二万四〇五〇・三二円で、その八六・七%が機械類であった。こうして閻錫山政権から掠奪した膨大な資産を基礎にして、日本側企業が機械設備を購入・据え付けて、一九三九年十一月の竣工、すなわち出銑が実現したのであった。流動資産額は三七万五六六三・〇八円であり、うち仮払金が最も多くて五〇・〇%を

第2表　太原鉄廠の接収財産評価額と受託者借入金等

(単位：円)

接収財産評価額計	4,908,462.00
不動産	4,502,162.00
土地	4,862.00
建物	728,300.00
機械設備	3,769,000.00
流動資産	406,300.00
原料	110,400.00
貯蔵品	295,900.00
受託者出資額計	1,079,123.44
借入金	988,495.61
仮払金	17,630.53
未払金	64,173.57
勤倹貯金	8,823.73
総計	5,987,585.44

〔出所〕満鉄調査部『山西省鉱業経営調査報告』、1940年1～3月、の付録「山西陸軍特務機関経済班に依る太原鉄廠調査報告」、133～134頁。
〔備考〕接収財産評価の基準は北京特務機関の評価委員の評価による。受託者借入金等の金額は1939年9月まで。

第3表　太原鉄廠への興中公司・大倉鉱業の投資額(1939年9月25日現在)

(単位：円)

社名	借方	貸方	残高
興中公司	―	625,043.46	625,043.46
大倉鉱業	171,611.34	533,063.69	361,452.35
小計	171,611.34	1,158,107.15	986,495.81

〔出所〕満鉄調査部『山西省鉱業経営調査報告』、1940年1～3月、の付録「山西陸軍特務機関経済班に依る太原鉄廠調査報告」、132～133頁。

占めていた。

3　山西製鉄鉱業所の設立

「日華合弁」を華北経済建設の基本方針として定めた日本政府は、軍管理下にあった山西省の製鉄関連七工場についても「中国の法人企業」に移行させることを考えた。その中国法人に北支那開発が投資・融資するという形態で重要産業を統制するというのが、日本政府の戦略であった。移行のための第一段階の措置として、一九四〇年十一月二十七日、山西製鉄鉱業所が設立された。太原・陽泉の二製鉄所および定襄・寧武・太原東山の三鉄鉱山と太原窯廠とを合わせた事業所であった。所轄事業所中で最も重要な工場が太原鉄廠であった。同鉱業所は十二月一日から興中公司に替わって受託運営を始めた。日本民法による組合組織であり、大倉鉱業と北支那開発会社との折半出資であった。両社の出資額は第5表の通りであった。同表

第４表　太原鉄廠の資金運用（受託経営開始から1939年９月まで）

（単位：円）

流動資産額		375,663.08
	原料	94,759.08
	貯蔵品	22,891.11
	現金	1,848.40
	仮払金	187,664.49
	未調達金	68,500.00
固定資産投資額		924,050.32
	建物	71,777.98
	機械	800,761.01
	什器	51,511.33
計		1,299,713.40

〔出所〕前掲「山西陸軍特務機関経済班に依る太原鉄廠調査報告」、129～130頁。
〔注〕未調達金の原語は「未達金」。

第５表　山西製鉄鉱業所にたいする出資額　（単位：万円）

出資時期＼社名	大倉鉱業			北支那開発			合計
		現金	現物		現金	現物	
第1回（1940年10月）	212.0	164.4	47.6	367.9	0.0	367.9	579.9
第2回（1941年1月）	56.6	56.6	0.0	0.0	0.0	0.0	56.6
第3回（1941年4月）	181.4	86.1	95.3	82.1	0.0	82.1	263.5
計	450.0	307.1	142.9	450.0	0.0	450.0	900.0

〔出所〕窪田宏「山西省における大倉財閥」、305頁。原引は、北支那開発株式会社産業部業務課作成「山西製鉄所組合出資表」、1941年10月。

の示すように、第三回出資までの出資金九〇〇万円のうち大倉鉱業は三四%に当たる三〇七・一万円の現金出資をしていた。国策会社である北支那開発は日本軍の接収した中国資産を現物資産として寄託したにすぎなかった。山西製鉄鉱業所は大倉鉱業の資金によって活動したといってよい。山西製鉄鉱業所は、四二年四月一日設立開業の山西産業にその業務一切を引き継ぎ、四二年三月末で解散した。その後の大倉鉱業の投資規模はどうであったか。山西事業への投資の窓口であった大倉山西開発組合の山西産業への投資額としては、四二・四三年の各年五一三万七四五〇円という数値がある。このうちどれだけが製鉄事業に投資されたかは不明である。(8)

注

（1）閉鎖機関整理委員会編刊『閉鎖機関とその特殊清算』、一九五四年、「北支那開発株式会社」の項（三一八～三二六頁）、「北支那製鉄株式会社」の項（三五四～三五七頁）。

（2）満鉄調査部『山西省鉱業経営調査報告』、一九四〇年一～三月、の付録「山西陸軍特務機関経済班に依る太原鉄廠調査報告」、一二九頁。

（3）窪田宏「山西省における大倉財閥」、二四五頁。なお、同論文所載「山西軍管理工場一覧表（一九四二年三月現在）」（二四二～二四四頁）を参照。

（4）窪田宏、同前論文、二四七、二五四頁。

（5）山西省檔案館、敵偽檔案巻（五五―一―九／山西産業株式会社各種来往公文代電、一九四三～四四年）。

（6）景占魁『閻錫山与西北実業公司』、山西経済出版社、一九九二年、二三八～二三九頁。

(7) 興中公司・大倉鉱業の太原鉄廠への投資額において、現金や現物出資分がどれほどであったか、は不明である。山西省の軍管理をめぐって、興中公司は「資金・技術・要員の供給のどれをとっても極めて弱体で、実際の事業運営はすべて大倉の金と人でなされた」と窪田宏は分析(前掲論文、二五一頁)しているが、二社の出資内容は不明であり、この分析の妥当性について筆者には確信がない。なお、日本側企業の投資については、満鉄調査部『山西省鉱業経営調査報告』(鹿児島隆二執筆)、一九四〇年一～三月、所収「太原鉄廠」部分、一〇九頁(山西省檔案館、日偽字第五二一号)もある。それによると、閻政権が西北煉鋼廠のために当初調達した資金は五〇〇万元であったが、日本軍接収時の山西陸軍特務機関調査によると七三〇万元であった。接収後の軍管理下においては興中公司と大倉鉱業とに経営が委託された。両社は竣工をめざして資金を投下したが、その金額は一九四〇年二月末現在で、興中公司：一一七万二二七〇・九七円、大倉鉱業：二七万〇三五六・〇八円、計一四四万一六二七・〇五円であった。両社の分担率は興中公司八一%、大倉鉱業一九%で、興中公司からの投資が圧倒的に大きかった。

(8) 閉鎖機関整理委員会編刊、前掲書、「北支那開発株式会社」の項(三一八～三二六頁)、「北支那製鉄株式会社」の項(三五四～三五七頁)。窪田宏前掲論文、二五六頁。

第二節　軍管理下の製鉄事業経営

1　製鉄事業の方針と問題点

まず、当時の報告書を引いて軍管理下の太原鉄廠の経営体制について説明すると、第1図の通りである。各係の（　）内は日本人従業員数である。工場は六つの課をもっていた。製鋼部門がまだ操業していない時期であった。人数の多い部署は銑鉄課高炉係、工務課機械係、同電機係である。いずれも製造の中枢部署であった。

大倉鉱業において軍管理下の製鉄事業方針を策定した人物は、太田文雄である。大倉鉱業は占領軍から軍管理工場の委託経営命令をうけると、一九三九年一月、山西省への一連の事業への投融資機関として「大倉山西開発組合」を結成した。さらに、「大倉山西事業部」が、この開発組合にプールされた資金を利用して山西省内の事業を行なうための統括機関として設立された。太田は、大倉鉱業本社の代表取締役

第1図　太原鉄廠の経営体制

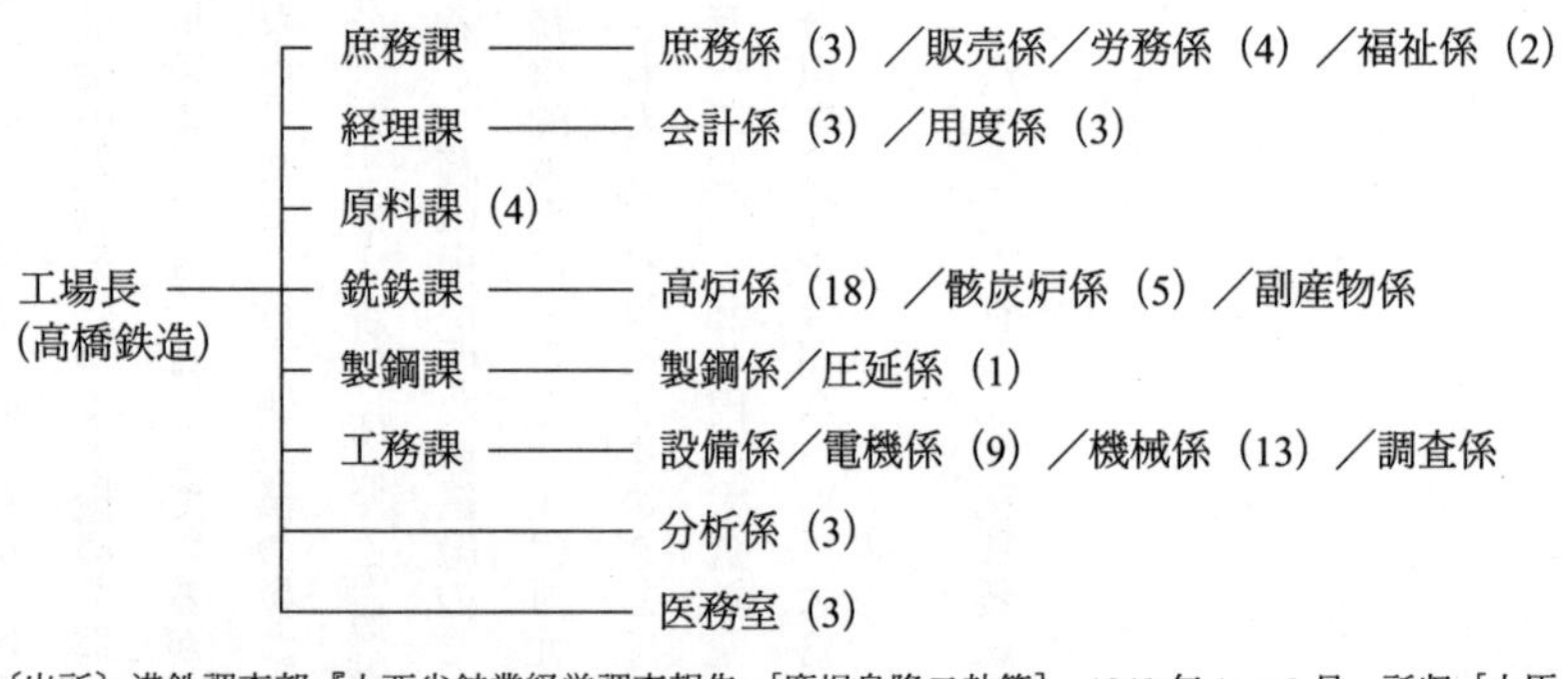

〔出所〕満鉄調査部『山西省鉱業経営調査報告』[鹿児島隆二執筆]、1940年1～3月、所収「太原鉄廠」部分、112頁。

兼任として同事業部長になった。四二年四月に三九か所の軍管理工場・鉱山を糾合して山西産業が発足したさいには初代社長に就任した。大倉鉱業の山西省における事業では製鉄と炭鉱とが二大事業となった。

太田文雄は、一九三八年六月、軍管理下における製鉄事業の方針をめぐる五項目の提言を行なった。太田の述べた基本方針は財閥企業家の認識を示した資料である。以上を確認したうえでこの資料を読んでみよう[1]。

「(一) 地方的需要を充足するをもって第一段の任務とすること。その限界は、交通系統並びに運賃率により規定せらるること。(二) 既定計画の限度において(銑鉄日産一六〇トン、製鋼同一五〇トン)国策の要求に応じ得べき設備を整備し置くこと。(三) 太原(もと西北実業公司煉鋼廠)、陽泉(もと保晋鉄廠)両製鉄所を合併経営のこと。陽泉製鉄所は、前経営者保晋公司より有利に買収または合併する方針をとり、速やかに工作に着手すること。(四) 原料関係鉄鉱の自営は当然なるも、別項生産原価の割高にかんがみ、原料炭山、すなわち混合炭たる西山炭山および粘結性の介休・孝義・軒崗鎮・五台の一体経営は充分考慮せらるべきこと(山西経済開発の大局よりみて特に然りとす)。(五) 山西両製鉄所(太原、陽泉の二製鉄所)を北支製鉄所と同一経営の下に置くか別個の経営とするかについては、考慮のうえ決したし」。

以上の「私見」のうち、(一) は製品市場拡大、(二) は設備投資、(三) は合併による経営規模拡大、(四) は製鉄部門と原料採掘部門とを一体経営することによる経営効率の向上についてそれぞれ提言していた。経営の発展のためには製品の市場規模拡大は不可欠であったから、(一) の提言は至極妥当であった。しかし、後述のように太原鉄廠の生産は日本帝国主義の利益に従属した。それゆえ植民地型企業の特質を免れることはできなかった。(二) についていえば、後述の通りの規模拡大が実現した。(三) についていうと、一九四〇年十一月に日本民法による組合として発足した山西製鉄鉱業所が、太原・陽泉両製鉄所他三鉄鉱山を経営した。北支那開発と大倉鉱業との折半出資であった。[2]（四）については、三九か所の軍管理工場・鉱山を糾合して四二年四月に日本普通法人として山西産業が発足した。これら事業所のなかには旧山西製鉄鉱業所とともに製鉄用原料炭を供給する西山・軒崗鎮の二炭山があった。[3]（五）についていえば、三八年初めに日本軍によって接収された北京の石景山製鉄所は出銑（三八年十一月）後の四〇年十一月、石景山製鉄鉱業所（日本民法による組合）に再編された。四二年十二月には同製鉄鉱業所を母体として日本普通法人としての北支那製鉄株式会社が設立された。同社は日本製鉄と北支那開発とが折半出資した会社であったから、山西の製鉄所とは経営系列を異にした。[4]したがって、（五）の経営の同一系列化は実現しなかった。

太田文雄は既述の提言を行なったほぼ同じ頃（一九三八年六月）、山西軍・喜多特務部長に「山西軍管理工場経営の現況並びに方針に関する件」と題する文書を送っていた。太田は、まず軍管理第六工場（もとの煉鋼廠）の現況等について述べ、最後に「経営上考慮すべき当面の問題」として四点を指摘した。財閥企業の経営専門家として冷静に現実を直視した指摘となっており、製鉄事業が当時直面した問題を理解することのできる史料である。[5]それは、以下のような内容である。

（一）銑鉄生産費が満州や日本本土と比べて「甚だ高くつくものと予想せらる」。そこで、鉄山の直営、コークス原料となる粘結性炭山の一体経営が「絶対必要なるもの」と太田は考えた。（二）輸送機関の改善が困難であるため、輸送運賃が相当高くなると予想した。そして、高額運賃は、「山西銑鉄の内地搬入を困難ならしめ、その生産並びに販売方針を自然的に制約することとなるべし」と説いた。（三）電力統制が電力供給面のネック要因となる可能性を指摘した。すなわち、製鉄所附属発電施設の取り扱いをめぐって、「これを他の自家用発電所と同一視して、電力統制の見地よりその管理下に置かんとするごときは不可なるべし」と説いた。(四)すでに現実に発生している生産の隘路要因として、工場内の輸送工具、つまり機関車の不足を指摘した。すなわち、製鉄所附属の機関車二両が日本軍に押収されて南方に輸送されてしまったとして、工場内に機関車を所有しないことは「操業を甚だしく困難」ならしめている、と説いた。そして、四〇トン高炉の火入れまでには軍から機関車を下げ渡してほしい、と要求した。

2　山西産業株式会社の設立

山西産業は、一九四二年四月一日に日本普通法人として設立された。太原市典膳所一〇号に本社を、北京に事務所を、東京市京橋区銀座三丁目の大倉別館に出張所を置いた。設立時の社長は大倉鉱業山西事業部長・太田文雄であった。太田がまもなく病に倒れたために、同年九月、河本大作が第二代社長に就任した。同時点の新任人事では、うち常務取締役は四人で大倉鉱業から重工業担当常務として高橋鉄造が入った。高橋は、太原鉄廠の廠長(工場長)に任じられた。高橋は、大倉鉱業が中国東北で設立した本渓湖煤鉄公司から派遣された技術者であった。従業員規模についていうと、四二年七月時点で、日本人は役員一一人、社員一二五六人(うち北京二四人、東京九人)、工場の警備隊員一八一人、計一四四八人いた。所轄の三六の工場・炭鉱・鉱山の中国人従業員は常用工一万八三六九人、臨時工四二二〇人、工場の警備隊員九九〇人、計二万三五七九人を擁した。(6)

同社は、山西省内の「軍管理工場のうち炭鉱(西山・軒崗鎮炭鉱を除く)及び電業部門(自家発電を除く)を除きたる軍管理工場を総合運営する」(会社定款第三条)ことを営業目的として設立された。軍管理工場の大半は、閻錫山の統治時代に省公営企業として経営された工業コンツェルン、つまり西北実業公司所轄の工場であった。

それゆえ、経営にあたってはもともと業種間の有機的連関があった（たとえば、煉鋼廠と窯廠、煙草廠と製紙廠、皮革廠と毛織廠など）。しかし、軍管理を実施するにあたっては、こうした連関を無視して個々の専門会社に受託せしめた。戦争の拡大とともに産業統制の効率的実現が急務となった。その結果、山西省の重要産業を総合的に運営しうる機関として山西産業の設立が要請されることとなったのである。(7)

山西産業においては製鉄業はどれだけの位置を占めていたのであろうか。同社は、各工場の受託運営会社であった北支那開発・大倉鉱業・日東製粉・上海紡績・東洋紡績・鐘淵紡績・王子製紙・浅野セメント・東亜煙草・日本火薬製造・華北電業・(株) 満州工廠・中華燐寸の一三社の出資により設立された。これら各社が一九四一年九月末決算において、その受託工場に投下した金額が約三〇〇〇万円であったために、当初の資本金を三〇〇〇万円、六〇万株と定めた。その時の最大の株主は北支那開発で、その持ち株比率は四五・二%、第二位が大倉鉱業で一七・一%、第三位が日東製粉で一一・八%であった。同社定款第五条によれば、資本金三〇〇〇万円のうち二九九五万七六〇〇円、九九・九%が現物出資であった。いってみれば、個々の受託工場が新会社に寄進されたのである。北支那開発からは、太原・陽泉の二鉄廠、太原窯廠、定襄・寧武・東山の三鉄山、西山・軒崗鎮の二炭鉱の八事業所の債権一三五一万五三〇〇円が現物出資された。大倉鉱業からは、以上八事業所および寧武木廠（山林を有する材木工場）の債権五一三万七四五〇円が現物出資された。つまり、大倉鉱業と北支那開発会社との折半出資によって設立された山西製鉄鉱業所と、製鉄用原料炭を供給する西山・軒崗鎮の二炭鉱が現物出資されたのである。寄託された債権、つまり持ち株比率からみると、北支那開発と大倉鉱業の持株は全体の六二・三%を占め、それがほとんど製鉄業関係事業所であった。(8)

一九四二年度の山西産業営業収支予算からみると、各事業部門のなかで営業収入・営業支出・利益・利益率のどれをとっても製鉄部門、とりわけ太原鉄廠の位置は第一位であった。同鉄廠の営業収入は会社全体の三四％、利益は会社全体の四三％が予定されていた。[9]

このように山西産業内においては製鉄業が重要な地位を占め、かつ大倉産業の持ち株比率も北支那開発に次いで高かったから、大倉鉱業は山西産業設立当初は相当な発言力を有していた。人事・文書・経理の諸部門を大倉が握っていた。しかし、一九四二年九月、二八年に発生した張作霖爆殺事件の張本人として著名であった河本大作が社長に就任した。河本は、北支那方面軍司令官・多田駿、山西に駐屯した第一軍司令官・岩松義雄、第一軍参謀長・花谷正、北支那開発副総裁・山西恒郎らによって担ぎ出された。社長に就任した河本は、コネ人事を行なって元軍人を上級幹部職員に配置して、財閥系の発言権を封じた。半年後には、大倉鉱業系の事務職員の多くが山西産業から辞めていた。[10]

3　山西産業株式会社の設立をめぐる日本軍の意図

日本軍占領下の山西省経済の真の実権は、第一軍参謀長・花谷正にあった。[11] 花谷は、一九四二年三月二十四日、山西産業設立のための重役会において、「山西産業株式会社運営にかんする件示達」と題する文書を配布した。同文書は、まず軍と会社との位置づけを述べたあと数点にわたる指示を示した。以下の通りである。

「一．大東亜建設途上にある我が帝国は、中華民国特に北支における日本帝国の進むべき道を確認し、山西開発のため日支合弁の会社を設立する前提として本会社を設立せり。而して、本会社は軍の行う政策に関連し計画せるものなるをもって、軍の施策に合致し軍の一翼とし（て）行動するを要す。／二．本会社は会社法により設立せられたる会社なるも、軍は強力なる指導を行い、要すれば指示・命令を下達す。／三．軍は本会社をその一翼として取扱のため、重要なる事項については指示・命令するも、細部に関する事項は会社当局に一任す。これがため、特にその内部的人的要素の任免については関心を有す。／四．会社設立後は極力能率を増進し、冗費を省き、もって生産拡充の実を挙ぐるを要す。／右の目的達成のため、左に二、三具体的指示をなす。／一．本会社は生産工場に重点をおき、本社は可及的冗員を置かず、少数精兵〔ママ〕主義をもってするを要す。／二．いたずらに無能なる邦人を使用することなく、中国人の指導育成につとむるを要す。／三．会社内部は軍隊的組織とし、命令の伝達及び責任の帰属を明確にし、信賞必罰を厳にするを要す。／四．指導者的地位にあるものは所謂指導者原理に基づき陣頭指揮の精神をもって事にあたるを要す。／五．軍は本会社の前途を祝福し、其の正しき成長を極力支援せんとす[12]」。

第２図　山西産業株式会社運営理念図

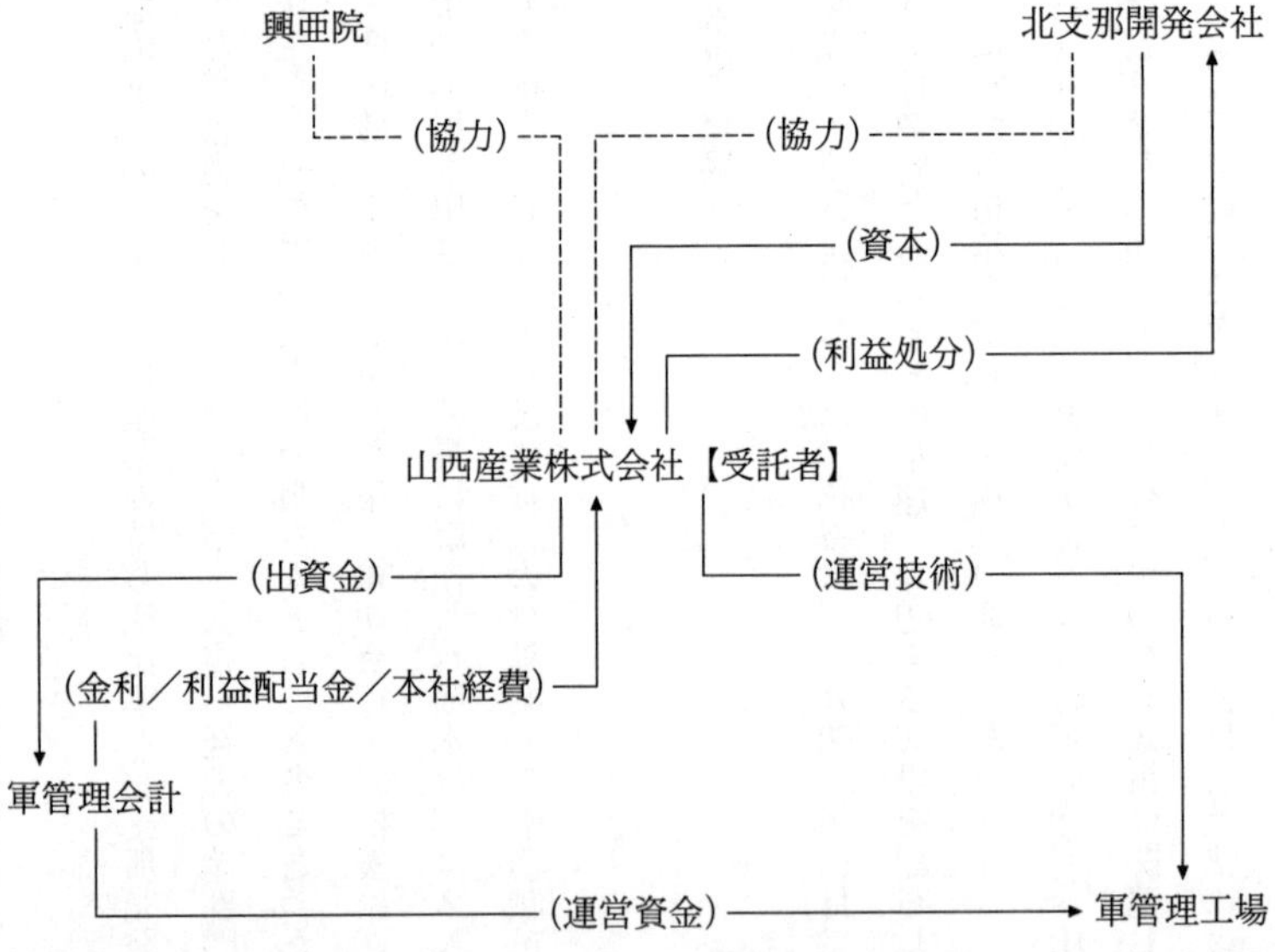

〔出所〕花谷正参謀長訓示（1942年8月14日）の後に収録された手書きメモ「軍管理工場運営理念」、山西省檔案館所蔵：敵偽檔案巻（55－1－7／山西産業株式会社各種来往公文代電、1942～44年）所収。

以上のように、花谷は、会社は日本法人組織でありながらも、山西駐屯軍の指示・命令に従い、軍の施策に合致する行動をとらねばならず、会社内部を軍隊的組織として経営し、軍隊的能率を実現しなければならない、と主張した。本来企業家が重視する採算性を一顧だにしない戦時統制産業の性格が強調されていた。

次に、当時の資料から山西産業の運営理念を示せば、第2図のようになろう。この図は花谷正参謀長訓示（一九四二年八月十四日）の後に収録された手書きメモであり、軍の提起した理念であると言ってよい。山西産業の真の支配者であった山西軍の山西産業への係わりはまったく示されていない。軍としては、あくまでも「黒子」に徹したいと考えていたのであろうか。それにしても、日本特殊法人たる北支那開発が日本普通法人たる山西産業に出資し「協力」するのはよいとしても、山西産業が管理・運営する事業所は中国の地にあり、元来が中国国内の法人として設立された企業ばかりであった。いわば日本法人と中国法人（占領によってその性格を喪失したにせよ）という異なる法域にありながら、軍と政府とをバックに業務命令をむすんだわけである。同図では、そうした矛盾が一顧だにされていないが、そこに占領地企業の体質が明瞭に示されていた、といってよい。

注

（1）大倉鉱業北京出張所・太田文雄→合名大倉組東京本社「山西製鉄事業経営方針（私見）」（一九三八年六月八日）、東京経済大学所蔵大倉財閥資料（七二―一―一八）所収。
（2）窪田宏「山西省における大倉財閥」、三〇五頁。
（3）窪田宏、同前論文、三〇九～三一〇頁。

(4) 閉鎖機関整理委員会編刊、前掲書、「北支那製鉄株式会社」の項(三五四〜三五七頁)。
(5) 大倉鉱業代表・太田文雄→軍喜多特務部長「山西軍管理工場経営の現況並びに方針に関する件」(一九三八年六月)、東京経済大学所蔵大倉財閥資料(七二―一―八)所収。
(6)『山西産業株式会社概況』(一九四二年九月十日)、山西省檔案館所蔵：敵偽檔案巻(五五―一―七/山西産業株式会社各種来往公文代電、一九四二〜四四年)所収。太原鋼鉄公司史志鑑編輯委員会編『太鋼発展史(一九三四〜一九九三)』(以下、太鋼発展史)、中国科学技術出版社、一九九四年、二〇〜二一頁。
(7) 矢野信彦『山西省経済の史的変遷と現段階』、山西産業株式会社、一九四三年、七六〜八〇頁。
(8) 閉鎖機関整理委員会編刊、前掲書、「北支那開発株式会社」の項(三二三頁)。『山西産業株式会社定款』(一九四二年三月十九日)、山西省檔案館所蔵：敵偽檔案巻(五五―一―九/山西産業株式会社各種来往公文代電、一九四二〜四四年)。
(9) 窪田宏、前掲論文、三一三〜三一四頁。もっとも窪田は、ここに示された製鉄関係の営業収入や利益は大きすぎると推定している。
(10) 窪田宏、同前論文、三一一〜三一二頁。
(11) 窪田宏、同上論文、三一一頁。『太鋼発展史』、二〇頁。
(12) 花谷正「山西産業株式会社運営にかんする件示達」(一九四二年三月二十四日)、山西省檔案館所蔵：敵偽檔案巻(五五―一―七/山西産業株式会社各種来往公文代電、一九四二〜四四年)所収。なお、引用にあたって原文を現代かな遣いに直した。同文献の中国語訳は、中央檔案館・第二歴史檔案館等編『河本大作与日軍山西「残留」』、中華書局、一九九五年、一二三頁に収録。

第三節　占領下の生産

1　設備投資と原料調達

まず設備投資の進捗状況について述べることにしよう。(一) 煉鉄炉……一九三九年五月、高炉操業のための準備作業に着手し、十一月四日、四〇トン高炉の火入れを実施した。四〇年十一月七日、一二〇トン高炉の火入れを実施した。第一、二号高炉が稼働してから、製銑量は増えた。四一年には、二基合計の月間最高製銑量は三三六五トン、月間最低量は二三九五トン、四二年には月間最高量は四二五四トン、月間平均量は三六二五トン（設計上の製銑能力の七五％）に達した。製銑能力を増強するために、四三年十月、小型高炉二基（ともに四〇トン）を完成した。四四年十二月の米軍機空襲によって、第一号高炉は損傷をうけ、日本敗戦まで操業を停止した。同じ空襲によって二基の小型高炉は完全に破壊された。(二) 煉鋼炉……四一年七月、三〇トン平炉二基の火入れを実施した。設計上の日産能力は鋼塊二四〇トンで、四三年の製鋼量は一万六一八四トン（日本軍占領時代の最高量）、同年の月間平均量は一〇七六トンであった。しかし、四三年の年間製鋼量も設計上の製鋼能力の一八・七％にすぎなかった。操業率はきわめて低かった。四四年十二月の米軍機空襲によって、第一号平炉は被害を受けた。(三) 圧延設備……四一年八月、中型圧延機の操業を開始した。四三年十月、小型圧延機を据え付けた。中型圧延機は空襲をへても生産を続けたが、生産能力は急減した（もとの能力の四〇％）。（四）コークス炉……四〇年七月、コークス生産を開始した。メンテナンスが劣悪なこととコークス用石炭の入手困難のために、占領末期には生産を停止せざるをえなかった。[1]

原料調達についていうと、当初は鉄鉱石は東山鉄山・陽曲県河口鎮鉄山・定襄鉄山・寧武鉄山から、石炭のうち燃料炭は西山、コークス用瀝青炭は五台県窰頭、崞県軒崗鎮から採る計画であった。日本軍占領後は、鉱質・産出量などの制約要因だけでなく、治安悪化、戦乱による交通遮断などの問題が発生した。若干の原料調達先を変更することになった。鉄鉱石は東山鉄山および定襄鉄山から、石炭のうち燃料炭は太原の西山、コークス用瀝青炭は、霊石県富家灘・崞県軒崗鎮から採掘した。煉鋼廠で毎日必要な鉄鉱石の量は三五〇トンとされた。石灰岩は太原の西山・東山地区、白雲石は東冶鎮、製鋼用原料になる蛍石は呉城鎮、マンガン鉱は静楽県から採掘した。以上のように、地下鉱産資源はすべて省内に依存することができた。[2]

製銑用原料調達上の問題点についていうと、太原鉄廠の経営および規模拡大の最大の隘路は鉄鉱石の取得にあった。というのは、鉄鉱石は省内いたるところに埋蔵されていたものの、その多くは「鉱層散漫にして、窩（むろ）状結核体を形成し、層薄くまた不平均にして、普通五〇センチに及ばないが、時にはわずか数センチの厚さのものもある」（『山西考察報告』中の記載）という山西式ポケット鉱床であり、これは大量採掘には適さなかった。日本側は、鞍山式鉱床である定襄鉄山の採掘に力をそそいだが、ここの鉄鉱石の大部分は鉄分含有率四〇％以下の貧鉱であった。また、採掘された鉄鉱石は多量の酸化アルミを含んでいたため溶鉱炉をいため、生産を長く継続できなかった。当時の山西省では、このような悪条件を技術的に解決することができなかった。静楽と河口鎮に有望な鉱脈があることは知られていたが、開発には鉄道その他のインフラ建設が不可欠であった。しかし、占領権力にはそれを行なうだけの資金や資材がなかった[3]。

平炉による製鋼工程では、屑鉄（スクラップ）不足が問題となった。通常、平炉へは銑鉄五対屑鉄五、または四対六の割合で銑・屑が装入される。戦時下では、省外から市場を通じて屑鉄を購入することは、はなはだ困難であった。そこでキューポラ（溶銑炉）やベッセマー転炉（酸性転炉）で屑鉄を自己生産する方針がとられた。なお、転炉は銑鉄をすべて装入して製鋼する熔炉である[4]。

2　生産状況：太原鉄廠廠長・高橋鉄造の報告

ここでは生産状況をリアルに説明する資料として、太原鉄廠廠長・高橋鉄造の報告を紹介しよう。戦争末期の一九四四年二月、高橋鉄造は、第二高炉の生産状況について次のような報告をしている。いささか長くなるが紹介する。

「(一) 一月二十四日、高炉の炉頂下部の鋳鉄製カバーが破れて炉内のガスがもれた。(二) 炉内のガスが減り熱風炉の蓄熱量が不足したために、原料の装入量を減らした。そこで、出銑量が減った。(三)点検修理のために、熱風炉から高炉への送風を一週間停止しなければならなかった。(四) 貧鉄鉱を使用するために銑鉄一トン当り一・五トンの鉱滓(ノロ)がでるが、その処理に必要な車両等の供給が追いつかない。(五) 冬は寒くて多くの事故が発生する。また、旧正月前後には中国人労働者が足りないのに、鉱滓が多く出るのでそちらに人を回さなければならない。その結果、やむをえず出銑量を減らした。(六) 二月一日から雪が降ったので、常用労働者も下請労働者も出勤者が減った。加えて前述の原因が生じたために、平常の生産がきわめて妨げられた。(七) 工場内の機関車も絶えず小さな事故が発生するために修理しながら操作をしてきたが、二月十日にはついに動かなくなってしまった。(八)十一日にはやむなく三両の機関車を稼働させたが、鉱滓運搬用の容器が足りず、貨車に振り替えた。これに多くの中国人労働者を使わなければならなかった。(九)ちょうど十一日の午前十一時には材料をのせた台車が高炉の炉頂から中に落ちてしまい、送風の停止を余儀なくされた。夜の十八時になってやっと修復した。……次々と事故が起こるので、日本人の従業員や監督も皆とても疲れており、病気休暇をとる者が多い[⑤]』。

以上に指摘された問題のうち、(五)の旧正月による労働者不足や(六)の降雪による欠勤者の増加などは季節的な要因といってよい。旧正月後の欠勤者増加の現象などは、今日の中国の工場でも生じている。しかし、(四)の貧鉱は構造的な問題である。その他の小さな事故の継続的な発生は、劣悪な設備やずさんな生産管理が原因であった。これらは解決困難な構造的問題であった、といってよい。

第6表　第1号高炉の製銑量とその種類(1939年11月～40年2月)

種類	製銑量(トン)	比率(%)
1号銑鉄	40.277	1.9
2号銑鉄	568.754	26.7
3号銑鉄	1,065.173	50.0
4号銑鉄	110.386	5.2
白銑	10.640	0.6
荒銑	100.658	4.7
屑銑	232.224	10.9
平炉銑	–	–
合計	2,128.112	100.0

〔出所〕満鉄調査部『山西省鉱業経営調査報告』鹿児島隆二執筆、1940年1～3月、所収「太原鉄廠」部分、125頁。

3　製銑量とその種類

出銑する銑鉄中の成分は、装入される原料(鉄鉱石)の品位によって異なる。普通銑のほかに、燐分の高い銑鉄、珪素分の高い銑鉄、硫黄分の高い銑鉄など色々である。高炉の性能が悪ければ、不純物を多く含んだ銑鉄も出る。

太原鉄廠における製銑の生産量と種類は、第6、7表の通りである。第6表は一九三九年十一月～四〇年二月の統計、第7表は四〇年四月～四一年三月の統計である。いずれも製鋼開始（四一年七月）以前の生産量を示す。第6表は高炉一基の時代で、月産平均五三二トン、第7表の途中から高炉二基が稼働し、月産平均一七〇九トンに増加した。もっとも高炉二基の設計日産能力は一六〇トン、つまり月産四〇〇〇トンであったから、実績値は計画値の四二％強でしかなかった。

両表を比較することで、銑鉄の構成が一号銑鉄二％、二号銑鉄二六％余、三号銑鉄五〇％、屑銑一〇％余から、一号銑鉄が三八％に増え、二号銑鉄が二〇％弱、屑銑が二％弱にそれぞれ減ったことがわかる。つまり、銑鉄工程には顕著な質的向上があった。等外製品とみなされた四号銑鉄以下は平炉用原銑として利用することはできなかったというが[6]、平炉稼働に先行して平炉用原銑を供給する体制が整えられたのである。

4　製品の販路

太原鉄廠時代は、原料調達、工場の経営管理・技術、製品の

第7表　太原鉄廠の製銑量とその種類（1940年4月～41年3月）

（単位：トン、％）

種類	第1号高炉（40トン）	比率	第2号高炉（120トン）	比率	合計	比率
1号銑鉄	5,106.352	24.9	2,686.315	13.1	7,792.667	38.0
2号銑鉄	2,852.052	13.9	1,229.800	6.0	4,081.852	19.9
3号銑鉄	5,028.380	24.6	1,767.700	8.6	6,796.080	33.2
4号銑鉄	7.000	—	—	—	7.000	—
白銑	87.509	0.4	3.340	—	90.849	0.4
荒銑	645.308	3.1	729.854	3.6	1,375.162	6.7
屑銑	232.217	1.2	130.009	0.6	362.226	1.8
合計	13,958.818	68.1	6,547.018	31.9	20,505.836	100.0

〔出所〕景占魁『閻錫山与西北実業公司』、山西経済出版社、1992年、254頁。
〔備考〕第1号高炉は1939年11月、第2号高炉は40年11月に操業開始。
〔注〕比率は総製銑量にたいする値。「—」は微小数値のため省略したことを示す。

販路等あらゆる分野に日本人が排他的権限をもっていた。日本国内では、中国との戦争が深刻化し、それがアジア太平洋戦争に拡大していく過程で、鉄鋼増産が一層強化された。中国東北部の植民地や華北占領地などからの製鋼原料の収奪とその日本本土への輸送が強化された。軍船その他の兵器用原材料の増産を目的として、製鉄企業の設備拡張が進められた。それとともに、製銑や鋼塊の日本本土への供給にたいする要求が強められた。

それでは、太原鉄廠の製品は、日本帝国主義の鉄鋼増産政策とどのような係わりをもったであろうか。遺憾ながら、筆者はこれについての統計的資料の存在を知らない。以下に引く資料は、太原鉄廠の製品の多くが日本に向けて荷積みされたことを示唆する。

「製品倉庫の元労働者・薄瑞生の回想によれば、太原鉄廠で生産され鉄道貨車に積み込まれた銑鉄・鋼材・化学製品（コークスガスから生産される）の八〇%に貼付された出荷票は、日本への航路のある港、つまり天津の大沽港向けと書かれていた。…大倉鉱業が経営した陽泉鉄廠に残された日本側史料には、『事変前には、大部分の銑鉄は天津方面に販売されたが、今後相当長いあいだ日本へ販売しなければならない』とあった」[7]。しかし、この資料がいつの時期のものであるか、は不明である。また、大沽港向け製品出荷票もかならずしも日本本土への輸送を証明するものではない。山西産業の重工業担当常務として太原・陽泉両鉄廠を管理した高橋鉄造は、一九四四年十一月十七日の報告書のなかで、四四年一～十月の両廠合計銑鉄販売量を一万八一一八トン、収入額を日本円二二九五・二万円と報告していたが、売却先は不明である[8]。

日本敗戦時まで山西産業社長の地位にあった河本大作は、戦犯として中国監獄に収監されていた一九五三年四月、「（山西産業の掠奪物資のうち）どのような物資を直接日本へ運んだか」という問いに答えて、「四四、四五年の二年間に土法鉄約二万トン、鉄屑三〇〇トンを日本へ運んだ」と回答していた。河本は、他の製鉄原料の対日輸送についてはなんら言及していなかった。この土法鉄は太原の東山、省東南部の高平県、陽泉付近で収購されたもので、太原鉄廠の製品ではなかった(9)。

第8表は、操業初期の銑鉄販売統計である。同表によれば、一九三九年十一月〜四〇年二月の期間では、第一号高炉の製銑量のうち外販量は二〇トン、自家消費量は一一〇トン余にすぎなかった。第6表の銑鉄生産統計と対照してみると、この時期の製銑量の九四%の送り先が不明であった。どこに送られたのか。日本軍に徴発されたのであろうか。今後の課題としたい。

次に製品の収益性について考えてみよう。後述のように工場生産量統計はあるものの、出荷販売量・販売先・対日輸出量などの数値は不詳である。時期毎の製造原価の変動、天津などにおける卸売市場における価格変動、太原から天津港への鉄道輸送コスト、天津港から日本・東北ないし山海関以南各地の港湾への海運コストなども不詳である。わずかに知られるのが一九四〇年の価格状況であった。それによれば、天津の卸売市場では山西の鋼鉄製品原価は鋳物銑がトン当り八五円、鋼塊が一二五円、鋼材が一五一円と算定され、これを日本国内に輸送すると、運賃込みで銑鉄がトン当り一二九円、鋼塊が一九九円、鋼材が二〇三円となった。これは日本国内の公定価格(銑鉄八一円、鋼材一九五円)よりも割高であったが、天津の卸売市場では太原産鋼材は一八二円、日本産鋼材は二一九円であったから、対日輸出よりも北京天津

第8表　第1号高炉製銑の販売量と種類(1939年11月〜40年2月)

種類	販売量(トン)
1号銑鉄	—
2号銑鉄	※20.000
3号銑鉄	—
4号銑鉄	—
白銑	—
荒銑	9.548
屑銑	101.027
平炉銑	—
合計	130.575

〔出所〕満鉄調査部『山西省鉱業経営調査報告』[鹿児島隆二執筆]、1940年1〜3月、所収「太原鉄廠」部分、126〜127頁。

〔注〕※は外部への販売用、その他は軍管理第6工場の自家用。

地域に売り込む予定がたてられたという。その後インフレが進み、四二年には天津卸売市場における太原産銑鉄の原価はトン当り二八〇円、鋼材は五〇三円に、四四年にはさらに値が上がって銑鉄原価がトン当り一一八三円と算定されたという。[10] 知りえた数値はまことに断片的である。太原鉄廠の製品がどのように流通したか、は依然として不詳である。しかし、既述のように天津の卸売市場では価格競争力があった、と考えられる。また、出荷票からみるかぎりは製品の多くが天津の大沽港向けであった、と思われる。

以上の点より、製品の多くは日本本土へ運ばれたというよりも、山西現地の日本軍に供給されたほかに、華北各地の市場で流通したのではないか、と筆者は考える。

5　生産量の推移からみた日本占領時代

銑鉄の生産は一九三九年に、鋼の生産は四一年に始められた。いずれも日本軍による軍管理第六工場時代であった。日本軍占領時代における生産量の推移を詳細に知りうる材料はきわめて少ない。第9表は四四年四月～四五年三月の期間における生産量統計である。戦争末期という困難な時代を反映して、製鋼も製銑も月毎の計画が一定せず、実績の変動もきわめて大きかったことが知られる。占領体制のもろさを如実に示している。

次に、日本軍占領時代をその後の時代と比較して生産量の推移と時代的な特徴を考えてみよう。第10表は、(一) 日本軍占領時代(一九三九～四五年)、(二) 閻錫山政権時代(四五～四九年)、(三) 中華人民共和国初期(五〇～五三年)における生産量の推移をみたものである。

(一) の時代では、鋼・鋼材は一九四三年が、銑鉄は四二年がピークであった。(二) の時代では、国共内戦の影響をもろに受けて生産は低迷した。(三) の時代になると、経営体制や原材料の供給が安定したために、生産量

第9表　太原鉄廠の1944年度生産量統計

（単位：トン、%）

	製鋼／計画	実績	達成率	製銑／計画	実績	達成率
1944年4月	−	−	−	2,910.00	2,920.97	100.4
5月	−	−	−	1,680.00	1,677.43	99.8
6月	−	−	−	320.00	274.93	85.9
7月	−	−	−	150.00	0.00	0.0
8月	−	−	−	2,500.00	289.00	11.6
9月	1,800.00	0.00	0.0	3,700.00	1,698.00	45.9
10月	2,000.00	0.00	0.0	5,490.00	3,408.68	62.1
11月	2,100.00	149.00	7.1	5,850.00	2,760.95	47.2
12月	2,500.00	151.00	6.0	5,850.00	727.70	12.4
1945年1月	2,100.00	390.00	18.6	5,850.00	858.07	14.7
2月	2,300.00	726.70	31.6	5,850.00	1,277.21	21.8
3月	2,500.00	902.10	36.1	5,850.00	1,420.71	24.3
年度計	15,300.00	2,318.80	15.2	46,000.00	17,313.65	37.6

〔出所〕「昭和19年度太原鉄廠原料受払統計表」、『山西産業株式会社有関人員任命、廠礦表冊等材料』、1941・1946年、山西省檔案館：敵偽檔案巻（55 − 1 − 3）所収。
〔注〕「達成率」は実績値／計画値。

第10表　西北煉鋼廠主要産品生産量統計

（単位：トン）

年	鋼		銑鉄		鋼材		コークス		耐火材料	
		指数		指数		指数		指数		指数
1940	−	−	10,773	68	−	−	−	−	−	−
1941	−	−	33,172	209	1,669	15	−	−	−	−
1942	11,918	98	43,303	273	14,269	129	40,516	66	−	−
1943	16,184	133	36,695	231	15,513	140	60,360	98	−	−
1944	1,600	13	17,067	107	1,464	13	19,656	32	−	−
1945	4,928	40	13,952	88	482	4	−	−	−	−
1946	6,084	50	8,042	51	4,380	40	−	−	−	−
1947	5,997	49	18,968	119	6,659	60	59,494	97	5,303	130
1948	9,787	80	17,154	108	9,296	84	64,661	105	4,875	120
1949	12,210	100	15,887	100	11,048	100	61,606	100	4,068	100
1950	42,680	350	49,257	310	18,948	172	96,862	157	16,299	401
1951	56,264	461	82,974	522	30,740	278	123,552	201	16,607	408
1952	91,930	753	127,136	800	43,647	395	210,991	342	13,044	321
1953	123,893	1,015	145,497	946	72,002	652	298,541	485	23,657	582

〔出所〕太鋼史志鑑編輯委員会編『太鋼発展史（1934 〜 1993）』、中国科学技術出版社、1994年、250頁。

〔備考〕指数は1949年の生産量を100とした値。

第11表　西北煉鋼廠における製銑・製鋼作業率（%）

年	設計製銑能力（A）	銑鉄産出量（B）	製銑作業率（B／A）	設計製鋼能力（C）	鋼産出量（D）	製鋼作業率（D／C）
1940	※1 14,400	10,773	74.8	−	−	−
1941	57,600	33,172	57.6	−	−	−
1942	57,600	43,303	75.2	86,400	11,918	13.8
1943	57,600	36,695	63.7	86,400	16,184	18.7
1944	57,600	17,067	29.6	86,400	1,600	1.9
1945	※2 54,000	13,952	25.8	※3 43,200	4,928	11.4
1946	※2 54,000	8,042	14.9	※3 43,200	6,084	14.1
1947	※1 18,000	18,968	105.4	86,400	5,997	6.9
1948	※1 18,000	17,154	95.3	86,400	9,787	11.3
1949	※1 18,000	15,887	88.3	86,400	12,210	14.1
1950	※1 42,200	49,257	116.7	158,400	42,680	26.9
1951	96,200	82,974	86.3	158,400	56,264	35.5

〔出所〕太鋼史志鑑編輯委員会編『太鋼発展史（1934〜1993）』、中国科学技術出版社、1994年、250頁。設計能力・産出量の単位はトン。

〔備考〕設計能力は各年の半ばにおける稼働状況をもとにした。年間能力の記述がある年は年間能力を、1日の能力についての数値しかない場合はそれに30日×12か月を掛けて算出した。平炉については1日4回出鋼すると想定して算出した。※1＝1号のみ、※2＝2号のみ、※3＝1基のみ。

がめざましく伸びた。第一次五か年計画が始まった五三年には、鋼の生産量は四九年の一〇倍余、銑鉄は九・五倍、鋼材は六・五倍に達した。以上の比較から、日本軍占領時代はいわば長期的展望を欠いた掠奪政権による植民地型工業化であったといってよい。その後の短い閻政権時代は、統一した国民経済市場をもたない、政治的に不安定な民族政権による工業化の模索期であった。共和国建国初期は、統一的国民国家による国家資本主義的工業化の段階であった。国民国家による工業化（とりわけ有限の資金・資材を国家計画にもとづいて傾斜配分する工業化方式）が植民地型工業化よりもはるかに優れていたことを雄弁に証明する数値である。

第11表は、西北煉鋼廠の製銑・製鋼作業率を示したものである。高炉二基が稼働していた時代について製銑作業率をみると、日本軍占領時代の一九四二年が最も高かった。建国後、修理と能力の改造が進むと、製銑作業率も急速に向上した。ただし、製鋼作業率は建国以前の時代は一貫して低調であった。これは日本軍占領時代も例外ではなかった。この比率は建国初期になってやっと上昇した。西北煉鋼廠においては、製銑・製鋼の能力比率では製鋼が大きく、生産量比率では製銑が大きかった。銑鋼一貫企業としては、西北煉鋼廠の生産はバランスを欠いていた。

銑・鋼生産の不均衡はなぜ生じたのであろうか。太原鉄廠時代に出銑した銑鉄のうち平炉用原銑として使えなかったのは一割弱にすぎなかった。だから平炉用原銑は十分にあった。しかし、鋼の増産はできなかった。企業の立場からいえば、製鋼作業率を高めてより多くの鋼鉄を産出したかったのではないか、と想像されるのに、それは実現しなかった。それには以下のような理由・原因があった、と考えられる。

第一に、市場の未成熟、つまり省内における鉄鋼業の未発達である。当時の山西省には単独製鋼企業（平炉メーカー）も単独圧延企業（単圧メーカー）も育っていなかった。それゆえ、銑鉄を必要とする市場が存在しなかったのである。

第二に、平炉用の屑鉄が十分に調達できなかった（平炉に装入する原料の主体は銑鉄と屑鉄、つまり鋼屑であり、その他に鉄鉱石・石灰石・合金鉄・蛍石などを混ぜる）。たとえば、「昭和二十年度太原鉄廠屑鉄需給計画表」によれば、一九四五年四月～四六年三月の製鋼計画は二万五六〇〇トン、このために必要とされる屑鉄は一万〇二四〇トン、うち購入量は六四五〇トンで、工場の自家生産は三七九〇トン分しか期待できなかった。[11] この点は、戦争末期に山西産業輸送課長が傘下各工場長にあてた「傘下工場屑鉄蒐集に関する件」と題する文書からもうかがうことができる。[12] 太原鉄廠でも、戦争末期に銑鉄だけを装入して出鋼する小型のベッセマー式転炉一基（日産能力二〇トン）を据え付けたが、稼働したかどうかは明らかではない。

第三に、技術の植民地主義の存在である。すなわち、日本軍占領時代の西北煉鋼廠には中国人の技術者・事務員がいなかった。日本人技術者・技能者の技術は低く、中国人労働者への技術トレーニングなどはまったく行なわれなかった。それが設備の濫用・磨耗を招き、事故を頻発させて設備利用率（作業率）の低さを招いたのである（後述）。

なお、日本政府はアジア太平洋戦争の戦局が悪化すると、銑鉄増産政策を強化した。そのために戦争末期には、銑鉄の多くを中国東北の製鉄基地から日本向けに出荷しなければならなかったという。しかし、はたして山西省から銑鉄を対日供給したかどうか、は不詳である。

屑鉄不足の恒常化について付言すると、以下のような原因があった、と考えられる。元来、一国の重工業が発展しその国内市場が広い場合には、年々一定量の屑鉄が製鋼工場に戻ってくる。しかし、第一に、重工業の遅れた当時の中国、とりわけ内陸の山西省では屑鉄の国内市場はきわめて狭かったと思われる。第二に、戦争の時代にあって、生産された鉄鋼の相当部分が軍需部門に消費されたり、日本へ輸出されたりして、再生産過程に入ってこなかったと考えられる。

注

（1）『太鋼発展史』、二二～二三、三四～三五、六四頁。景占魁、前掲書、二五三～二五四頁。矢野信彦、前掲書、九八～一〇〇頁。

（2）矢野信彦、前掲書、九九頁。門倉三能、前掲書、一五二頁。

（3）窪田宏、前掲論文、二三二～二三三、二六二、三一二頁。

（4）矢野信彦、前掲書、九九頁。
（5）『太鋼発展史』、二四頁。
（6）矢野信彦、前掲書、九五頁。
（7）『太鋼発展史』、二三頁。なお、北支那開発社員として製鉄事業に関与した山下登氏は、一九四三年から戦時下銑鉄不足の緊急対策として華北各地に二〇トン級の小型高炉数十基が建設されたとして、これらの中に山西産業太原の四〇トン二基、陽泉の二〇トン一基も含めている。山下氏は、これらの高炉のほとんどは「終戦時までには操業に入っており、これらの製品は北支那開発製鉄課で原価計算のうえ、対日供給に当てられた」という。山下登「製鉄事業の思い出」、槐樹会編刊『北支那開発株式会社之回顧』、一九八一年、一九八頁。
（8）『太鋼発展史』、二四頁。
（9）『河本大作与日軍山西「残留」』、一一七〜一一九頁。
（10）『太鋼発展史』、二三〜二四頁。窪田宏、前掲論文、三〇六〜三〇七、三一九頁。
（11）「昭和二十年度太原鉄廠屑鉄需給計画表」、『山西産業株式会社有関人員任命、廠礦表冊等材料』、一九四一・四六年、山西省檔案館「敵偽檔案巻：五五—一—三」所収
（12）山西省檔案館「敵偽檔案巻：五五—一—三」所収。同文書では、「昭和二十年度太原鉄廠屑鉄所要量は約一万トンにして十九年度に於いては主として省外より移入したるも、本年度は移入困難なる現状に鑑み、傘下工場の鉄屑並びに遊休資材解体並びに蒐集」を実施するよう訴えかけていた。

第四節　占領下の労務管理

1　雇用概況：大量解雇と大量採用の繰り返し

一九三七年十一月初めに太原の陥落が迫ると、西北煉鋼廠は蜂の巣をつついたような騒ぎとなった。従業員は皆逃げてしまった。抗日戦線に加わるために、山西工人武装自衛隊に参軍した者もいた。郷里の村に逃げ帰った者もいた。三八年一月末に興中公司が軍管理下の西北煉鋼廠の経営を任されたときには、もとの従業員は一人もいなかった。大倉工業の幹部は人を遣って労働者を探したが、二月末になっても四人しか戻らなかった。もっとも戦火で疲弊した農村では生活できなかったから、労働者も少しづつ郷里から工場に帰ってきた。こうして三八年五月、機械修理部門からやっと操業が再開された。だが、占領地支配が進むとともに、政治的にも経済的にも雇用条件が悪化した。労働力の募集は困難をきわめた。日本側の資料によれば、三九年三月時点でも、中国人労働者は五〇〇人にすぎなかった。他に、日本人職員三〇人、白系ロシア人職員四人などが在職していた。四〇年末には中国人労働者は二二〇五人に増えたが、このなかにもとの労働者は二〇〇余人しかいなかった。

劣悪な雇用条件は労働力の大量解雇と大量採用とをたえず発生させた。たとえば、一九三九年十一月～四〇年三月についてみると、三九年十一月解雇二〇五人、採用三九一人、十二月解雇一七八人、採用二三〇人、四〇年一月解雇一七五人、採用一三八人、二月解雇八八人、採用一八二人、三月解雇四一九人、採用五五一人であった。わずか五か月間に解雇一〇六五人、採用一四九二人に達した。二月の旧正月に郷里に帰郷してそのまま工場を辞めてしまうということは、今日の中国の外資企業にもみられる現象である。しかし、こんなにもひどい流動現象は見聞したことがない。

困り果てた会社側は二つの手段で労働者を集めることにした。第一は、捕虜とした国民政府軍兵士の徴発である。一九四一年春、太原北門外の捕虜収容所には数千人の捕虜兵士がいたという。一年間の「教化」をへて、太原鉄廠には三〇〇余人、太原窯廠には二〇〇余人の捕虜兵士が分配された。これでも足りなかったから、第二の手段として、農民を対象とした詐欺的な方法による徴集が行なわれた。四二年に山西省東南部一帯に災害が発生したとき、五〇〇余人の農民が騙されて太原に送り込まれた。このうち二〇〇余人が太原窯廠に分配された。昼間は強制労働で、夜は倉庫に鎖でつながれた。日本敗戦時に生き残ったのは二〇〇余人のうち四〇人に満たなかった。太原鉄廠には二四人が雇用され、日本敗戦時に生き残っていたのはわずか七人だった。労働力の逼迫を有無を言わさぬ徴集、つまり強制による雇用で満たした。高い労働生産性を期待しないきわめて非効率な雇用制度であった。(1) 植民地企業の本質が如実に示されているといってよい。

2　把頭の利用と包工制

旧中国の港湾荷役業務では、「把頭」と呼ばれた親方が港湾の荷役労働者を管理し使役したことがよく知られている。「把頭」は労働者を強権的に支配した。太原鉄廠でも、労務管理に「把頭」が利用された。(2)

太原鉄廠では、日本軍接収から九か月たった一九三八年八月八日、中国人八人が中共党員の嫌疑で日本軍憲兵に拘束された。その中に圧延部門のもと職長・申長和という人物がいた。彼は数日後に釈放されたが、第六工場のなかの「大把頭」ともいうべき人物であって、多数の労働者を掌握していた。人は彼を「申老板」（申の旦那）と呼んでいた。労働者募集に困難を感じていた大倉鉱業からの派遣員は、彼を労働者中の中心人物として遇することにした。「申老板」が募集を始めると、まず四〇余人が集まり、その後も彼の斡旋で多くの中国人労働者が募集されたという。(3) 既述の四二年に省東南部の農民を騙して太原鉄廠で大量雇用した事例は、おそらく「把頭」が行なった行為であった、と考えられる。しかし、工場の中国人常備工管理において、当時の炭鉱や港湾同様の把頭制が存在した、とは考えられない。中国人「把頭」よりも恐れられたのは、日本人の職員（技術員）であった。

太原鉄廠では、「包工制」（請負制）によって採用された臨時工が常時五〇〇人以上いた。もっともその数値は後掲の第13表には記されていない。彼らは破砕された鉱石や石炭の運搬など、常備工よりも苛酷な作業に従事していた。鉄廠には八または九組の包工組があり、臨時工の雇用・管理に最も大きな権限をもつ「大包工頭」（雇用請負頭）はすべて日本人であった。その下に日本人の「小包工頭」または中国人の「把頭」がいて、臨時工を管理した。「包工頭」は臨時工を隷属させながら食い物にしたが、そのための一法が「毎日手渡す賃金の半分を現金で、半分をヘロインで支払う」という給与形態であった。臨時工採用時の規定に、「ヘロイン吸引せぬ者は不要」という一項があり、臨時工の九〇％以上は吸引者であった。(4) というのは、多くの臨時工には中毒を恐れて受け取った麻薬を捨てる勇気はなかったからである。いな、吸引によって、苛酷な肉体労働から一時的に逃避し精神の高揚を得ることができた。吸引の常習化は臨時工の「包工頭」への隷属を強めた、といってよい。

3　就業構成における民族的差別

植民地企業の本質は、就業構成にも如実に現れていた。第12表から、日本人の大半は技術者か事務員であり、中国人は労働者ないし雑役夫としてしか雇用されていなかったことが知られる。高級技術者はもちろん、一般の技術員さえも中国人のなかにはいなかったのである。経営と技術を日本人が完全に支配していたことを意味した。民族的差別が就業構成中に露骨に反映していたのである。こうした現実は当時の山西省内の炭鉱でも、まったく同様であった。(5)

第13表は、一九四〇年二月末現在の従業員統計である。同表では、正式職員か準職員か、常傭職工か臨時工か、という職種の安定性も示していた（別記のように臨時工はこの表の数値よりもずっと多かったが）。この表より、日本人一〇二人はすべて技術・事務職に相当する正式「職員」であり、中国人一一四八人の九九・六%は現業部門の「職工」（臨時工を含む工員）であったことがわかる。ちなみに、同月に職員一〇二人に支払われた給料総額は一万九四一四・〇三円（一七九・八円／人）、工員に支払われた給料総額は一万八七一九・四四円（一六・六円／人）であり、職種の違いを口実にしたすさまじい民族的

第12表　太原鉄廠における従業員数（1939～40年度）

		1939年度（人）	比率(%)	1940年度（人）	比率(%)
日本人		187	13.0	397	15.3
	技術者	155	10.8	313	12.0
	事務員	28	1.9	75	2.9
	労働者	0	－	0	－
	雑役夫	4	0.3	9	0.4
中国人		1,249	87.0	2,205	84.7
	技術者	0	－	0	－
	事務員	0	－	0	－
	労働者	1,126	78.4	2,205	84.7
	雑役夫	123	8.6	0	－
合計		1,436	100.0	2,602	100.0

〔出所〕景占魁『閻錫山与西北実業公司』、258～259頁。

差別賃金が存在した。

一九三九年十一月に製銑を開始した第一号高炉（四〇トン）の四〇年二月末現在の従業員数は、第14表の通りである。各持ち場において、日本人職員（技術員）が中国人労働者の上に立っていたことがわかる。もっとも技術員とはいっても、員数合わせにかき集められた日本人も多く、専門技能の低い者も少なくなかったという[6]。

以上のような就労における極端な民族差別は、技術移転を完全に阻害した。もともと日本人技術者・技能者の技術は低かったが、中国人労働者への技術移転（技術トレーニング）はまったく行なわれなかった。それが設備の濫用・磨耗を招き、事故を頻発させる大きな要因となった。ひいては、それが以下のような設備利用率（作業率）に反映した。「戦後に行なわれた検査によれば、中型圧延機と発電機の作業率は能力の四〇%、一二〇トン高

第13表　太原鉄廠の従業員数（1940年2月末現在）

	従業員数（人）	比率（%）
日本人	102	8.1
職員	102	8.1
準職員	—	—
職工	—	—
臨時職工	—	—
中国人	1,148	91.6
職員	3	0.2
準職員	2	0.2
職工	1,126	89.9
臨時職工	17	1.3
ロシア人職員	3	0.2
合計	1,253	100.0

〔出所〕満鉄調査部『山西省鉱業経営調査報告』（鹿児島隆二執筆）、1940年1～3月、所収「太原鉄廠」部分、113頁。
〔注〕比率は合計にたいする値。

第14表　第1号高炉の従業員数（1940年2月末現在）

係別	日本人職員	中国人職員	中国人工員	合計
高炉係	9	1	58	68
合図番	2	0	4	6
熱風炉係	2	0	21	23
捲物係	2	0	41	43
原料係	2	0	156	158
製品整理係	1	0	35	36
事務係	2	1	10	13
合計	20	2	325	347

〔出所〕満鉄調査部『山西省鉱業経営調査報告』（鹿児島隆二執筆）、1940年1～3月、所収「太原鉄廠」部分、114頁。

炉は能力の三〇％にしか達しなかった。二基の平炉は交互に運転していたので、作業率は三〇％にも及ばなかった」(7)。

4 賃金水準

第15表は日本占領下の賃金水準を示したものである。就業は一日二交替制で、日勤班は一〇時間労働、夜勤班は一四時間労働で、平均一二時間労働であった。同表から、日本人と中国人とできわめて露骨な職種と賃金の差別があったことが知られる。たとえば、平均賃金でみると、中国人技術者の賃金は日本人技術者の七〇％、事務員では一〇分の一であった。しかも、現実には中国人の技術者・事務員はいなかった。賃金差別の根拠は各種手当にあった。日本人の基本賃金はけっして高くはなかったが、概ね基本賃金の五倍に相当する手当を支給されていた。「在勤手当」「家族手当」「家族補助金」「別居手当」「燃料手当」等であった。日本人従業員だけが享受できる福利厚生施設としては、社宅・社員食堂・社員浴場・診療所があり、実物支給（主食副食衣料日用品など）も別にあった。

八年間の占領期間中に賃上げはほとんどなかった。しかしこの期間に戦時インフレが進行した。たとえば、太原鉄廠の平均賃金は、一九三八年ではアワ三二一キログラム相当であったのに、四一年には九一・七キログラム相当に目減りした。当時占領地に流通した通貨である「聯銀券」（中国聯合準備銀行の発行した紙幣）支払いの賃金は、

第15表　太原鉄廠における国籍別1か月当り賃金（1939～40年度）

（単位：元）

賃金＼職種	日本人				中国人			
	技術者	事務員	労働者	雑役夫	技術者	事務員	労働者	雑役夫
最低賃金	115.58	94.7	−	−	170	23.4	23.67	16.2
最高賃金	707.7	533.8	−	−	170	118.25	120.5	36.45
平均賃金	241.61	291.10	−	−	170	30.84	32.1	23.71

〔出所〕景占魁『閻錫山与西北実業公司』、261～263頁。

四一年からは貨幣半分現物支給半分となり、四三年からはすべて現物支給となった。四二年以前は、労働者一人の収入で本人と家族二人をどうにか養うことができた。四二年以後は、自分の収入で自分一人の食費をまかなうにも足りなかった。四三年以降は、アジア太平洋戦争における日本軍の劣勢が顕著になり、これが占領地経済を逼迫させたからであった。こうして実質賃金はますます下落し、生活苦はますます重くなった。(8)

5　労務管理と労働者の生活

太原鉄廠では、一九四一年十一月から十二月にかけて「労務員規程」「華人懲罰規程」「労務員指紋管理規程」など一七種の規則が制定され、指紋管理室や懲罰委員会が設けられた。常傭工の採用にあたっては、出身調書への指紋押捺が必要とされ、一〇～三〇日の試用期間ののち正式採用になった。「華人懲罰規程」中には、「通匪行為があったか、敵の宣伝をなして、工場の治安に危害を加え、人員を動揺せしめた者は、行政機関または警備機関に引き渡す」等の条項があった。出退勤時に門前の日本人警備員に脱帽・敬礼しなければ、「風紀を乱した」として殴られた。生活苦のために照明用の灯油やソーダ粉末（洗濯用か？）を工場から持ち出すと、「重要物品の窃盗」として解雇された。他方で「労務員規程」には公傷死亡時の弔慰金や葬式代・棺桶代についての条項があったにもかかわらず、常傭工が就労中の事故によって死んでも、会社側は弔慰金はもちろん、葬式代・棺桶代も出さなかった。工場側は労務管埋の便宜を考えて、四二年一月に「日本語講習会規程」を公布し、三か月間早朝日本語講習会を開いた。参加した労働者は、「バカヤロー」と怒鳴られ、ときには殴られながら学習に励んだ。(9)「バカヤロー」と叱咤された学習の成果がいかばかりであったかは、定かではない。

太原鉄廠の労働者の生活状態については不明な点が少なくない。おそらくかなり劣悪であった、と想像される。

食生活についていえば、小麦粉のうどん類は年にわずか三、四回で、常食は高粱やアワだった。ときには黒豆・大豆かず・麦ぬかなどの軍用飼料が出た。労働者たちはなんども温和なやりかたで待遇改善を要求した。一九四三年四月、工場側は鉄廠の労働者たちが食糧配給の増加、労働条件改善を要求してストライキを実行しようとする動きを事前に察知した。配給食糧は量が足りず、質も悪かった。そこで、工場側は当時、労働者が仕事を休んで近辺の農村に食糧買い付けにでかけることを大目にみていた。もっとも、大規模なストが発生して高炉の火が消えるということになれば、大打撃であった。山西産業の労務課長や太原鉄廠労務課長らは合議のすえ、飴と鞭の策をとることに決めた。スト当日、会社側は鉄廠に小麦粉とアワの袋をのせたトラックを三台送り付けた。前夜のうちに日本軍の憲兵隊と太原警備隊とを工場内に導入し、当日の午後になってストの首謀者を逮捕した。連行された一三人の労働者は数日後に憲兵隊司令部で処刑された[10]。

一九四四年春には、第一号高炉で無理な操業による爆発事件が発生した。会社側は八路軍への通敵行為があったとみなして、動力課の中国人常傭工一二人を捕まえ憲兵隊に送った。拷問を受けても八路軍との関係を供述する者はだれもいなかったが、結局九人が「通敵」を理由に処刑された。この事件では、合計六五人が逮捕され、この九人の犠牲者のほかに獄中での病死者四人、出獄後の病死者二人がでて、行方不明者も数人を数えた[11]。文字どおりの大弾圧となった。しかし、大倉鉱業「山西事業部日報」等の日本側資料では、「工場や鉱山が抗日分子によって破壊されたり、大規模なストライキが発生したという報告はほとんどない」と報告された[12]。労働者の現実は、以上のような強権的な弾圧体制の下で息をひそめる毎日であった。

先に述べたような劣悪な労働・生活環境は疾病や病死を引き起こした。その結果は就労の質に影響した。一九四四年、会社側は第三、四高炉（日産能力各四〇トン）に勤務する労働者について調査したことがある。日勤・

夜勤の就業定員は計一二八人であったが、実際の出勤者は六五人にすぎなかった。多くの持ち場で出勤率を調べたところ、わずか三〇~四〇%であった。会社側は無断欠勤者を解雇し、出勤者には手ぬぐいや靴下を支給するという方法を講じたが、なんの解決にもならなかった。出勤簿を管理する中国人職員が欠勤者をも出勤扱いして余分な賃金を横領したからである。[13]

注

(1) 以上の雇用概況は、『太鋼発展史』、二一~二二、二八頁。
(2)「把頭集団」というのは、大把頭−中・小把頭、会計係−労働者という上下の支配・服従秩序をもつ集団であり、旧中国の炭鉱や港湾労働組織等においては普遍的な存在であった。事業主は賃金を各把頭集団毎に把頭に一括支払い、把頭は一定部分を中間搾取して末端労働者に支給するのが普通であった。
(3) 同前書、二一頁。窪田宏、前掲論文、二四七頁。原引は大倉鉱業から一九三九年十月に山西事業のために派遣され三年半同省に在勤した福井照重氏からの聴き取り、及び大倉鉱業「山西班本部事務所日記」一九三九年八月八日の記載である。
(4)『太鋼発展史』、二七頁。
(5) 窪田宏、前掲論文、二〇〇~三〇一頁。
(6)『太鋼発展史』、二五頁。
(7) 同前書、二五頁。

(8) 景占魁、前掲書、二六四～二六五頁。『太鋼発展史』、二八～二九頁。
(9)『太鋼発展史』、二六～二七頁。
(10) 藤岡文六（崔漢明訳）「対太原鉄廠工人的血腥鎮圧」、政協山西省太原市委員会文史資料委員会編刊『太原文史資料』第九輯、一九八七年、七～九頁。藤岡文六氏は一九三九年四月に中国に渡り、新民会北京市総会参事等をへて山西産業株式会社労務課長、同厚生課長等を歴任した。『河本大作与日軍山西「残留」』、七八五～七八六頁、を参照。
(11)『太鋼発展史』、二六頁。
(12) 窪田宏、前掲論文、二六五頁。一九四三年春以降、太原鉄廠にも数名の中共党員が派遣され、地下党の組織活動が始められた。『太鋼発展史』、三二～三三頁を参照。
(13)『太鋼発展史』、二八頁。

おわりに

日本軍によって省都太原から追われた閻錫山は、一九三八年春、陝西省宜川県秋林鎮に自身の司令部たる「第二戦区司令長官部」を置いた。以後抗戦勝利まで、閻はその地を拠点として活動した。抗戦の意思は持ち続けたが、閻の抵抗運動は次第に消極的になった。抗日戦争が勝利すると、閻はただちにもとの西北実業公司の幹部であった彭士弘を接収事業のために太原に送り込んだ。

一九四五年九月一日、彭は抗戦以前に西北実業公司に所属した二六の工場・鉱山、戦時中に日本側が建設した一三の工場・鉱山、占領時に日本軍が接収管理した一三の元私営工場、計五二の産業施設を西北実業公司の資産として接収した。太原鉄廠がそのうちの一つであったのはいうまでもない。ところで国民政府には、「国営」「省営」企業は「公営」企業であり、××局と呼称する、××公司と呼称してはならない、という規定があった。そこで、戦前に閻が西北実業公司の設立認可を取ろうとしたときも、国民政府経済部は西北実業を公営企業として認定し、批准を与えなかった(もちろんこの認定は正しかった)。戦後接収された前記の産業施設を西北実業「公司」所属とするか否かという争点が、閻錫山と国民政府中央とのあいだで再燃した。今回は、蔣介石が閻に譲歩した。しかし、天津にすでに倒産したがまだ登記を抹消していない「西北実業公司」という商店があるということで、西北実業は四七年八月、「西北実業建設公司」として正式に改称・再出発することになった(1)。

太原鉄廠の接収についても触れておく。接収にあたって、閻錫山は戦時中の役員・技術者を中国人・日本人の別なく留用した。西北煉鋼廠・西北窯廠に留用された日本人は一〇四人に達した。主要な部署は、煉鉄課一九人、煉鋼課一三人、圧延課七人、コークス炉課九人、線材課五人、動力課一三人、西北窯廠五人である。日本人は技術の中枢を掌握していたから、戦犯として追放等の処分を行なうことができなかった。そればかりか、引き続き厚遇をもって留用しなければならなかったのである。閻錫山自らが批准した一九四五年十一月の「産業機構各級人員給与標準表」では、級毎の月給額を示したあと、「日本籍人員はこの基準にしたがって執行する。中国人はこの表に定めた基準の七割をもって実施する」とあった。また、戦時中、日本人職員・技術者は月給の十数倍に相当する手当・補助金を支給されていたが、閻錫山はこれを引き続き支給することも認めた。もとの西北煉鋼廠幹部職員のなかにもこうした人事に抵抗する人々が出た。閻は、太原鉄廠廠長・高橋鉄造を引き続き西北煉鋼廠廠長に任命しようとしたが、戦前の西北煉鋼廠時代の工程師・梁海嶠（東京高等工業学校化学科卒業生）の反対に遭ったために、やむなく高橋を副廠長に任命した。再発足した「西北煉鋼廠」でも、人事や労務面の戦争処理問題は棚上げを余儀なくされた。[2]

本章が議論した論点を最後にまとめておきたい。第一に、戦前の創業時の西北煉鋼廠は中国人の冶金製鉄関係技術エリートを総動員して設計建設されたが、日本軍占領下の太原鉄廠時代には日本人の技術幹部による技術独占のもとで経営された。この状態は一九四五年以降もしばらく続いた。太原鉄廠では、中国人技能者への技術移転はまったく行なわれなかった。第二に、太原鉄廠においては、中国人労働者を有無を言わさぬ強制による雇用でみたした。高い労働生産性を期待しないきわめて非効率な雇用制度であった。就業・賃金制度にも露骨な民族差別が貫徹していた。第三に、日本軍占領時代の太原鉄廠が担った生産量は、日本帝国主義の支配地域における銑鉄鋼業からみれば、その比重は大きくなかった。製品の販路からみるかぎりでは、戦時の日本本土における銑鉄増産政策にどのように組み込まれていたかは、明らかではなく、今後の課題としたい。しかし、強権的占領体質を貫徹させた企業であり、域内工業化のための産業拠点としての役割をはたすことは不可能であった。

注

（1）『太鋼発展史』、三四頁。
（2）同前書、三五頁。

第五章　山西省傀儡政権下の鉄道事業

はじめに

本章は、日本軍占領下（一九三七〜四五年）の鉄道建設と鉄道経営をめぐる問題を、山西省占領地域にしぼって考察する。日本軍は「点と線」を占領し経営したといわれるが、安定的な確保をめざした第一の「線」が鉄道であり、第二の「線」は幹線道路であった。本章では、山西省占領地域の鉄道をめぐって次のような論点を明らかにしたい。第一に、日本軍や軍を継承した華北交通株式会社の鉄道整備構想はどのようなものであったのか。第二に、日本軍や華北交通は鉄道網の整備や経営、さらには鉄道を補完する自動車運輸業をどのように進めたのか。言うに値するような建設や交通網の整備が行なわれたのか。第三に、なにが華北交通の鉄道経営を困難ならしめたのか。本章では、以上の論点に着眼して、日本軍占領下の鉄道事業をめぐる問題点を具体的に考察することをめざした。

まず若干の研究史の整理をしておく。本章にかかわる日本語の先行研究としては、高橋泰隆氏の論文がある。[1] 同氏の考察は日本軍占領下の華北・華中全域の鉄道建設と鉄道経営を論じたもので、山西省についても論及している。植民地政権の視角からの考察であり、抗日勢力から占領地の鉄道や道路をみるという視点ではない。鉄道経営の大きな流れは解明されていたが、建設や営業の実態への踏み込んだ分析は行なわれてはいない。また、同氏の関心は交通史というよりも、企業経営史にあった。華北占領地をみると、占領地経営の基盤が強固な北京・天津や河北と粘り強い抗日組織の存在した山西・山東とでは政治的・社会的環境が異なっていたから、鉄道事業を考察するにもこの点を考慮する必要があろう。

1930年代初めの正太鉄道太原駅

〔出所〕太原鉄路分局志編審委員会『太原鉄路分局志』、中国鉄道出版社。

中国語の近年の研究成果としては、山西省史志研究院編『鉄路志』、武石生主編『北京鉄路局太原鉄路分局志』、景占魁『閻錫山与同蒲鉄路』などがある。[2]『鉄路志』は、山西省に残された華北交通株式会社関連の多くの原資料を利用して書かれた著作であり、日本軍占領時代をめぐる分析も詳しい。日本で出された基本的図書にもない資料を引用した文献として有益である。しかし、臨場感のある考察、きめ細かな歴史叙述としては物足りない。『太原鉄路分局志』の叙述の中心は共和国期であり、日本軍占領時代についての記述はわずかである。景占魁氏の著書は、数少ない山西省鉄道史研究のなかの一点である。もっとも、同氏の考察の重点は日本軍占領以前の一九三〇年代の建設経過にある。残念ながら日本軍占領時代については付論するにとどめられている。

本章では、前述の先行研究では利用されていない華北交通資業局編集の定期刊行物『北支』、華北交通社員会編集の定期刊行物『興亜』なども利用しつつ、運営実態の解明と歴史像の定着をめざしたい、と思う。

注

（1）高橋泰隆「日本帝国主義による中国交通支配の展開：華北交通会社と華中鉄道会社を中心として」（浅田喬二編『日本帝国主義下の中国』、楽游書房、一九八一年）。

（2）山西省史志研究院編『鉄路志（山西通志第二二巻）』、中華書局、一九九七年（以下、山西鉄路志）。武石生主編『北京鉄路局太原鉄路分局志』、中国鉄道出版社、一九九九年（以下、武石生一九九九）。景占魁『閻錫山与同蒲鉄路』、山西人民出版社、二〇〇三年。

第一節　占領地の鉄道建設

1　占領初期における鉄道破壊

(1) 占領初期における中国軍の撤退と機材の回送、および破壊

中国軍は、一九三七年十月の忻口防衛戦役では、北同蒲線の朔県恢河大橋、忻口雲中河大橋らを爆破し、レー

日本軍のトーチカに囲まれた北同蒲線の原平駅

日本軍占領下の北同蒲線忻県駅

〔出所〕太原鉄路分局志編審委員会『太原鉄路分局志』、中国鉄道出版社。

ル等の線路機材を南同蒲線に送った。正太線の機関車四一両、貨車六八四両、客車六五両を南同蒲線に送ったが、残された機関車二五両、貨車二二八両、客車七両は失われた(日本軍による鹵獲を含む)。中国軍の退却とともに同蒲線がもともと保有していた機関車六七両、貨車九八四両、客車六〇両は南同蒲線に送られた。北同蒲線の機関車は二両、貨客車は一四〇両失われた。中国軍は退却時に同蒲線の牧馬河橋、源子河橋等の橋を爆破した。三八年三月五日に風陵渡が占領された結果、山西の鉄道はすべて日本軍に占領された。隴海線に接続する黄河の架橋もなかったから、風陵渡まで送られた正太線の機関車一八両・貨客車一八〇両、同蒲線の機関車一〇両・貨客車一四〇両は河岸で中国軍に破壊されるか黄河に投棄されるかして失われた(1)。

以上のように、撤退時の中国軍による破壊工作は比較的徹底していた。日本軍に同行した華北交通の保線責任者は、当時の同蒲線について、「軌条、犬釘は次々にもっていかれるし、列車は脱線ばかりしますし、橋梁もやられるやら全くひどい状態でした」と語っている。[2] 破壊は抵抗のための最も効果的な形態であった。

日本軍による破壊についても付言する。日本軍は、一九三八年三月の山西全省占領までのあいだに、確認されているだけで同蒲線の二二の駅を計一〇九回空襲した。これによって機関車四両、貨車一一二両、客車一〇両、その他の車両四両を破壊した。三七年十月の太原駅爆撃では、中国人鉄道員二〇人、同旅客一八人、計三八人が殺された。日本軍の爆撃で破壊された同蒲線の車両は一一二両に上った。[3] 日本軍による車両鹵獲では、三八年三月上旬に南同蒲線の南端を占領すると、日本軍は狭軌機関車七〇余両、同貨客車約四〇〇両（大半は貨車）を鹵獲した。これは日本軍にとって狭軌車両の調達という点で大きな意味をもった。[4]

(2) 占領初期における狭軌車両の調達

占領時点では、正太線・同蒲線およびその支線は狭軌であった。そこで、所要車両を満鉄や朝鮮鉄道、華北の他の占領地の鉄道車両等を直接両鉄道に入れることは不可能であった。しかも、当初は日本軍が鹵獲した車両はわずかであった。華北交通の記録は、「正太・同蒲両線は狭軌であったが、山西作戦により日本軍が鹵獲した車両はほとんどなかった」と書いている。[5]

そこで軍・満鉄は中国東北地方・日本内地を通じて唯一の一メートル軌間であった東北の開豊鉄道（私設軽便鉄道）から機関車四両、貨車二五両を借り入れた。また、鉄道省は日本内地で使用する車両を石家荘工廠まで回送し、同廠で改軌して転用することにした。回送組立は一九三八年一月に始まり、その後軍鉄道部隊に引き渡された。三九年四月までに正太・同蒲両線に転用された機関車は八九両、貨車は四九五両に上った。しかし、鹵獲車両は破損の程度がひどく、開豊鉄道の車両の運用効率は低く、鉄道省車両の改軌作業は時間を要し、他方で抗日勢力による鉄道妨害は頑強に進められた。そこで、正太・同蒲鉄道当局が抗戦以前にドイツ商に注文していた狭軌機関車八両を購入したり、石家荘や太原等に解体され散在していたドイツ製貨車四五両や大連製貨車四八両を購入して改造したりした。また、朝鮮鉄道から客車を、台湾鉄道から機関車を譲り受けたりした。さらに、内地から転属され標準軌線で運用中の貨車約一〇〇両を取得し改軌した。(6)

以上のように、狭軌車両の調達のために、軍・満鉄・鉄道省・朝鮮鉄道等の機関は撃って一丸とした努力を重ねたのである。ちなみに、山西省の占領地経営では、日本軍は狭軌車両の調達や狭軌鉄道の拡幅工事に苦労した。その経験から、日本人は抗戦前の山西省の地方主義をモンロー大統領時代の米国の孤立主義外交政策になぞらえて、「山西モンロー主義」というレッテルを貼った。これは、閻錫山政権の関係者にしてみれば中傷か言い掛かりに等しかった。

2　山西省における鉄道経営体制

(1) 太原鉄路局設立以前

日本軍の軍事行動に対応して、満鉄は鉄道輸送の円滑化を期して一九三七年八月二十七日に満鉄北支事務局を天津に設立した。九月一日には豊台に豊台輸送事務所を開設した。同事務所は十一月二十一日に北京に移り、北京輸送事務所と改称された(三八年六月二十日に北京鉄路局と改称)。三八年一月十四日に、満鉄派遣従事員三四人が太原駅に着任し、復旧整理作業が着手された。二月十五日に、北京鉄道事務所所管の楡次出張所が設立された。楡次出張所は軍関係機関の移駐とともに四月に太原に移転した(太原出張所)。同年十二月一日には、省内鉄道網の復旧整備を期して太原出張所を廃止し、北京鉄路局管下に太原鉄路辦事処が開設された。三九年十月二日には、石家荘～太原間の改軌工事が完了して標準軌の列車運行が始められ、正太線は石太線と改称された。これ

を機に、十一月一日に太原に太原鉄路局が開設され、同時に太原鉄路辦事処は廃止された。(7)

(2) 太原鉄路局設立以後

一九三九年十一月一日、華北交通株式会社太原鉄路局が正式に設立された。北京鉄路局は、同局にたいして同蒲線本線の寧武~臨汾区間およびその支線、ならびに娘子関以西太原北站間の石太線本線の計七六七キロの営業を移管した。太原鉄路局の任務は、①兵員や軍事物資の輸送、②省内に産する石炭・鉄鉱石・石灰岩・岩塩など重要鉱産資源の輸送、③省外から移入される食糧の輸送、であった。四〇年七月一日からは、北京鉄路局と太原鉄路局とのあいだで、北京~太原区間の直通列車の運行が開始された。(8)

一九三九~四五年の太原鉄路局における機構改組経過は第1表の通りである。自動車事業は四〇年~四三年四月までは鉄道事業とは独立した処が担当したが、のちには運輸部のなかに統合された。愛路部門は、愛路科から四三年四月には警務部の愛路課に格上げされ、

第1表　太原鉄路局の機構改組表

機構名称	設立・改組時期	所轄部門
太原鉄路辦事処	1939年4月①	総務・経理・輸送・工務・電気の5科
太原鉄路局	1939年11月1日②	総務・経理・輸送・工務・電気・営業・工作・警務（愛路科含む）の8処と鉄道学院
太原鉄路局	1940年11月1日③	総務・経理・輸送・工務・電気・営業・保健・自動車・工作・警務（愛路科含む）の10処
太原鉄路局	1943年4月27日④	総務・経理・運輸（自動車課・工作課含む）・工務・警務（愛路課含む）の5部と鉄路学院・鉄路医院・鉄路工廠・鉄路監理所
太原鉄路局	1943年11月17日⑤	総務・経理・運輸（自動車課を含む）・工務・警務・愛路の6部と鉄路学院・鉄路医院・鉄路工廠・鉄路監理所
太原地方交通団	1945年4月1日⑥	総務・経理・輸送一・輸送二・工務・電気・警務・愛路の8部と錬成本隊

〔出所〕①山西省史志研究院編『鉄路志（山西通志第22巻）』、中華書局、1997年（以下、山西鉄路志）、598頁。②華北交通社史編集委員会編『華北交通株式会社社史』、華交互助会、1984年（以下、華北交通1984）、179頁。③華北交通1984、185～186頁。④華北交通1984、194～197頁。⑤華北交通1984、207～210頁。⑥山西鉄路志、598頁。華北交通1984、499頁。

同年十一月からは部として独立した。治安対策強化の一環であった。敗色の濃くなった四五年四月には華北交通株式会社は北支那交通団と改組され、これに対応して太原鉄路局は太原地方交通団に改組された。[9]

(3) 華北交通の「鉄道警察権」行使

中華民国時代の中国国有鉄道は、鉄道部の鉄道警察総局の下に各鉄路局警務処が鉄道の警備保安業務を担当していた。華北交通は、会社設立時（一九三九年四月十七日）に「中華民国臨時政府」によって「鉄道警察権」を授権され、「華北交通株式会社法第二四条附則」[10]を制定した。この附則によって、華北交通の警務従事員は会社の管轄区域内において「鉄道警察権」を行使することができた。華北交通は従業員のなかから警務を担当する「路警」（警務員）を選抜して配置した。「路警」の任務は、「武器・禁制品の携行、軍需物資の移動、敵地区通貨の取り締り、その他謀略情報の蒐集などで、単なる貨物盗難防止などではなかった」[11]。

華北交通の管轄区域には車両内や駅構内だけではなくて、鉄道沿線の「鉄道愛護村」も含まれていた。日本軍が一九三九年六月に制定した「鉄道愛護村辦法」では沿線両側一〇キロが目標とされた。実際にはどうかというと、会社設立時には三キロで始まり、四〇年に五キロ地帯まで拡張された。[12]「愛護村」の「鉄道警察権」が軍から華北交通に全面的に引き渡されたのは、三九年九月一日のことであった。また、華北全域の「愛護村」は三九年当時四五一二か村、居住人口約七二八万人であったが、四二年末には一万〇二七か村、一三〇九万七四三八人に増えていた。村数で五七六五か村、人口で約五八一万人の増加であった。四二年末には、愛護工作の前衛組織ともいうべき新民愛路青少年団は二四〇〇団、約六万人、同婦女団は五七団、二四六九人に達していた。[13]

一九四一年九月には、華北交通は、華北占領地の民衆教化団体である中華民国新民会に中国人社員全員と日本人社員の一部とを強制的に加入させた。[14] これは沿線の鉄道愛護村との連携を強化するための措置であり、これ以降愛路青少年団や愛路婦女団に「新民」の冠が着いた。
鉄道や附帯設備である貯炭場・貯水場の警備に活躍したのが、「警備犬」であった。華北交通では、北京に警備犬育成所をつくり、繁殖、訓練して各路線に配備した。一九四一年夏には華北鉄道管内全体で数百頭に上った。シェパードを主としてドーベルマンピンシェル、エヤーデールテリヤ、ワイヤーテリヤなど獰猛な犬が多かった。[15]
警備犬育成所は各路線の主要駅に附設された。四三年春に、省東南部を走る東潞線の沁県駅を視察した吉屋久信は、同駅の警備犬について記述していた。抗日勢力の攻勢が激しくて、ひんぱんに「討伐隊」が組織された。犬はそのたびに軍隊についていくから、「警備犬もかくのごとき情況の悪い場所へ来ると軍用犬である」と、本音を吐露している。[16]だから、犬は中国民衆の怨嗟の的になり、百団大戦時には二九匹が八路軍によって捉えられたという記録がある。ちなみに、駅舎や警備機関では通信用に伝書鳩を飼っていた。これも「軍用鳩」であったから、抗日勢力の攻撃対象になった。
「鉄道警察権」について、正式職員だった石本春久は、満鉄が有した「警察権」とは異なる「討伐権」であったと理解していた。石本は、警察権とは「悪い事をした者を捕える権利」で、討伐権とは「悪い事をしようとしまいとやっつける事ができる権利」だと「教えられた」、という。[17]これは、占領政策に密着した華北交通の性格をいみじくも言いあてていると思われる。

3　既設鉄道の改修

(1) 正太線の軌間拡幅

正太線拡幅の理由について、華北交通の記録は「河北・山西両省の連絡線としての重要性と北支諸鉄道一貫運営上の必要性を考慮した」と述べている。[18] 日本軍は太原占領後ただちに同線の拡幅工事に着手した。第一段階は、石家荘～南張村間。一九三八年十一月に着工、三九年四月二日に開通した。第二段階は、南張村～太原間。三九年六月に着工、十月に竣工した。石家荘～南張村間の拡幅工事は、既設の狭軌（レールは二八キログラム／メートル）の両側に標準軌のレールを二本敷設した。その結果、この四八・七キロは狭準軌重複区間となった。南張村～太原間では、既設の狭軌を撤去し、その路盤上に標準軌を敷設した。南張村～太原間の拡幅工事が完了すると、石家荘～南張村間の狭軌線は廃止された。全線の標準軌レールは本線が四〇キログラム／メートルで、側線が三二キログラム／メートルであった。[19] この拡幅の効果について、当時、華北交通は、「これによって北京、太原間は石家荘で貨物の積み換え不要となり、北西への物資移入並びに山西からの石炭その他の物資移出量は一躍五割方増加されるものと期待され、旅客輸送においては約二割の増加が可能になった」と公言した。[20]

(2) 北同蒲線の軌間拡幅

日本軍が占領したとき、北同蒲線は大同以南八キロが未開通であった。拡幅工事の第一段階は、大同～朔県間であった。日本軍は一九三七年九月十三日に大同を占領すると、すぐに同区間の拡幅と開通の工事に着手した。三八年四月十六日に開通したが、拡幅は一メートル軌間の一五・九キログラム／メートル（長さ一〇メートル）の軽軌条を約二一・八センチずつ拡張しただけだった。転轍（ポイント）はそのままにして軌間を拡張して使用した。枕木は七・七万本を換えた。その後、三九年二月から四月下旬までの期間に三〇キログラム／メートルのレールに換えた。この時に路盤を強化・拡張した。第二段階が、朔県～原平間であった。うち朔県～寧武間は三八年十月に着工し、三九年二月二十日に開通した。寧武～原平間は三九年三月二十五日に竣工・開通した。しかし同区間の軌間は一メートル軌間の一五・九キログラム／メートルをそのまま使用した。第三段階が、原平～太原間であった。一メートル軌間の一五・九キログラム／メートルをそのまま拡げただけで、三九年二月二十日に開通した。その後三月上旬から五月上旬にかけてレールを三〇キログラム／メートルに換えた。この時には、枕木七万余本を換え、八・五万本を削り直した[21]。

以上のように北同蒲線全線の拡幅工事は一九三九年五月に完了した[22]。しかし拡幅とはいっても、当初は狭軌レールをただ移し替えただけだった。その後、以上のように朔県～寧武間以外は三〇キログラム／メートルのレールに付け替えたが、平綏線の本線にたいしてはもちろん、正太線の標準軌の技術標準よりもいちじるしく劣っていた。レール重量からいえば、狭軌時代の正太線とたいして変わらなかった。ちなみに大同を通る標準軌の平綏線は、一四年六月に大同までが開通したが、全線で使用されたレールは本線が四二キログラム／メートル、駅構内線が三〇キログラム／メートルであった。一九年二月に大同～綏遠（現フホホト）間が開通したが、この区間の一部において三五キログラム／メートルと三七キログラム／メートルとが使用されたにすぎなかった[23]。戦時とはいえ、北同蒲線の拡幅工事は手抜きの安普請であった。

一九四三年五月に大同から太原まで北同蒲線に乗った石本春久は、その乗り心地について次のように書いた。「時刻表等には同蒲幹線なんて書いてあるからひどく立派に聞こえるが、一六キログラムのレールと来ている。トロッコが一〇キログラムから一二キログラムのレールだから推して知るべし。途中駅での停車がひどく長かったので、機関車の前まで行って見てがっかりした。機関車の重みでレールが開いて斜めになっている。脱線しないほうがむしろ不思議なくらい。要するに極端な軽便鉄道なのだ。従ってスピードも出ないし、おまけにこの線一帯は治安は悪いときている。おっかなびっくり走っているみたいなものだ[24]」。散々な乗車評である。

狭軌をそのまま改軌したから、曲線や勾配は狭軌の技術標準のままだった。正太線でも北同蒲線でも、当初曲線箇所において、長大車両に四輪貨車が振り回されて脱線するという事故が相次いで発生した。そこで、正太線全線と北同蒲線の寧武～原平区間では車両の連結制限を実施した。それは、①連結器中心間距離一六メートル以上の客車には四輪貨車または機関車を直結しないこと、②中心間距離一七・五メートル以上の車両には中心間距離一二メートル以下の車両を直結しないこと、というものであった。[25]

(3) 南同蒲線にたいする措置

南同蒲線の拡幅工事は行なわれなかった。おそらく、軍も華北交通も、同線については「北支諸鉄道一貫運営上の必要性」はない、と考えていたと思われる。しかし、満鉄は山西省の狭軌路線のために、わざわざ鉄道省その他から譲り受けてメートル軌に改軌したり購入したりした。その結果、華北交通が設立される前月の一九三九年三月には、狭軌の機関車一六六両、同客車一一六両、同貨車一四九八両を保有し、他方で標準軌の機関車七四三両、同客車七五四両、同貨車九六五六両を保有していた。[26] 南同蒲線で狭軌を使わなければ、華北では一部の支線以外にはすでに使用するところがなかった。ひらたくいえば、「もったいない」という理由である。

もう一つの背景は、「満鉄車両の華北における使用制限」であった。一九三八年四月になると「満」ソ国境が準戦時態勢となり、関東軍参謀長の指令により四月現在数以上の車両の華北地区への導入が中止された。さらに、同年七月、中ソ国境の張鼓峰で日本軍とソ連軍が衝突する事件が発生した。そこで、華北導入車両の東北への返還要望が出された。七月から華北向けの新造車両を東北に転用することとなり、華北にたいしてはごく一部しか新造車両を引き渡せなくなった。そして、三九年の三～四月には、華北に転用されていた機関車三三両、貨車四〇〇両が東北に返送されてしまった。[27] つまり、狭軌の使い道のないのが「もったいない」という以上に、標準軌の調達がきわめて困難だったという現実があったのである。

(4) 南北同蒲線への車両配備

一九三九年五月に北同蒲線の標準軌への拡幅が完了すると、満鉄や朝鮮鉄道の車両の北同蒲線への転用への障害は解消された。日本軍は狭軌機関車をすべて南同蒲線に転用することにした。三九年時点で太原南駅・介休・臨汾・沁県・運城の五機関区に一四二両が配備された。しかし、実際に使用されたのは四六%に当たる六六両で、七六両は大破損ないし貸し出しで運用できなかった。[28]

4 鉄道の新規建設、技術改造および放棄ないし撤去

(1) 新規鉄道建設

日本軍占領時代における新規建設は、第2表の通りであった。計三路線、一九七・八キロにすぎなかった。

最も長大な路線は軌間一メートルの南同蒲線支線の東潞線であった。日本軍の千葉鉄道隊によって一九三九年五月に着工された。四〇年二月に東観~来遠区間が開通し、四一年三月に潞安までの全線一七四・九キロの営業が始まった。[29] 太行山脈の高度一七〇〇メートルの急峻な高地に建設された路線であったが、黄土の路盤は夏の雨には弱かった。四一年三月の開通列車に試乗した板屋猛は、「七、八月の雨期には二か月くらい運休の覚悟ですよ、と同乗の建設事務所の人は話した」と、悲観的な記述をしている。[30] 修築資材も劣悪であった。四二年に建設時を回想して、工事責任者は次のように述べている。「工

第2表　日本軍占領下の山西省新規建設路線

新規建設路線	建設時期	区間	延長(キロ)	記事
南同蒲線の東潞線	1939.6 ～ 41.3	東観～潞安	174.9	45.7/86.7 キロ撤去
北同蒲線の史家崗支線	1940.4 ～ 40.9	蒋村～史家崗	7.6	44 年 / 全線撤去
正太線の黄丹溝支線	1941.5 ～ 42.3	寿陽～黄丹溝	15.3	
合計			197.8	

〔出所〕華北交通 1984、288 ～ 289 頁。

務関係でいえば、レールと枕木なんかひどかった。…なにしろ枕木は柳なのですからね」。これに相づちをうって警務責任者は、「まったくだ。枕木だけは早くなんとかしなくちゃいけない。今年あたりはよいが、来年は腐ってしまう」[31]と述べていたのである。拙速の極みであった。

東潞線の工事は、「弾の下を何回もくぐって」進められた。しかも、レール敷設から開通列車運行までに試運転はたった一回しかやらないという拙速開業だった。当初は、「朝八時に太原を出発すると第一日目の夜を同線の中間に位置する沁県に泊り、翌日の朝同所を出発して夜潞安に着く」という鈍行ぶりであった。同じ旅程をバスは一日で運行した。開業が急がれたのは、運行費用の安さにあった。太原～潞安間の旅客運賃は四円九〇銭に設定されていたが、バス運賃は三〇円程であった。貨物輸送の経費差はもっと大きかった。日本軍にとって、軍事上の意義はもちろんのこと、「新華北建設に必要なる重要資源の供給路として本線のもつ意義は重大である」と自覚された。[32]

史家崗支線は軌間一メートルで、史家崗鉄山の鉱石運搬のために日本軍が着工・完成させた。開通後は毎日一二〇トンほどを搬出していた。[33]黄丹溝支線も石炭運搬線として建設された路線であった。

(2) 技術改造：鉄道通信網の整備

抗戦以前における山西鉄道の通信施設は貧弱であった。平綏線では一九三五年に大同電務段（電気区）が設置されて、通信設備や電報電話業務を担当した。日本軍占領後、満鉄北支事務所は技師等を派遣して、三七年十月に大同電気段を、三八年二月に太原電気段、四月に臨汾電気段を設立した。その後楡次電気段が設立され、電気段の下には、朔県・原平・陽泉・運城に分段が設立された。通信・信号・電力設備の維持補修や鉄道電話の業務を担当した。太原・臨汾・楡次三電気段は北京鉄路局（三八年六月設立）に、大同電気段は張家口鉄路局（同上）

に所属することになった。三九年十一月に太原鉄路局が設立され、太原・臨汾・楡次三電気段は太原鉄路局に移管された。日本敗戦時の太原鉄路局電務部門従業員数は一〇三六人を擁した。[34] 以上の技術改造は、治安対策ないし軍事利用という目的のために行なわれたのであって、平時における技術改造とは事情がまったく異なっていた。貧弱な通信設備をおぎなっていたのが、軍用の伝書鳩であった。

(3) 南北同蒲線の路線修復と撤去

北同蒲線についてみると、崞県支線(原平~崞県~陽明堡、四五・六キロ)は閻錫山政権時代の一九三七年一月十八日に開通した。日本軍は同年九月に同支線を占領し、十二月には崞県付近に軍事基地と飛行場とを建設した。その軍事施設保護のために、崞県~陽明堡(二三・七キロ)はその後撤去された。原平~崞県は四一年に標準軌に拡幅されたが、四四年十一月には全線撤去された。[35] 忻河支線(忻州~河辺~甲子湾、五四・六キロ)は、甲子湾の先の窰頭炭鉱開発を目的として建設され、三六年一月一日に開通した。三九年に標準軌に拡幅されたが、四四年には河辺~甲子湾が撤去された。四六年には残った線路も撤去された。日本軍が作った史家崗支線は、四四年に抗日軍民によって破壊され撤去された。[36]

南同蒲線では、平汾支線が閻政権時代の一九三五年十一月に着工され、三七年十一月に正式に開通した。元来が中共軍の陝西省北部からの山西進軍(三六年一~五月)に対応して軍事的動機で建設された。三八年初めに

同蒲鉄道、南端の風陵渡まで完成(1936年1月)
〔出所〕太原鉄路分局志編審委員会『太原鉄路分局志』、中国鉄道出版社。

は、日本軍の占領下に置かれた。[37]

南同蒲線本線は一九三九年十二月に蒲州までが再び開通した。同駅は日本軍守備隊に守られた南同蒲線最南端の駅となった。四〇年末に駅員として着任した石原省吾は、「治安が悪いことはもちろん、日常生活にも事欠くとのこと」で、「人事科から蒲州に行ってもらう事になったと言われたときは、実のところあまり有難くなかった」と心情を吐露していた。[38] また、四一年に蒲州駅長に任じられた高田志朗は日本刀を携帯しながら勤務していた。高田は、「着任以来半年というものほとんど站長（駅長）室でソファと椅子を組み合わせて寝ているという。責任感から夜もろくろく眠れないのであろう」と、取材者は同情していた。[39] その後、蒲州駅は四一年十月二十八日に抗日軍の攻撃をうけたという。四二年秋の取材によれば、蒲州駅の駅長室には一〇本ばかりの竹槍が「非常用槍」として常備されていた。[40] 孤立無援のなかの日本的精神主義そのものであった。

日本軍はその後も、蒲州以南の風陵渡までの区間（三〇・四キロ）を修復せず、最後にはレールをも撤去した。[41] この理由は明らかではないが、筆者は次のように理解している。第一に、結局のところ日本軍が南同蒲線の沿線、とりわけ南端の治安維持に失敗したこと。第二に、連雲港を始発駅とする隴海線の鄭州駅までしか日本軍は掌握できなかったこと。もしも風陵渡の対岸の隴海線潼関駅まで掌握できていたら風陵渡までの運行を考えたのではないか、と思う。

日本軍が建設した南同蒲支線の東潞線は、経済的な理由というよりも軍の作戦上の必要から建設されたが、一九四五年五月になって軍作戦の変更により、レール・機材の有効転用を名目として、全線の半分にあたる沁県〜潞安区間が撤去された。これらの撤去が示すことは、地域の経済振興や社会的便宜など一顧だにしない日本軍の対応である。基地と飛行場という軍事施設を保護するために撤去されたり、軍事作戦の変更によりレール等を転

第３表　日本軍占領下の山西省内撤去路線

撤去路線	撤去時期	区間	撤去線延長（キロ）	記事
北同蒲線の崞県支線①	1937年12月	崞県～陽明堡	23.7	1937年 1月開通
同上①	1944年11月	原平～崞県	21.9	同支線全線撤去
北同蒲線の忻河支線②	1944年	河辺～甲子湾	14.8	1936年 1月開通
北同蒲線の史家崗支線③	1944年	蒋村～史家崗	7.6	1940年 9月開通
南同蒲線の平汾支線④	1943年	平遥～汾陽	34.3	1937年11月開通
南同蒲線の東潞線⑤	1945年 7月	沁県～潞安	86.7	1940年 7月開通
撤去線延長合計			189.0	

〔出所〕①武石生1999、146頁。山西鉄路志、73頁。②山西鉄路志、100頁。③武石生1999、146頁。山西鉄路志、103～104頁。④山西鉄路志、112～113頁。⑤武石生1999、146頁。山西鉄路志、63～64頁。

第４表　1942年における日本軍占領下の山西省内鉄道延長　(単位：キロ)

軌間・路線	本線延長	駅構内延長	総延長	区間
狭軌	689.3	76.6	765.9	
南同蒲線	480.3	42.8	523.1	太原～蒲州
東潞線	174.9	27.7	202.6	南同蒲支線／東観～潞安
平汾支線	34.1	6.1	40.2	南同蒲支線／平遥～汾陽
標準軌	783.7	293.0	1,076.7	
北同蒲線	353.6	172.6	526.2	太原～大同
正太線	170.7	66.2	236.9	太原～娘子関（省内区間）
京包線	147.5	10.0	157.5	天鎮～大同～堡子湾（省内）
黄丹溝支線	15.3	3.7	19.0	石太支線／寿陽～黄丹溝
口泉支線	9.7	6.5	16.2	北同蒲支線／平旺～口泉
崞県支線	18.3	1.1	19.4	北同蒲支線／原平～崞県
忻河支線	40.2	8.5	48.7	北同蒲支線／忻州～河辺
白家荘支線①	24.5	23.8	48.3	太原～白家荘。西山支線
西銘支線②	3.9	0.6	4.5	玉門溝～西銘村
狭軌標準軌合計	1,473.0	369.6	1,842.6	

〔出所〕山西鉄路志、242頁。
〔注〕①1934年9月29日に太原～汾河～玉門溝～白家荘が開通。終点の西北第1炭鉱の石炭積出線として建設された。39年に標準軌に拡幅された（山西鉄路志、108～109頁）。②1935年5月に玉門溝～西銘村が開通。西銘村に建設された西北洋灰廠の営業のための線路で、白家荘支線の玉門溝から分岐した支線である（同前、110～111頁）。

用・撤去したりしたのである。[42]

第3表は、日本軍による路線撤去を示している。計五路線、総延長は一八九キロに達した。第2表に見るように、新規建設は三路線、一九七・八キロにすぎなかったから、日本軍占領時代にはわずかに八・八キロが延びたにすぎない。日本軍は鉄道網を整備するよりも壊したのである。「周縁植民地」における占領政策の本質がここに示されている、といってよい。

(4) 山西省内鉄道の規模

日本軍占領下の山西省内鉄道の一九四二年時点における延長は、第4表の通りである。総延長の五八%が標準軌、四二%が狭軌であった。ただし、狭軌は南同蒲線とその二支線のみであった。

省内鉄道のうちでは、日本軍は太原以北、太原以東の鉄道網の近代化（標準軌への拡幅工事）は行なったが、太原以南の鉄道網の近代化、輸送力の向上は放棄した。山岳地帯を走る北同蒲線は元来が難工事であったのにたいして、南同蒲線は平坦地を通り工事も容易であったから、標準軌への拡幅工事も、やろうとすれば南同蒲線のほうが容易であったにもかかわらず、である。つまり、同蒲線と称しても、北部線と南部線とにたいする日本軍の利用価値はまったく異なっていた。日本軍も、南同蒲線の運城郊外の特産品として著名な「解池塩」の経済的価値については注目していた。しかし、総じて資源収奪の面では省南部の価値を軽視していた。ただし、狭軌鉄道を残した理由としては、標準軌車両の十分なる調達が難しかったことと、既存設備の有効かつ安価な利用という思考が日本軍にあったこととを指摘できるのではないか、と思う。

注

(1) 山西鉄路志、一六六、二六四頁。
(2) 「華北交通ここに三年　地方会記念座談会」、華北交通株式会社社員会編『興亜』第三五号、北京、一九四二年五月、一二頁。
(3) 山西鉄路志、二〇一、二六四頁。
(4) 福田英雄『華北の交通史：華北交通株式会社創立史小史』、TBSブリタニカ、一九八三年（以下、福田英雄一九八三）、三八一頁。
(5) 華北交通社史編集委員会編『華北交通株式会社社史』、華交互助会、一九八四年（以下、華北交通一九八四）、三八四頁。
(6) 福田英雄一九八三、三七八〜三八二頁。華北交通一九八四、三四八〜三四九頁。
(7) 華北交通一九八四、五七二〜五七三、五七六、六一九〜六二〇頁。
(8) 同前、五七六〜五七七、六二一頁。
(9) 山西鉄路志、五九三〜五九四、五九八頁。
(10) 華北交通一九八四、六七〜六九頁。なお、会社設立の経緯についての詳細な資料集として、華北交通株式会社『華北交通株式会社創立史（復刻版）』（全四冊）、本の友社、一九九五年がある。
(11) 華北交通一九八四、四九八頁。「路警」、華北交通株式会社資業局編『北支』一九四〇年十二月号、第一書房（東京）、一三〜一四頁も参照。
(12) 華北交通一九八四、五〇九〜五一〇頁。

(13)「伝書鳩」、『北支』一九三九年十一月号、四七頁。「創業四周年、躍進社業の現状」、『興亜』第四六号、一九四三年四月、四頁。
(14)「華北交通新聞」、『興亜』第二七号、一九四一年九月、二一頁。
(15)「空と地に飛ぶ尖兵」、『興亜』第二七号、一九四一年九月、一九頁。
(16)吉屋久信「警備犬の活躍　東潞線視察」、『興亜』第四六号、一九四三年四月、一五頁。
(17)石本春久『華北交通物語』、私家版、一九六七年（以下、石本春久一九六七）、二頁。石本春久は、一九四二年十月に華北交通に入社し、山東省の済南站で実習生として勉めたのち、済南車掌区車掌見習（四三年五月）、北京の前門站駅員（四三年九月）、豊台站構内助役（四四年六月）をへて、前門站貨物副站長（四四年十二月）で日本敗戦を迎えた。
(18)華北交通一九八四、二八二頁。
(19)山西鉄路志、一八～一九頁。華北交通一九八四、二八二頁。標準軌への改造工事の時期については、中国鉄道史編輯研究中心編『中国鉄路大事記（一八七六～一九九五）』、中国鉄道出版社、一九九六年（以下、鉄道史編輯研究中心一九九六）、一四五頁も参照。
(20)「伝書鳩」、『北支』一九三九年十一月号、四七頁。
(21)山西鉄路志、四一～四二頁。福田英雄一九八三、三六二～三六三頁も参照。ただし、福田英雄一九八三では、拡幅工事の日程にかんする記述が異なる。
(22)時期については、鉄道史編輯研究中心一九九六、一四四頁。馬里千他編『中国鉄路建築編年簡史』、中国鉄道出版社、一九八三年、七〇頁、も参照。

(23) 山西鉄路志、五四～五五頁。
(24) 石本春久一九六七、五二～五三頁。
(25) 華北交通一九八四、二五六～二五七頁。
(26) 同前、三五六頁。
(27) 同前、三五二頁。
(28) 山西鉄路志、一六七頁。
(29) 華北交通一九八四、六三二～六三四頁。
(30) 板屋猛「東潞線を往く」、『北支』一九四一年六月号、四二～四三頁。
(31) 「東潞線を語る　潞安座談会」、『興亜』第三三号、一九四二年三月、一六～一七頁。
(32) 「東潞線完通の記」、『興亜』第二三号、一九四一年五月、二二～二三頁。
(33) 山西鉄路志、一〇三～一〇四頁。
(34) 同前、三六六～三六七頁。
(35) 同前、七三頁。
(36) 武石生一九九九、一四六頁。山西鉄路志、一〇〇、一〇三～一〇四頁。
(37) 山西鉄路志、一一二～一一三頁。
(38) 石原省吾「蒲州」、『興亜』第一九号、一九四一年一月、三三頁。
(39) 「同蒲線の春」、『興亜』第二四号、一九四一年六月、二六～二七頁。
(40) 「中央本部前線派遣隊報告　敢闘南同蒲線」、『興亜』第四〇号、一九四二年十月、一三頁。

(41) 年月不詳。山西鉄路志、四二頁。
(42) 同前、六三〜六四頁。

第二節　華北交通会社による鉄道経営

1　鉄道輸送の実績

(1) 山西省幹線鉄道の旅客・貨物輸送量

一九三五年から四二年までの山西省幹線鉄道の旅客および貨物輸送量は第5表の通りである。輸送量はいずれも管内各駅からの発送旅客量・発送貨物量を意味している。

抗戦勃発によって一九三六、三七年度の数字が欠落しているので、三五年度と三八年度以降とを比較してみる。抗戦初期は大量の軍事輸送・兵員輸送が行なわれたが、同表の数字はそうした現実を反映していない[1]。同表では軍事輸送分は除外されていた、と考えられる。

それを前提として輸送動向を述べると、第一に、正太線では抗戦初

第5表　山西省幹線鉄道の旅客・貨物輸送量（1935〜42年）

年度	旅客輸送量（万人）①			貨物輸送量（万トン）②		
	正太線	平綏線	同蒲線	正太線	平綏線	同蒲線
1935	73.37	130.07	27.59	251.52	239.80	4.39
1938	21.87	235.25	15.39	32.44	253.06	7.76
1939	25.39	155.58	64.81	56.35	111.01	28.73
1940	70.19	466.79	191.15	147.37	306.72	87.84
1941	54.14	231.07	119.76	172.59	313.04	199.63
1942	128.94	514.76	267.14	361.70	654.93	467.22

〔出所〕①は山西鉄路志、375〜376頁、②は山西鉄路志、427〜428頁。ただし、1936、37年度の数字は欠落。
〔注〕旅客輸送量、貨物輸送量ともに軍事輸送は含まれていない、と考えられる。輸送量は、管内各駅からの発送旅客量・発送貨物量。

期に旅客・貨物ともに輸送量が激減したが、のちには著しく増えた。第二に、平綏線では抗戦初期における旅客・貨物輸送量の減少は数字的に確認できないが、一九四二年にいたる占領期には著しく増えていた。貨物においては占領下における山西炭の移出量増大（つまり資源掠奪）が輸送量急増の背景にあった、と考えられる[2]。第三に、三四年に開業した同蒲線は、戦時下の三九年に北同蒲線が平綏線と接続しかつ標準軌への拡幅が完了した。これにより三九年以降の旅客・貨物輸送量の急増が果たされた。

一九四三年以降の輸送状況を示す資料を提示することはできない。後述のように四三年以降抗日運動の強化によって鉄道の破壊が頻発した。そこで、定時運行が困難となり、戦局全体の悪化によって、軍事輸送も急増した。こうした要因によって、旅客・貨物輸送量の減少をきたしたと推測されるが、詳細は不明であり今後の課題とする。

(2) 抗戦初期山西省幹線鉄道の運行概況

第6表は、一九三七年度下半期から三八年度下半期（一九三七年九月～三九年三月）までの山西省幹線鉄道の運行概況とその軍事輸送の占める比率を示したものである。

三路線ともに列車運行回数は増えたが、それに占める軍事輸送の運

第6表　抗戦初期山西省幹線鉄道の運行概況（1937～38年）

年度	列車運行回数（回）						列車運行距離（1,000列車キロ）					
	正太線		平綏線		同蒲線		正太線		平綏線		同蒲線	
		比率		比率		比率		比率		比率		比率
1937・上半期	−	−	3.2	78	−	−	−	−	19	79	−	−
1937・下半期	2.1	100	8.8	41	6.0	92	41	100	1,071	41	59	90
1938・上半期	4.4	66	10.7	50	6.2	58	180	65	1,703	8	223	71
1938・下半期	14.2	20	12.2	17	10.0	44	410	28	1,949	17	459	59

〔出所〕福田英雄 1983、300～301頁。
〔注〕(1) 比率は列車運行回数に対する軍事輸送列車回数の値と、列車運行距離に対する軍事輸送の運行距離の値である。(2) 1937年度上半期は同年9月分のみ。(3) 列車運行回数は軍用・旅客・貨物・混合・その他の運行回数の合計。(4) 1938年度上半期以前の列車運行距離は概算数。(5) 列車運行回数の数字は1938年度の華北交通「鉄道統計年報」による。(6) 列車運行距離は華北交通運輸部作成「運輸概況」による。

行回数比率は減り、回数自体も収束傾向を示していたことが知られる。列車運行距離も顕著に伸びていた。それに占める軍事輸送の運行距離の比率は減った。しかし、軍事輸送の運行距離自体は、同蒲線では、五・三万キロメートル（三七年度・下）→一五・八万キロ（三八年度・上）→二七・〇万キロ（三八年度・下）に伸び、正太線でも四・一万キロ（三七年度・下）→一一・七万キロ（三八年度・上）→一一・三万キロ（三八年度・下）と増加傾向を示していた。これは、軍事作戦は一段落したが、占領地は引き続き拡大しているという現実に対応していた。

華北交通は一九三九年十一月一日、全域で列車運転時刻改正を行なった。これによって青島～済南区間や天津～済南区間では夜行列車の運行が始まった(3)。しかし、このとき治安の悪い山西省地域でどのような運行改正が実施されたかは、不詳である。

(3) 抗戦初期山西省幹線鉄道の営業実績

第7表は、一九三八年の山西幹線鉄道の営業実績

第7表　抗戦初期山西省幹線鉄道の営業実績（1938年）

項目		旅客部門					貨物部門				
		平均営業キロ	旅客量（万人）	旅客量（万人キロ）	運賃収入（万円）	客車収入（万円）	平均営業キロ	貨物量（万トン）	貨物量（万トンキロ）	運賃収入（万円）	貨車収入（万円）
本営業線①	正太線	198	21.8	3,065	45.6	－	199	32.4	2,971	98.5	－
	平綏線	877	235.2	21,896	344.7	－	877	253.0	40,006	1,068.5	－
	同蒲線	193	15.3	1,150	13.2	－	219	7.8	474	46.4	－
仮営業線②	正太線	255	20.9	－	－	52.7	255	24.2	－	－	94.6
	平綏線	877	240.3	－	－	395.3	877	239.7	－	－	1,074.7
	同蒲線	743	8.4	－	－	9.9	743	4.9	－	－	26.4

〔出所〕①福田英雄 1983、308 ～ 309、311 頁。②同上書、323 頁。
〔注〕(1) 旅客中には軍隊および無賃旅客を含まない。(2) 本営業線の旅客および貨物部門数字は1938 年度の華北交通「鉄道統計年報」による。(3) 貨物中には軍用品の全部、社用貨物の一部を含まない。(4) 仮営業線の旅客および貨物部門数字は華北交通経理部審査課資料（概算）による。

を示した数字である。

同表の三路線のうちでは、北京と綏遠地方とを結ぶ西北の大動脈、平綏線の旅客輸送量・貨物輸送量が圧倒的に大きかった。事実上の山西省内幹線である同蒲線は平綏線の培養線、正太線は北京から華中への大動脈、平漢線の培養線であった。また、依然として治安の不安定な奥地の鉄道であった。これら二路線の旅客輸送量・貨物輸送量がいずれも平綏線の一〇分の一前後、あるいはそれ以下であったのはこうした理由による。三路線の旅客運賃収入（仮営業線では客車収入）と貨物運賃収入（仮営業線では貨車収入）とを比べてみると、貨物（貨車）は旅客（客車）の二〜三倍であり、いずれの路線でも貨物輸送が重要な役目を果たしていたことが明らかである。

(4)一九四〇年以降の鉄道経営

鉄道輸送の代表的貨物であった石炭について考えてみよう。第8表は、一九四〇年一月の炭鉱別鉄道輸送量である。第9表は、各炭鉱の四

第8表　山西省内炭鉱別鉄道輸送量
(1940年1月)　(単位：トン)

炭鉱名	出炭量	輸送量	山元貯炭量
陽泉（正太沿線）	46,784	7,320	150,229
西山（太原西郊）	10,922	n.a.	12,089
富家灘（南同蒲沿線）	7,087	7,087	6,213

〔出所〕満鉄調査部『山西省鉱業経営調査報告』(鹿児島隆二執筆)、1942年、86〜87頁。

第9表　山西省内各炭鉱の用途別販売予想量（1940年1〜9月）(単位：トン)

用途	陽泉	西山	富家灘	寿陽	軒崗鎮
軍用	14,400	37,200	6,800	360	600
鉄道用	10,440	85,010	37,460	26,100	6,000
軍営工場	3,930	78,940	10,560	9,000	9,000
その他	24,370	34,260	12,320	3,000	1,200
コークス	―	―	14,700	―	21,600
北京向け	100,000	―	―	―	―
天津向け	50,000	―	―	―	―
日本向け	150,000	―	―	―	―
合計	353,140	235,410	81,840	38,460	38,400

〔出所〕満鉄調査部『山西省鉱業経営調査報告』(鹿児島隆二執筆)、1942年、103〜104頁。
〔備考〕表中の「―」は、原表中に該当する項目がなかったことを意味する。

〇年一～九月までの用途別販売予想量である。第8表は一か月のみの実績数字であり、第9表は九か月間の予想数字であった。一年数か月後に『山西省鉱業経営調査報告』を脱稿した執筆者は第9表の数字について、「実績はこの約八五％の成績を挙ぐ。一〇〇％の効果を挙げえざる所以は貨車不足、輸送力の不足に依る」と書いている。(4)これらの表は一時期についての断片的な数値であり、ここから変化の趨勢を読み解くのは不可能である。もっとも、四〇年八月の八路軍による「百団大戦」で正太線や同蒲線は大きな損害をうけた。そこで、四〇年秋以降の数か月は輸送力がかなり落ち込んだと考えられる。

第8表によれば、一か月の陽泉炭鉱、富家灘炭鉱からの石炭輸送量は七〇〇〇トン前後であった。しかし、変化の趨勢は不明である。第9表によれば、一九四〇年当時、最大の生産量を誇ったのは陽泉炭鉱。以下西山・富家灘・寿陽・軒崗鎮と続く。陽泉炭鉱からは、正太線等を利用して北京・天津・日本など省外へかなりの量の石炭が輸送された。西山炭鉱以下の炭鉱が産出した石炭は省内で消費された、と考えられる。西山炭鉱以下の炭鉱の石炭は「鉄道用」「軍営工場」「コークス」の用途が大きかった。「鉄道用」は省内の鉄道用であり、「軍営工場」は閻錫山政権時代の公営企業、西北実業公司傘下の工場を指し、大半が太原とその周辺にあった。(5)「コークス」用石炭は西北実業公司煉鋼廠の前身をもつ太原鉄廠の銑鉄原料であったと考えられる。

したがって西山炭鉱以下の炭鉱の石炭はおおむね太原周辺へ輸送されたと考えられる。つまり、これらの炭鉱の産炭地から太原までの鉄道輸送距離は、西山炭で約二〇キロ、寿陽炭で約九〇キロ、北同蒲沿線の軒崗鎮炭で約一六〇キロ、最も遠い南同蒲沿線の富家灘炭で約一九〇キロに過ぎなかった。以上、断片的ながら一九四〇年当時、鉄道が石炭輸送にはたした役割について考えてみた。

八路軍の「百団大戦」による鉄道破壊活動については後述するが、華北交通は再建の一環として、一九四〇年十月一日にダイヤ改正を実施した。山西省関連では、同日より北京～太原直通旅客列車一便の運行が始まった。正太線では、石家荘（石門）～太原間に混合列車一往復を新設し、北京～太原直通旅客列車に二等車一両を全区間増結した。これによって座席不足の緩和が図られた。北同蒲線では、大同～太原間直通普通列車が新たに運行された。それ以前は寧武駅において一泊をよぎなくされていたが、直通列車の新設によって両駅間は約一九時間半で結ばれることになった。[6] しかし、いつ破壊攻撃に遭遇するかわからない路線の夜間運行は、乗務員には生きた心地のしない勤務であったであろう。南同蒲線では、特段のダイヤ改善はできなかった。

一九四〇年十二月中旬に同蒲線に乗った水野清一の記録から、運行状況をみてみよう。水野によれば、北同蒲線約三五〇余キロを大同零時四十五分発太原行の直通列車は八時間弱で終点に着いた。しかし、南同蒲線約四八〇キロでは、朝八時発の蒲州行は臨汾に一泊して翌日の朝八時半に発車、運城にも一泊し、同地を朝八時半に発つとやっと昼の十一時十五分に終点に着くという旅程であった。[7] 同じ同蒲線といっても、北線と南線とでは治安事情も軌条をはじめとする設備水準もまったく異なっていた。南同蒲線では、とてもではないが、夜間運行はできなかったのである。

2　抗日勢力の鉄道破壊活動

「太原鉄路局の歴史は、すべて八路軍との闘いの記録」であった。[8] つまり、中共系の八路軍による絶え間のない鉄道破壊活動が鉄道の輸送効率（それは経営効率に直結した）に大きな打撃を与えた。これは、閻政権時代、つまり平時にはなかった戦時の特質を示す政治的現象であった。これは占領体制にたいする中国民衆のトータルな批判を意味していた。以下に、一九三八～四三年の路線別鉄道破壊活動を示す。

(1) 正太線の破壊活動

正太線が八路軍による最も激しい破壊攻撃を受けたのは、一九四〇年八月二十日に発動された「百団大戦」時であった。八月二十日から十二月五日までにこの作戦が展開された山西・河北・チャハル・綏遠では、鉄道九四八キロ、自動車道路二〇四四キロ、鉄道駅舎三七か所、大小橋梁二三〇か所、トンネル一一か所が破壊された[9]。正太線はこの時の重点攻撃対象であり、石家荘〜楡次間の三分の二の線路が破壊され、その修復に日本軍は三か月余を要した。同線では、西の蘆家荘駅から東の乱流駅にいたるまで、橋梁は大小にかかわらず破壊され、レールは枕木を積み重ねたうえで焼かれた。太原にいた太原鉄路局長が現地に行くためには、いったん河北省の石門（石家荘）に飛行機で飛び、そこから管内にトラックで逆行せざるをえなかった[10]。

日本軍占領地の鉄道を破壊する民衆と兵士

〔出所〕中国人民解放軍歴史資料叢書編審委員会『中国人民解放軍歴史資料叢書　八路軍』、解放軍出版社。

戦闘のあと正太線を調査した吉田一によれば、八路軍は鉄道沿線の内情にくわしい鉄道愛護村の村長を利用して攻勢をかけたという。[11]「百団大戦」直後に正太線の被害状況を調査にでかけた幹部社員は、「非戦闘員である站務員（駅員）が銃をとって、兵隊さんと一緒に勇敢に闘ったのは、このとき、石太線の全部にわたってなんです」と、八路軍の攻勢の激しさを語っている。[12]

攻撃を成功させるために、八路軍は周到な準備を行なった。劉伯承・鄧小平名義で作戦直前に傘下の軍隊に出された文書によれば、事前の注意事項として、「事前に密かに傀儡組織と各種の関係を結び、各種の可能な内通・協力を行なわせること」、「クワ・のこぎり・縄・天びん棒・担架などの民衆による破壊工具を事前に充分に準備させること」などが指示された。また、破壊時の注意事項としては、「軍隊は民衆の破壊隊を確実に援護する責任を負わなければならないこと」、「平地にゲリラ戦用の溝道を掘るさいには、直線で掘ってはならず、いくらか湾曲させること、…敵の護路溝は平らに埋めなければならないこと」などが指示された。[13] ちなみに、ここで言及された「護路溝」

正太鉄道（太原〜石家荘）を破壊する八路軍129師

〔出所〕中国人民解放軍歴史資料叢書編審委員会『中国人民解放軍歴史資料叢書　八路軍』、解放軍出版社。

とは、抗日軍隊の横断を遮断するために、鉄道沿線両側に掘った深い遮断壕であった。もちろん愛護村の農民に強制的に掘らせたもので、日本軍はこれを「恵民壕」と称した。沿線民衆が「恵民壕」を横断することは厳禁されたが、八路軍ゲリラはハシゴやクワを使って夜間やすやすと横断したという。[14]

一九四二、四三年における正太線破壊回数は一八回、二七回でそれぞれ東潞線、南北同蒲線につぐ第三位の被害規模であった(第10表)。

(2) 北同蒲線の破壊活動

一九三八年二月に、八路軍一二〇師は北同蒲線を攻撃した。二月の北同蒲線攻撃では、同月北同蒲線の各駅に配置されたばかりの満鉄派遣従事員約一八〇人が目標となった。従事員たちは北同蒲線の忻県に集結し、救援部隊が駆けつけるまでの一〇日間篭城をよぎなくされた。機関車関係の従事員若干名を残して約一五〇人の従事員が太原に引き上げたのは三月中旬であった。[15]

交通線を破壊しよう

〔出所〕中国革命博物館『抗日戦争時期宣伝画』、文物出版社。

山西省東北部に中国仏教の聖地、五台山がある。抗日戦争時代は、華北最強の抗日根拠地、晋察冀辺区の一部であった。一九三九年夏に五台山を参観した立野信之のルートは、太原から北同蒲線で忻州まで行き、同所から忻河支線で河辺まで行った。河辺からは日本軍兵站のトラックで五台県城から五台山の中心地、台懐鎮まで行ったという。立野は北同蒲線の「危険度」については記していないが、陸路、とりわけ五台県城から台懐鎮までは鉄道よりもはるかに「危険」であった。道路は「一町（約一〇九メートル）おき、あるいは一〇町おきに第八路軍が決潰して」いた。「われわれのトラック隊には軽機関銃をもった二箇分隊の警乗兵がいて、トラックが決潰場所にひっかかってエンコすると、さっそく警乗兵がバラバラと飛び出して、二〇〇～三〇〇メートル先の小高い要所に登って警備につく」。警乗兵以外の乗員は「汗みどろになって、夢中で」石運びをやったという。(16) 鉄道に増して道路破壊攻撃の「恐ろしさ」を実感させる証言である。

一九四〇年八月の「百団大戦」時に、北同蒲線は約三〇キロメートルにわたって破壊された。北同蒲線沿線の寧武・軒崗では、日本側は軍警備隊支援のために管内各警備区間から一五～二〇人の増援隊を派遣した。同蒲線の鉄道員三二四人が結成した抗日の爆破隊によって、三九年八月～四〇年二月のあいだに同蒲線は四四回破壊され、機関車は二両、列車は一七編成分が破壊された。(17) 四二年十二月に北同蒲線沿線の晋西北抗日地方武装組織が公布した四一～四二年の「戦績」によれば、鉄道の破壊は九〇余キロメートル、橋の破壊は一五か所、送電線や電話線の取得延長は五五キロメートルにおよんだ。(18) 電線は、抗日勢力にとって銃器や各種金属製機器のリサイクル原料になった。四二、四

第10表　山西省における八路軍と地方ゲリラとによる鉄道破壊回数

	平綏線	正太線	黄丹溝支線（正太支線）	南北同蒲線	河辺支線（北同蒲支線）	東潞線	計
1941	不詳	9	不詳	27	4	27	不詳
1942	9	18	2	21	2	59	111
1943	4	27	2	53	20	61	167

〔出所〕山西鉄路志、271頁。原載は華北交通株式会社工務局業務報告などの日本側資料である。

三年における南北同蒲線破壊回数はそれぞれ二一回、五三回で、いずれも東潞線に次ぐ第二位の被害規模であった(第10表)。

(3) 南同蒲線の破壊活動

一九三八年四月に、南同蒲線の介休〜臨汾間の一一区間では通信線が二二回破壊され、四五・八キロメートル分の電線が取られた[19]。第10表では南北同蒲線の鉄道破壊回数を示したが、現実には南同蒲線の治安は北同蒲線よりもはるかに悪かった。南同蒲線では、電話や電報も盗聴されるおそれがあったから、臨汾〜介休区間の駅名は日本の駅名に読み替えたり、糧秣やガソリンの輸送にも暗号を使用したという[20]。

一九三八年七〜八月頃のこととして、通信線の補修作業を担当する野戦通信

鉄道線に地雷をしかける八路軍と民兵

〔出所〕中国人民解放軍歴史資料叢書編審委員会『中国人民解放軍歴史資料叢書　八路軍』、解放軍出版社。

中隊に所属していた久保田幸平は、南同蒲線で八路軍による鉄道破壊が頻発していたことを回想している。[21] また、太原の第一軍から南同蒲線南端の運城への勤務を命じられ、四〇年十二月に南同蒲線に乗った白幡春男は、以下のような緊迫感のある回想を残している。「途中ところどころの鉄道線路が八路軍のために破壊され、貨車が数両ひっくりかえっているのが見受けられ、また迷彩をほどこした装甲列車が駅に停車している等を見ると、いよいよ『戦場近し』という感じがひしひしと身近に感じられて、身の引きしまる思いがした[22]」。

(4) 東潞線（白晋鉄道）の破壊活動

一九四〇年五月に、一二九師が東潞線破壊作戦を実施した。線路が敷設されて一、二か月の東観〜来遠〜段柳区間が襲われた。七〇余キロメートルにわたりレールが撤去され、枕木一〇万本以上、橋五〇余か所が壊された。電線は五〇〇〇斤（二五〇〇キログラム）以上が撤去された。沿線住民二万余人が作戦に動員された。[23] 同年八月の「百団大戦」時には、建設中の東潞線は、工事が振り出しに戻るほど破壊され、建設用火薬約八トンが奪われた。[24]

一九四一年三月の開通列車に試乗した板屋猛は、来遠駅近くでは、「山ひとつ越えた向こう側には、今でも共産軍が頑強に根を張っていて、鉄道沿線の部落に潜入し、村民を扇動して執拗に鉄道施設に妨害を加える」と書いている。[25] 東潞線沿線の太岳区抗日政権が四二年一月に公布した四一年の戦績によれば、鉄道の破壊は二五キロメートル、列車の破壊は八編成であった。[26] しかしそれでも、四一年は東潞線全線が竣工し、全般的には平穏な一年であった。[27]

一九四二、四三年における東潞線破壊回数は路線別では最も多く、四二年では全体の半数弱、四三年では三分の一強を占めていた（第10表）。同線の警務責任者は、「多いのはやはり電線破壊でしょう」と語っている。[28]

(5) 一九四四、四五年の鉄道破壊活動

一九四四年二月に日本軍の現地召集が始まり、華北交通の日本人男子従業員も数多く召集された。欠員となった男子の職場には日本人女子を配転するか元女子従業員の職場復帰を要請した。六月には日本人男子従業員約一〇〇人からなる鉄路青年隊挺身中隊が結成された[29]。同年後半には列車を対象とする連合軍航空機による空襲が始まり、華北交通は灯火管制を始めて白昼運行を止めた。駅舎には機関車を空爆から守るための隠蔽設備をつくり、機関車には迷彩色を施した。列車編成にあたって、機関車の脱線を防ぐために機関車を車両の中ほどに配置するようなことも行なった[30]。『興亜』は、四三年十月に第一四三〇部隊の若松部隊長名で「鉄道防空の理念」という文章を掲載している。この文章は、空襲対策だけでなく、内部のスパイ防止についても言及していた。「地区および業務種別により、軍事的重要の程度に応じ日人の全面的配置を実施することが肝要である。また、特殊作業で監視不可能なる作業（たとえば重要部分の溶接等）は日人をもってこれに充当し、やむを得ざる場合には各職場ごとに必ず日人を配置するか、または優秀なる華人従業員をして内面的に監視せしめるがごとき手段を講じなければならない[31]」。

この文章は、輸送や保線業務をになう中国人鉄道員にたいする不信感を表明したものである。「優秀なる華人」は、日本人の走狗となる中国人の意であった。破壊活動が外部からではなくて、内部、つまり中国人従業員によっても行なわれていたことを示唆する発言である。

一九四五年の破壊活動記録はわずかであった。戦争の帰趨がすでに決まっていた。八路軍をはじめとする抗日勢力の側は、鉄道設備の破壊よりも、戦後の鉄道利用を構想しはじめていたのである。一月、太行軍区の八路軍偵察隊が石太線の芹泉～寿陽間で列車を攻撃し、日本人従業員一〇人を俘虜にした[32]。七月には、北同蒲線が八路

軍による破壊攻撃をうけた。対日戦争の勝利後、山西省は国共内戦の戦場になった。そこで、北同蒲線は共和国建国時まで不通だったという。[33]

鉄道の破壊はどのような段取りで行なわれたのか。一九四四年九月二十二日に寧武県の北同蒲線支線を破壊した民兵たちは次のようにレールをはがしたという。まず鉄道の両側に見張組を置いた。破壊組はというと、経験の豊かな四～六人で担当した。頑健で脚の速い人六～八人がレールの運搬を担当した。線路から二五〇メートルほど離れた安全な場所に役畜を引いた人が待機して、レールを後方に運んだ。このときには、一日で四二五〇キログラムほどのレールを運んだ。[34]

では、レールをはじめ破壊され持ち去られた鉄道器材はなにに利用されたか。それは銃砲の生産や修理のために使われた。南同蒲線と東潞線とは、山西省南部・東南部の太行抗日根拠地のなかを走っていた。同根拠地のなかにあった八路軍総司令部直営の兵工廠で働いていた往時の技術者たちは、次のように回想している。「我われが生産した各種の銃砲・刀剣・砲弾、各種の生産設備・鋳型・工具はすべてレールで製作した。…レールは、当時銃砲・弾薬の生産にたいしてきわめて重要な役割を果たしたのであった。八年の抗戦期間に兵工廠で生産された武器・装備を計算するならば、少なくとも九〇万斤［四五万キログラム］以上が使われたのである。この数字には機器や工具の製作に使用されたレールは含まれない。レールの調達ルートは次の三つであった。第一は、東潞線破壊戦や百団大戦などの戦闘であり、鉄道の破壊によって調達した。第二は、鉄道沿線にある敵の軍事拠点や砲台を軍隊や民兵が監視しているすきに、夜間民衆を動員して撤去回収した。第三は、敵軍の守備の弱い地域で民兵が急襲して撤去回収した。運ばれたレールは、まず根拠地の政府に引き渡され、地下に埋設された。政府は資材の受領証を発行して兵工廠器材処に送った。レールが必要なときに、器材処は受領証を人に持たせて派遣し、指定された地点から兵工廠にレールをもち帰った。情況がゆるせば、時には直接兵工廠にレールを搬送することもあった」[35]。華北交通は八路軍にとって最も頼りになる原材料供給者だったのである。

太行抗日根拠地では、一九四三年十二月二十日付けで晋冀魯豫辺区政府と太行軍区とが連合命令を発布した。これは武器・弾薬生産のために鉄や銅の収集に努力するように、という趣旨の指示であった。指示は、辺区内の各分軍区は「所属部隊にたいして収集したレールを工場に直送するよう速やかに命令せよ」と述べ、合わせて「六〇〇斤（三〇〇キログラム）で新型歩兵銃一丁と交換する」と定めていた。また民衆にたいしては、レールを工場に直送してくれるならば、「一斤ごとに五元をその場で支払う」と述べていた[36]。省西北部の抗日政権の拠点都市であった興県の県城では、四四年七月中旬に連続一週間のあいだ「騾馬大会」（馬の市）が開かれた。各地から一〇万人以上の人が集まり、馬・牛以外に農具・土布・鉄線・レール・塩などが取引された。耕牛の大部分は県の東郊からきた人びとが買っていった（一九〇余頭）が、彼らがその代価として持ってきたのはレールであった[37]。レールの撤去回収は抗日闘争であり、収益性の高い魅力的な経済活動でもあった。

3　鉄道就業者の構成

(1) 就業構成

太原鉄路局の抗日戦争末期における就業構成は第11表の通りであった。

就業者総数の八〇%が鉄道部門、二%が自動車部門、一八%余が警務部門に就業していた。抗日運動に対決する警務部門の就業者の多さが、戦時の特質を示している。警務部門就業者数は華北交通所管の八鉄路局中で最多であった[38]。民族別では日本人が一九%、中国人が八一%であった。残念ながら、太原鉄路局の歴年の就業構成は不詳である。会社創立（一九三九年四月）直前の三九年三月末の就業者数は八万〇二〇〇人（うち日本人が一万八八六三人、中国人が六万一三三七人）であったが、四一年三月末には総数で一・三三倍、日本人一・五九倍、中国人一・二四倍に、四三年三月末には総数で一・七五倍、日本人二・〇四倍、中国人一・六六倍に増えた。この時が日本人就業者のピークであった。以後、日本人は減り続けたのにたいして、中国人は一貫して増え続け、四五年八月には三九年三月末比で、総数で二・二八倍、日本人は一・七二倍、中国人は二・四五倍になった[39]。

日本人職員の減少は、戦局の悪化によって日本人青年が中国の現地で召集されたからである。たとえば、石本春久は四四年十二月に北京の前門駅貨物副駅長に着任したが、「全部で三〇人はいた若い日本人の職員がほとんど消えてしまっていた。十一月に初の現地召集があって、ごっそりともっていかれた」という[40]。太原鉄路局管内においても、日本人と中国人の就業比は同様の傾向をたどったものと推測される。

(2) 中国人就業者の生活

就業においては、日中就業者間に極端な民族差別が存在した。就業者の資格別在籍者統計（一九四五年三月）によれば、日本人の場合四万三二二四人中で正式職員が三三%、準職員が三五%、雇員が三二%で、傭員は一人もいなかった。一方、中国人一四万一四七一人のうちで最も多かったのは傭員で六一%、次いで雇員三二%、準職員五%、正式職員二%の順であった[41]。

第11表　太原鉄路局の就業構成（1945年6月）

	鉄道部門	自動車部門	警務部門	計	
					男 / 女
日本人	3,610 (16.0)	98 (0.4)	587 (2.6)	4,295 (19.0)	4,079/180
中国人	14,323 (63.6)	363 (1.6)	3,571 (15.8)	18,257 (81.0)	18,235/22
計	17,933 (79.6)	461 (2.0)	4,158 (18.4)	22,552 (100.0)	22,314/202

〔出所〕華北交通 1984、624 頁。
〔備考〕数字の後の（　）は就業者総数にたいする百分比（%）。

資格ごとに給与や待遇に大きな差があったのはいうまでもないが、職員として採用され済南や北京で勤務した石本春久は、「華人にたいする扱いというのは、明らかに差別待遇だった」という。「上級職には名目的にしかつけぬようになっていたし、給与一つ取ってみても違っていた。一番は現物給与で、日本人の我々にたいしては白米が配給されたのにたいし、華人には、食生活が違うからとて、白麵、即ちメリケン粉（小麦粉）だけなら良いが、時に、まだこの頃（一九四三年）は時にだが、雑穀がまじる事があった」[42]。しかも、給与のピンはねまであった。四一年一月、北同蒲線の長畛養路工区の労働者は、日本人の親方が賃金をピンはねしたのに抗議して四日間ストを行なった。そして、ついには賃金と小麦粉の支給を認めさせた[43]。四三年六月には、会社側が小麦粉の現物給与を配給しなかったという理由で、太原鉄路附属工廠の労働者が大規模な抗議ストをおこしている[44]。

南同蒲線の臨汾駅の日本人幹部職員によれば、一九四〇年当時、同駅の中国人駅員の給料は一日五〇銭であった。ところが、一日二食としても「絶対に三五銭必要とする。しかるに彼らの七割以上は妻子のあるものである。…そのうえ彼らには面子上の交際がある」と中国人の窮状を訴えていた。その結果はどうなったか。「借金をするのはまだよいとして、商売をやるものが出てくる。職務を利用して賄賂を強要するものもなしとはしない。小盗児（こそ泥）をやるものも出てくる」[45]。つまり、民族差別の待遇が中国人鉄道員のモラルの低下を招いた基本要因であったというのである。

こうした現実はその後も改善されなかった。一九四二年当時、東潞線の運行責任者も、「一番にいいたいことは、下級従事員の給与をもうすこし何とかしてほしい。とくに特殊技術者、たとえば運転手といった風な人たちの」と劣悪な中国人鉄道員の窮状を訴えていた[46]。薄給をおぎなうための中国人従業員のアルバイト問題についていえば、四四年夏、太原北駅車両運行区の労働者が彼らの「小商いや銀貨の売買」を会社側が制限したのに抗議して、

半月近いストを決行している。ストは労働者の勝利に終わったという。(47)

注

(1) 福田英雄一九八三、二九八〜二九九頁。
(2) 山西鉄路志、四二七頁。
(3) 「伝書鳩」、『北支』一九四〇年一月号、四七頁。
(4) 満鉄調査部『山西省鉱業経営調査報告』(鹿児島隆二執筆)、一九四二年、一〇二頁。
(5) 景占魁『閻錫山与西北実業公司』、山西経済出版社、一九九二年、二三九〜二四一頁を参照。
(6) 「社業の動き」、『興亜』第一六号、一九四〇年十月、二三頁。
(7) 水野清一「同蒲線をゆく」正・続、『北支』一九四一年四月号、四二〜四三頁、同誌五月号、三六〜三七頁。
(8) 華北交通一九八四、六二九頁。
(9) 国民政府軍事委員会軍令部「百団大戦戦績総結表(一九四一年一月六日)」、中国人民革命軍事博物館《百団大戦歴史文献資料選編》編審組『百団大戦歴史文献資料選編』(以下、中国人民革命軍事博物館一九九〇)、解放軍出版社、一九九〇年、四〇七〜四〇八頁。
(10) 山西鉄路志、二七〇頁。華北交通一九八四、六三〇〜六三一頁。
(11) 吉田一「崇高・華北交通魂」、『興亜』第一七号、一九四〇年十一月、二〇〜二一頁。

(12)「華北交通ここに三年　地方会記念座談会」、『興亜』第三五号、一九四二年五月、一一七頁。
(13)「綜合破路経験通報（一九四〇年八月二日）」、中国人民革命軍事博物館一九九〇、一一七頁。
(14)井上隆一「愛路雑感」、華北交通外史刊行会編刊『華北交通外史』、一九八八年、一八八～一八九頁。
(15)華北交通一九八四、六二九～六三〇頁。
(16)立野信之「五台山」、華北交通資業局資料課編『北支』一九三九年九月号、三七頁。
(17)山西鉄路志、二七〇頁。華北交通一九八四、六三〇～六三一頁。
(18)山西鉄路志、二七一頁。
(19)同前、二七〇頁。原載は『北支鉄道電気事変記録』。
(20)華北交通一九八四、六一九～六二〇頁。
(21)久保田幸平「従軍の思い出」、山西友の会編刊『萬里一條鉄（懐古編）』、一九八三年、一四五頁（防衛研究所図書館所蔵）。
(22)白幡春男「唯ひとすじに」、山西友の会編刊・同前書、六五頁。
(23)「大破白晋鉄路」（『新華日報　華北版』第二三四号、一九四〇年五月二十三日）。山西省武郷県県志編纂委員会編『武郷県志』、山西人民出版社、一九八六年、三二六頁、も参照。
(24)山西鉄路志、二七〇頁。華北交通一九八四、六三〇～六三一頁。
(25)板屋猛「東潞線を往く」、『北支』一九四一年六月号、四二～四三頁。
(26)山西鉄路志、二七一頁。
(27)華北交通一九八四、六二二頁。

(28)「東潞線を語る　潞安座談会」、『興亜』第三三号、一九四二年三月、一七頁。

(29) 華北交通一九八四、六二二、六二七〜六二八頁。

(30) 山西鉄路志、二七一頁。

(31)「鉄道防空の理念」、『興亜』第五二号、一九四三年十月、四頁。

(32) 山西鉄路志、二七一頁。華北交通一九八四、六三一〜六三二頁。

(33) 中共太原鉄路局委員会路史編写辨公室編刊『山西鉄路大事記（初稿）一八九六〜一九六〇』（以下、山西鉄路大事記）、一九六一年、五六頁。

(34)「寧武静寧群衆、展開破撃奪鉄軌三万斤」、『抗戦日報』第六〇五号、一九四四年十一月十一日。

(35) 奇正・梁一笠・潘志強「軍工器材的採購和供応」、呉東才主編『（革命根拠地軍工史料叢書）晋冀豫根拠地』、兵器工業出版社、一九九〇年（以下、呉東才一九九〇）、一七八頁。

(36) 晋冀魯豫辺区政府・子弟兵太行軍区「聯合命令：収集生鉄・生銅和組織火硝生産問題（一九四三年十二月二十日）」、呉東才一九九〇、八一頁。

(37)「興県驟馬大会盛況空前、群衆用破路所獲鉄軌換走耕牛」、『抗戦日報』第五六一号、一九四四年九月二十八日。

(38) 華北交通一九八四、六二三頁。

(39) 同前、一〇八頁。

(40) 石本春久一九六七、一五七頁。

(41) 華北交通一九八四、一一一頁。

(42) 石本春久一九六七、二四頁。
(43) 山西鉄路大事記、五四頁。
(44) 同前、五五頁。
(45) 臨汾站／山西閑人「現場中国人従業員の生活を見る」、『興亜』第一四号、一九四〇年八月、二八頁。
(46) 前掲「東潞線を語る　潞安座談会」、一七頁。
(47) 山西鉄路大事記、五五〜五六頁。

第三節　華北交通会社と管下の自動車運輸業

華北交通の各鉄路局は鉄道経営だけではなくて、自動車による旅客・貨物輸送も行なっていた。鉄道事業を支援し補完するために自動車運輸業が営まれた。これは、太原鉄路局管内においても同様であった。本節では、華北交通の自動車運輸業を本体の鉄道事業との脈絡で分析してみる。

1　自動車運輸行政の基本政策

まず一九三九年四月まで、つまり華北交通株式会社設立以前の華北の日系自動車交通事業についていうと、満州事変から抗日戦争勃発までの華北における日系の比重は小さかった。南満州鉄道の分身であった「華北汽車公司」が関内と「満州国」との国境の数拠点から河北省東部や蒙疆地方にむかう定期自動車路線を経営していた。抗日戦争直前のその路線延長は約七〇〇キロに過ぎなかった。華北三省にはこの華北汽車公司の営業路線以外に約一万キロの定期営業路線に約二〇〇〇台の自動車が走っていた。山西省では、大同長途汽車公司(太原~大同)、太晋汽車公司(太原~晋城)、太風汽車公司(太原~風陵渡)などの中国系民間バス事業があった。山東省では、省政権による省営バス事業が支配的であった。抗日戦争が勃発すると、華北の地方政権は敗走させられ、自動車の多くが中国軍によって徴発された。中国側の自動車交通事業は壊滅させられ、日本軍の占領地の拡大とともに華北汽車公司が営業路線を拡張させた。三九年四月十七日の華北交通の設立とともに、華北汽車公司は華北交通に合併され、華北汽車公司の長距離交通事業は華北交通に移管された。(1)

第12表は華北・蒙疆の自動車運輸業の営業延長の推移を示した表である。概ね華北交通自身の資料から収集したが、出所が異なるために推移に不自然なところがあるのは否めない。不詳

第12表　華北・蒙疆の自動車運輸業の営業延長(単位:キロ)

時期	華北3省	蒙疆地方	合計
1938年9月末	不詳	不詳	5,600
1939年3月末	不詳	不詳	6,600
1939年4月末	4,500	不詳	不詳
1939年5月	不詳	①3,848	不詳
1939年7月	②5,500	不詳	不詳
1939年9月末	7,100	不詳	不詳
1940年3月末	9,000	不詳	不詳
1940年4月末	③10,552	不詳	不詳
1940年9月末	9,500	不詳	不詳
1941年3月末	13,100	不詳	不詳
1945年4月	不詳	④4,072	不詳

〔出所〕無印の数字は「北支・蒙疆の統計11　自動車」、『北支』1941年6月号、49頁。①は華北交通1984、405頁。②は「現行定期運行路線」で、「北支交通政策の基本方針」、『蒙銀経済月報』第7号、1939年7月、33～34頁。③は春日部一「北支の自動車交通」、『北支』1940年6月号、39頁。④は華北交通1984、408頁。

〔備考〕1937年7月の日中戦争勃発から39年3月末までに開設された営業延長については、華北3省3,720キロ、蒙疆1,827キロ、合計5,557キロという数字もある。久田徳雄「北支の自動車交通」、『北支』1941年1月号、45～46頁。

の部分が少なくないので、傾向が知られるにすぎない。既述のように一九三九年四月に華北交通が設立されたので、これ以後は蒙疆の数字を除外しており、数字の記述に一貫性が欠けている。営業延長は、「定期運行」の営業路線延長と「不定期運行」の営業路線延長とから成っていた。この表の出所では、「定期」のみを表示したのか、「不定期」も加算していたのかは不詳である。営業延長は、実際の運行路線延長と異なる。それは沿道の治安状況によって運行はしばしば休止されたからである。これは戦争末期になるほど重大であった。たとえば、四五年五月の北京鉄路局管内の華北交通自動車運輸業の営業延長は二一六九キロであったが、運行延長はわずかに二九八キロ、営業延長の一四%にすぎなかった。(2) しかし、この表からは実際の運行を知ることはできない。山西省占領地では、治安の比較的良好な北京鉄路局管内よりも事態ははるかに深刻であった、と考えられる。

華北占領地の自動車運輸業においても北支方面軍が基本方針を策定した。一九三九年一月から、同方面軍の判断によって山西・山東・河北三省の自動車交通事業四九路線を「統制路線」と認定して免許制を導入することになった。「差し当り軍司令部に於いて許可を与え、また統制路線に於ける既得営業は統制路線経営機関に買収又は合体せしめ、かつ邦人の自動車事業出願は領事館警察を通し、所管特務機関に提出せしむることを定」めたのである。(3) 同前公電は、「統制路線は鉄道運営機関をして兼営せしむる」ともうたっていたから、結局のところ山西省の自動車交通事業は華北の他省と同じく鉄道幹線を掌握し経営する華北交通の一人勝ちとなった。

2　華北交通の自動車運輸業

一九四二年の時点で山西省の占領地には一七社の自動車運輸企業が存在したが、華北交通は他社を圧倒する独占的な企業であった。四二年五月十二日に華北政務委員会が採択した決議にもとづいて、華北交通は所轄地域内で一切の租税を免除され、国有財産の利用、土地の収用、電話や通信設備の利用、警務機構の設立などの特権を享受できることになった。山西省では、華北汽車公司の太原事務所が三九年四月には華北交通太原自動車管理所に改編された。四〇年になると同自動車管理所は太原鉄路局に移管され、鉄路局の自動車処として省内の自動車交通事業が再編された。三九年当初一〇〇台前後であった自動車は四〇年頃には二五〇台を数えた。また、陽泉・臨汾・運城・潞安などには自動車管理所が置かれ、太原・楡次・汾陽・陽城・和順などの県の二五軒の旅館が華北交通のために貨客輸送業務を引き受けた。四二年から四三年の最盛期には、営業路線は二六路線、省内の営業延長は二一〇〇〜二六〇〇キロを数えた。四四年以降は急激に治安が悪化して、経営が悪化した。(4)

汾陽営業所が設立された一九四三年頃の営業路線をみると、太原営業所管内では、太原市内線のほかに太原〜太谷（五〇キロ）、太原〜汾陽（六〇キロ）、太原〜寧武（不定期）があった。陽泉営業所管内では、陽泉〜平定（二〇キロ）、陽泉〜昔陽（八〇キロ）、陽泉〜盂県（九〇キロ）、臨汾営業所管内では、臨汾〜汾城、臨汾〜浮山、運城営業所管内では、運城〜河津（六〇キロ）、運城〜夏県（三〇キロ）、運城〜侯馬鎮（一五〇キロ）、潞安営業所管内では、潞安〜沢州（一二〇キロ）、潞安〜清化鎮（一四〇キロ）、潞安〜沁県（六〇キロ）、汾陽営業所管内では、汾陽〜太原（六〇キロ）、汾陽〜離石（八五キロ）、営業延長は合計一〇〇五キロ、車両は最盛期よりも少なくてバス二二台、トラック一二〇台であった。治安の悪化による車両の損耗のほかに軍による車両の徴用があった。自動車の主要な輸送貨物は、太原では雑穀・棉花・綿布・油・マッチ、運城では小麦・塩、潞安では粗鉄であり、潞安営業所所属車両は粗鉄の荷重のために車両事故が多かったという。(5)

3　華北交通以外の自動車運輸業

一九四一年十二月時点の統計によれば、山西省には華北交通以外に一六社の中小自動車運輸企業があった。経営者（中国語の「経理」）名をみると、日本人が一四人、中国人が二人いた。日本人の経営する企業が大半を占めていたといってよい。事業所所在地は一五社が太原市で、一社が省北部の寧武県城であった。太原市のタクシー会社が二社（いずれも日本人の経営）あり、乗用車は計八台あった。太原市の貨物運輸業者は一三社で、所有トラックは計一九台であった。ただしトラックを一台しか持たない零細業者は一〇社を数えた。彼らの営業路線は、太原～楡次、太原～太谷、太原～汾陽などであった。省北部の寧武に本社を置く一社（日本人の経営）は、トラック四台を所有して寧武～神池～五寨間の貨物運輸に従事していた。(6)

ここに説明した中小の自動車運輸企業は、開業も営業も華北交通よりも不利な立場に置かれていた。彼らが営業免許を申請する場合、日本人は既述のように領事館警察を通じて所管特務機関から認可を受けなければならなかった。中国人は、華北政務委員会交通局ないし省公署の認可を必要とした。また営業免許を取得するには、華北交通株式会社の審査が必要であった。華北交通としては、「私営業者の増設の必要があるか」、「華北交通の営業に影響があるか」などを考慮して審査をした。また、華北交通の営業する路線を私営企業が営業する場合には鉄路局の許可を必要とし、鉄路局自動車処から「容認証」の発給をうけて、自動車のフロントグラスに営業許可マークを貼付しなければならなかった。華北交通の営業路線を臨時に運行する場合は、「臨時容認証」を取得しなければならなかった。これらの規定のいずれもが、華北交通の独占的な地位を保証した。(7)

一九四〇年七月、華北政務委員会と北支方面軍は、華北交通と「支那側民間自動車業者」にたいして「一キロ当り年額二〇円の用路費を徴収し、これを建設総署の道路建設維持費の一部に充当する」ことを決めた。同時に「邦人業者」にたいしても、「同率の金額を徴収することと致したく、取り敢えず各地領事館においてこれを徴収保管せられたき旨依頼」したのである。(8) 経営規模の大小や収益額の多少とは関係なく一律同額の用路費を徴収するのは著しく不公平なルールの適用であったが、占領政権の庇護を得た華北交通の立場を例証する措置であった。

注

(1) 華北交通一九八四、五七九頁。
(2) 春日部一「北支の自動車交通」、『北支』一九四〇年六月号、三八〜三九頁。
(3) 外務省記録F・一・九・二・一〇六「華北交通会社関係」所収、昭和十四年一月二十八日発、秋山書記官(北京)↓有田外務大臣宛、第九八号。引用にあたって歴史的かな遣いを現代かな遣いに改めた。
(4) 呂栄民主編『山西公路交通史　第一冊(古代道路交通、近代公路交通)』、人民交通出版社、一九八八年(以下、呂栄民一九八八)、一九八〜二〇〇頁。
(5) 華北交通一九八四、六二五〜六二六頁。
(6) 呂栄民一九八八、二〇六頁。同書、二〇七〜二〇八頁の「山西省民間第一類汽車運輸業統計表(一九四一年十二月)」を参照。
(7) 同前、二〇六頁。
(8) 外務省記録F・一・九・二・一〇六「華北交通会社関係」所収、昭和十五年七月二十三日発、藤井参事官（北京）↓松岡外務大臣宛、第五五一号（至急）。

おわりに

本章では、日本軍占領下の山西省の鉄道経営・鉄道建設を対象として地域的な鉄道運営の実態の解明をめざした。山西省は石炭や鉄などの資源省であり、激しい抗日遊撃戦争が展開された。同省では、鉄道が資源収奪のための重要な手段となった。それゆえに、鉄道や自動車道路は抗日運動の主要なターゲットとなった。言い換えると、山西省では鉄道をはじめとする交通線の建設も運行も激しい民族的抵抗のなかで行なわれた。「太原鉄路局の歴史は、すべて八路軍との闘いの記録」だったのである。

本章が先行研究にたいして新たにつけ加えようとした論点は、以下の各点である。

第一に、日本軍占領時代は経済合理性よりも治安対策的発想から鉄道の建設が考えられた。建設も運行も日本軍が主導した。それゆえ、八年間に新たに建設した鉄道延長は撤去延長をわずかに八・八キロメートル上回ったにすぎない。山西省占領地では、日本軍は作るよりも壊した。日本軍は「線の確保」さえも十分には行なえなかったのである。

第二に、占領のための物流の起点は北京・天津、大連あるいは青島であり、これらの起点から山西省占領地へのアクセスの便宜を向上させるということが鉄道建設・経営の基本構想であった。そこで、日本軍占領時代は沿海部の外省との物流網の整備が優先された。地域物流の振興などは一顧だにされなかったのである。

第三に、鉄道は当然のことながら地域の経済的利益とは結ばれていなかった。山西省公署（傀儡の省政権）は鉄道網の建設維持にはなんら関与できなかった。だから、一九三〇年代の抗戦前には閻錫山という傑出した地方指導者がいて、同蒲線をはじめとする鉄道網の整備においても指導力を発揮した。しかし、日本軍占領時代にはそうした指導者がでる余地はまったくなかったのである。

最後に、本章においても資源収奪、つまり山西省地域の産業開発の具体的実績と鉄道の経営や運行との関係を実証的に明らかにする作業は、依然として不十分である。とりわけ抗戦後期にあたる一九四二年以降の鉄道や道路の輸送業について十分な考察ができなかった。一次史料発掘の努力がより一層必要であると考えている。

終章　結論と今後の課題

本書における分析の中心は、「大日本帝国」の「周縁植民地」としての山西省占領地の社会経済史である。近代の日本が（あるいは日本帝国主義が、といったほうが正確かもしれないが）「周縁植民地」で行なった統治は、直轄植民地や傀儡国家で行なった統治と比べて、どのような違い、特徴があったのであろうか。

「周縁植民地」の考察にあたって、筆者は四種の角度から問題を考えた。それは、傀儡の省政権は、どのように冨（財源）の蓄積を行なったのか（財政問題）。地域の鉱産資源を利用した産業発展はどのように進められたのか（製鉄事業）。地域の交通ネットワーク整備はどのように進められたのか（鉄道事業）。蔓延する社会的病根への対決はどのように行なわれたのか（アヘン問題）。以上の角度である。

筆者の結論は、「周縁植民地」の法的な支配はきわめて不安定で、抗日戦争の末期になるほど秩序は動揺していった、というものである。省政権は地域自治機能を与えられず、財政面では省政権の徴税力はひ弱であった。公権力が本来になうべき任務である社会改良への取り組みは放棄された。省政権は、地域の産業振興にはなんらの役割も発揮しなかった。製鉄事業も鉄道事業も日本軍の庇護の下で展開された。しかし、それらは占領地支配を補強するための事業であって、地域活性化のための貢献ではありえなかった。鉄道経営は行なわれたけれども、幹線鉄道網の充実はほとんど放棄された。鉄道建設も製鉄事業も中国民衆による執拗な妨害活動に遭遇して、戦争末期になるほど営業や稼働は困難を増していった。アヘン問題は日本軍による占領統治の本質を最も象徴的に示していた。省政権は、財源の確保のためには、なりふりかまわずケシの強制栽培を占領地で広げていった。農政面では、農事改良の努力は放棄された。民衆の力が有機的に組織され、地域の内側からの開発が行なわれるためには、侵略軍たる日本軍や民衆の信頼を失った国民政府軍を追い出して、平和を取り戻すまで待たなければならなかったのである。

最後に、章別のまとめと残された課題について述べておきたい。

第一章では、第一に、財政収入という視点から、晋綏辺区政権も太岳区抗日政権も農村ないし農民や地主に依拠した政権であったことを示した。ただし、アヘンという「見えない」特産品は政府財源において一定の位置（太岳区抗日政権）ないし重要な位置（晋綏辺区政権）を占めていた。第二に、抗日根拠地では原料立地型の小規模製鉄工場が在来の製法によって鉄製品を生産していた。これらの工場は銃器や手榴弾・地雷などを生産しており、抗日政権にとっては軍事工業のための原材料供給拠点として貢献していた。第三に、抗日政権が弱体な遊撃政権であった時代には、運輸業は取るに足らない役割しかはたさなかった。政権の基礎が安定した一九四三年以降は、石炭・塩・穀物などを輸送する商業的輸送需要が発生した。山中の小道を往来する抗日民衆の「見えない」物流が、政権の経済活動を支えたのである。

第二章では、以下のことを明らかにした。第一に、山西省公署の税源では、田賦・営業税・アヘン税が三本柱であった。第二に、田賦徴収は問題が多かった。最大の問題は、一九四〇～四二年に田賦整理事業が実施されたとはいえ、占領の全時期をつうじて糧冊（農地簿）は十分には整備されなかったことである。第三に、税収に占めるアヘン税の位置については不明な点が少なくないが、省公署はアヘン漸禁政策をとるとしながらも、ケシ栽培面積は一貫して増大した。これがアヘン税収増の支えとなった。第四に、アジア太平洋戦争勃発後の四二年には山西省占領地でも治安が悪化し、治安費等の負担が増した。営業税の税率が大幅に引き上げられ、塩税政策の転換や物資の強制的な割当徴収も始まった。第五に、中央政権（華北政務委員会）と山西省公署間の資金移動については、歴年のデータが欠如している。それゆえ、恒常的に中央政権からの補助金があり、省公署の財政を支えていたことが、部分的に明らかになったにすぎない。

第三章では、山西省檔案館が所蔵する日本軍傀儡政権が残した一次資料を主として吟味しつつ、日本帝国主義が占領地において侵略と懐柔の手段としてアヘンを利用した事実を検討した。同章で明らかにしたことがらは、日本軍占領地におけるアヘン政策の推移である。一九三七年秋～三九年の時期にはアヘンの自由販売が公認された。その後四〇～四五年にはアヘンの売買・流通・移輸出の統制と強制栽培とが実施された。アヘンよりもさらに毒性の強いモルヒネ等の「毒品」が蔓延したために、四三年以降はアヘンを含む「麻薬」にたいする規制が強化された。山西省公署は漸禁を基本精神とする「五か年禁絶計画」を四一年一月から実施した。「計画」では、四五年には「禁絶」されるはずであった。しかし、実際には四五年にいたるまで山西省のアヘン栽培面積は拡大を続けた。

第四章では、以下のことを明らかにした。第一に、西北煉鋼廠は中国人の冶金製鉄関係技術エリートを総動員して設計・建設された。日本軍占領下の太原鉄廠時代には、日本人の技術幹部による技術独占のもとで経営された。この状態は一九四五年以降もしばらく続いた。工場内で中国人技能者への技術移転はまったく行なわれなかった。第二に、太原鉄廠においては、中国人労働者を有無をいわさぬ強制による雇用（徴集）で満たした。高い労働生産性を期待しないきわめて非効率な雇用制度であった。就業・賃金制度にも露骨な民族差別が貫徹していた。第三に、日本軍占領時代の西北煉鋼廠がになった生産量は、日本帝国主義の支配地域における鉄鋼業からみれば、その比重は大きくなかった。また、当時の西北煉鋼廠は、域内工業化のための民族主義的産業拠点としての役割をはたすことは不可能であった。

第五章では、第一に、日本軍占領時代の山西省が資源収奪の対象であり、鉄道は資源収奪のための重要な手段であったことを示した。そこで、鉄道は抗日運動の主要な攻撃目標になった。第二に、日本の占領者は、経済合理性よりも治安対策的発想から鉄道の建設を考えた。建設も運行も日本軍が主導した。それゆえ、八年間の新規建設延長は撤去延長をわずかに上回ったにすぎない。山西省占領地では日本軍は作るよりも壊したのである。第三に、占領の起点は華北・東北地方の沿海部の港湾都市であり、これらの起点から山西省占領地へのアクセスの便宜を向上させるということが、鉄道建設・経営の基本構想であった。第四に、鉄道は地方の利益とは結ばれていなかった。つまり、省政権は鉄道網の建設や経営にはなんら関与できなかった。

残された課題については個々の章ごとに言及したが、本書全体の構成との関連で今後の課題を記しておく。

第一に、日本軍占領時代の産業政策・経済政策・社会政策を理解するためには、これに先行する一九三〇年代中葉までの閻錫山政権の政策を説明するべきであった。占領地の経済史はそれに先行する閻政権がめざしたことや達成した成果との比較なくして十分な理解は不可能だからである。日本軍占領史の考察は、日本近現代史であるまえに中国近現代史なのであるから。この点をめぐっては、筆者にも数点の既発表論文があるが、まだ体系的な考察には至っていない。今後の課題とする。

第二に、山西省の日本軍占領史を叙述するためには、総括的な山西省抗日運動史の叙述が不可欠である。第三に、社会経済史としては、農業・農村の占領史を考察しなければならない。とくに民衆の大半は農民であり、広大な黄色い大地に生活していたからである。第四に、華北や「蒙疆」地方、さらには中国東北地方との経済的政治的連関のなかで山西省をとらえる必要がある。第二点をめぐっては、筆者にも数点の既発表論文があるが、本書には採録しなかった。いずれ研究をまとめたいと考えている。第三点は今後の課題とする。第四点では、蒙疆占領史の共同研究の成果を別途準備している。

あとがき

本書は、拙著『抗日戦争と民衆運動』（創土社、二〇〇二年）の姉妹編です。前著では民衆運動の角度から抗日戦争の諸相を考えてみました。本書では、「大日本帝国」の「周縁植民地」、戦時植民地としての中国山西省の占領地を社会史、経済史の視角から考えてみました。筆者の抗日戦争史研究はこの二書において完了したわけではありませんが、とりあえずは「ひと区切り」つけることができたと考えています。前書も併せてお読みいただけるとうれしく思います。

収録した各章ができるまでの経過について書いておきます。

第一章は、第二〜五章を補足するための書き下ろしです。

第二章は、日中歴史研究センター研究助成プロジェクト「性暴力の視点からみた日中戦争の歴史的性格」研究会（研究代表者、石田米子氏。一九九九〜二〇〇一年度）における研究活動の成果の一つです。この研究会は、山西省盂県の農村において日本軍占領時代に日本兵によって性暴力被害をうけた「大娘（ダーニャン、おばあちゃんの意)」の裁判支援運動と連動した研究会で、一般の歴史研究会とは性格を異にしていました。この研究会に参加して、往時の日本軍占領支配について、中国の「普通の人びと」から具体的な証言を聴く機会が得られたのは、ほんとうに得難い体験でした。「抗日」や「親日」の実像、記録された史料と記述されない記憶との落差を学んだことは、歴史研究者としてのなににも換えがたい収穫となりました。筆者としては、ぜひとも同研究会の成果である『黄土の村の性暴力：ダーニャンたちの戦争は終わらない』(創土社、二〇〇四年)も併読していただきたいと思います。

第三章は、勤務校の教員留学制度を利用して一九九二年度の後半年、中国社会科学院経済研究所客員研究員として北京や山西省太原を滞在したときの成果の副産物です。当時は、山西軍閥・閻錫山政権をめぐる社会経済史の勉強を再開しようとしており、日本軍占領統治下の山西省のアヘン問題にも関心をもって史料集めをしていました。

第四章は、大東文化大学七〇周年記念学術調査研究事業のなかの研究プロジェクト「発展途上国の経営変容」研究会(研究代表者、篠田隆氏。一九九三〜九六年度)における研究活動の成果の一つです。初出原稿は、筆者が非常勤講師をしていた九六年度に津田塾大学『国際関係学研究』に発表しました。第三、四章のための史料収集と分析においては、景占魁先生(山西省社会科学院)に格別のご指導を賜りました。

第五章も、もともとは前記「性暴力の視点からみた日中戦争の歴史的性格」研究会における研究活動の成果の一つとして構想されました。研究会の中心的な課題は山西省盂県における「性暴力」の問題でしたが、課題の背景を理解するには占領地の交通網についての理解を共有することも大切ではないか、と筆者は思いました。そこで、この研究会の活動とは別に草稿をまとめ、鉄道史学会第一九回大会において自由論題報告「中国山西省における鉄道網の変移、一九三一〜四五年」（二〇〇一年十一月十日、於山口県東亜大学）を行ないました。その後、報告原稿の後半部分を加筆修正して『鉄道史学』第二一号に発表しました。

以上に言及した研究会・学会の関係各位に感謝いたします。

さらには、中国在住の先生・友人の皆さんにもお礼を申しあげます。とりわけ、遠く太原の地からつねに筆者を励ましてくださり、筆者の研究に支援を惜しまない王生甫、景占魁、陳文秀、叶昌綱の四老師には、心より感謝の気持ちを捧げたいと思います。

本書の刊行にあたっては、創土社の酒井武史氏と茜堂の宮崎研治氏にお世話になりました。

最後に、本書は二〇〇四年度大東文化大学特別研究費成果刊行補助金を受給して刊行されました。

内田　知行

二〇〇四年十二月二十日

参考文献目録

【配列について】　第一に、刊行年順に配列する。第二に、日本語の著書・論文等については著者の氏名の五〇音順に、中国語の著書・論文等については日本語読みによる著者の氏名の五〇音順に配列する。

〔中国語著書〕

中共太原鉄路局委員会路史編写辨公室編刊『山西鉄路大事記（初稿）　一八九六～一九六〇』、一九六一年
太原市公安局刊『日偽山西省政府警務庁組織資料』、一九六五年
太原市公安局刊『日寇太原第十宣撫班組織資料』、一九六五年
山西省図書館《山西省志・人物志》編写組編『日偽山西省職官表』、山西省地方志編纂委員会辨公室刊、一九八〇年
山西省国防科技工業辨公室・山西省国防工業工会共編『山西軍事工業史稿（一八九八～一九四九）』、一九八三年
馬里千他編『中国鉄路建築編年簡史』、中国鉄道出版社、一九八三年
渠紹森他編『山西外貿志　上冊（初稿）』、山西省地方志編纂委員会辨公室刊、一九八四年
山西省地方志編纂委員会辨公室編刊『近現代山西政権機構概況』、一九八四年
山西省地方志編纂委員会辨公室編刊『抗日戦争時期山西大事記』、一九八四年
山西省地方志編纂委員会辨公室編『民国時期山西省各種組織機構簡編』、一九八四年

中共呂梁地委党史資料徴集辨公室編刊『晋綏根拠地資料選編（第五集）』、一九八四年
中共山西省委党史資料徴集研究委員会編『山西犠牲救国同盟会歴史資料選編一』、一九八六年
劉欣主編『晋綏辺区財政経済史資料選編（工業編）』、山西人民出版社、一九八六年
王生甫『犠盟会史』、山西人民出版社、一九八七年
張秉権編『山西工業基本建設簡況』、山西省地方志編纂委員会辨公室、一九八七年
呂栄民主編『山西公路交通史　第一冊（古代道路交通、近代公路交通）』、人民交通出版社、一九八八年
河津県県志編纂委員会編『河津県志』、山西人民出版社、一九八九年
寿陽県県志編纂委員会編『寿陽県志』、山西人民出版社、一九八九年
呉東才主編『（革命根拠地軍工史料叢書）晋冀豫根拠地』、兵器工業出版社、一九九〇年
中国人民革命軍事博物館《百団大戦歴史文献資料選編》編審組『百団大戦歴史文献資料選編』、解放軍出版社、一九九〇年
原平県志編纂委員会編『原平県志』、中国科学技術出版社、一九九一年
山西省地方志編纂委員会編『金融志（山西通志第三〇巻）』、中華書局、一九九一年
中共山西省委党史研究室・山西省檔案館編『太岳革命根拠地財経史料選編』（上下）、山西経済出版社、一九九一年
懐仁県県志編纂委員会編『懐仁県志』、中国工人出版社、一九九二年
景占魁『閻錫山与西北実業公司』、山西経済出版社、一九九二年
張国祥『山西抗日戦争史』（全二冊）、山西人民出版社、一九九二年
張全盛・魏卞梅『日本侵晋記述』、山西人民出版社、一九九二年

景占魁・劉欣主編『晋綏辺区財政経済史』、山西経済出版社、一九九三年
広霊県県志編纂委員会編『広霊県志』、人民出版社、一九九三年
中共山西省委党史研究室編『中国共産党山西歴史大事記述(一九一九〜一九四九)』、中共党史出版社、一九九三年
和順県県志編纂委員会編『和順県志』、海潮出版社、一九九三年
太原鋼鉄公司史志鑑編輯委員会編『太鋼発展史（一九三四―一九九三)』、中国科学技術出版社、一九九四年
文水県県志編纂委員会編『文水県志』、山西人民出版社、一九九四年
山西省人民検察院編『偵訊日本戦犯紀実（太原)』、新華出版社、一九九五年
中央檔案館・第二歴史檔案館等編『河本大作与日軍山西「残留」』、中華書局、一九九五年
趙秀山主編『抗日戦争時期晋冀魯豫辺区財政経済史』、中国財政経済出版社、一九九五年
劉建生他『山西近代経済史』、山西経済出版社、一九九五年
山西省史志研究院編『山西犠牲救国同盟会歴史資料選編』、山西人民出版社、一九九六年
山西省史志研究院編『日本帝国主義侵晋罪行録』、山西古籍出版社、一九九六年
中国鉄道史編輯研究中心編『中国鉄路大事記（一八七六〜一九九五)』、中国鉄道出版社、一九九六年
山西省史志研究院編『中国共産党与山西抗戦』、山西人民出版社、一九九七年
山西省史志研究院編『鉄路志（山西通志第二二巻)』、中華書局、一九九七年
中央檔案館・中国第二歴史檔案館・吉林省社会科学院合編『華北治安強化運動』、中華書局、一九九七年
郭維明他主編『晋綏革命根拠地政権建設』、山西人民出版社、一九九八年
侯伍杰主編『山西歴代紀事本末』、商務印書館、一九九九年

山西省政協文史資料委員会編『陽光下的山西　山西改造日本戦犯紀実』、中国文史出版社、一九九九年
武石生主編『太原鉄路分局志（一八九六～一九九五）』、中国鉄道出版社、一九九九年
景占魁『閻錫山与同蒲鉄路』、山西人民出版社、二〇〇三年

［中国語論文等］
王余慶「日寇統治下的苛捐雑税」（政協太原市委文史資料研究委員会編刊『太原文史資料』第三輯、一九八五年）
任歩魁「解放前的太原商業」（政協太原市委文史資料研究委員会編刊『太原文史資料』第七輯、一九八六年）
藤岡文六（崔漢明訳）「対太原鉄廠工人的血腥鎮圧」（政協山西省太原市委員会文史資料委員会編刊『太原文史資料』第九輯、一九八七年）
「日偽統治華北材料匯集」（『山西革命根拠地』一九八八年第四期）
任歩魁「太原市工商同業公会沿革」（政協太原市委文史資料研究委員会編刊『太原文史資料』第一五輯、一九九一年）
高星炎・祁国偉「狂徴濫刮〝瓩斤糧〟」（山西省史志研究院編『日本帝国主義侵晋罪行録』、山西古籍出版社、一九九五年）
雒春普「借〝開発〟之名、行劫掠之実：日軍対河東塩池経済掠奪記略」（山西省史志研究院編『日本帝国主義侵晋罪行録』、山西古籍出版社、一九九五年）
王振三「日寇毒化大同人民的罪行」（《文史精華》編輯部編『近代中国烟毒写真』上巻、河北人民出版社、一九九七年）
張新平「従黄花菜到罌粟花：掲露日寇侵華罪悪之一幕」（《文史精華》編輯部編『近代中国烟毒写真』上巻、河北

人民出版社、一九九七年）
葛如蘭「日偽時期鴉片在応県的泛濫」（《文史精華》編輯部編『近代中国烟毒写真』上巻、河北人民出版社、一九九七年）
胡敬斎「解放前太原製毒見聞」（《文史精華》編輯部編『近代中国烟毒写真』上巻、河北人民出版社、一九九七年）

[日本語著書]

牛島部隊本部編刊『北支山西省運城案内』、一九三八年（防衛図書館所蔵）
佐野部隊本部編刊『北支山西省臨汾』、一九三九年（防衛図書館所蔵）
杉山部隊本部編刊『山西省東南部兵要地誌概説』、一九三九年（防衛図書館所蔵）
満鉄北支事務局調査部『北支金融通貨概況並之ニ伴フ商品流通事情調査　第四編　山西省調査』（山本俊五等執筆）、一九三九年
蒙古聯合自治政府財政部『現行租税関係法規（日文）』、一九三九年（内蒙古図書館所蔵）
門倉三能『北支鐵鑛・硫黄鑛資源』、丸善株式会社、一九四〇年
満鉄調査部編刊『山西省鉱業経営調査報告』（鹿児島隆二執筆）、一九四〇年
矢野信彦『山西省経済の史的変遷と現段階』、山西産業株式会社、一九四三年
東亜研究所編刊『支那占領地経済の発展（資料乙第八六号A）』、一九四四年（龍渓書舎復刻、一九七八年）
閉鎖機関整理委員会編刊『閉鎖機関とその特殊清算』、一九五四年
石本春久『華北交通物語』（私家版）、一九六七年

城野宏『山西独立戦記』、雪華社、一九六七年
浅田喬二編『日本帝国主義下の中国』、楽游書房、一九八一年
藤田豊『春訪れし大黄河：第三十七師団晋南警備戦記』、第三十七師団戦記出版会、一九八一年
吉開那津子『消せない記憶：湯浅軍医生体解剖の記録』、日中出版、一九八一年
中村隆英『戦時日本の華北経済支配』、山川出版社、一九八三年
福田英雄『華北の交通史：華北交通株式会社創立史小史』、ＴＢＳブリタニカ、一九八三年
華北交通社史編集委員会編『華北交通株式会社社史』、華交互助会、一九八四年
奈倉文二『日本鉄鋼業史の研究』、近藤出版社、一九八四年
江口圭一編著『資料日中戦争期阿片政策：蒙彊政権資料を中心に』、岩波書店、一九八五年
岡田芳政他編『阿片問題（続・現代史資料一二）』、みすず書房、一九八六年
江口圭一『日中アヘン戦争』、岩波書店、一九八八年
華北交通外史刊行会編刊『華北交通外史』、一九八八年
染谷金一『軍司令官に見捨てられた残留将兵の悲劇：中国山西省太原・大同』、全貌社、一九九一年
伊丹栄吉『ああ暫編独立第十総隊：知られざる山西戦史』、新風書房、一九九二年
松本俊郎『侵略と開発』、御茶の水書房、一九九二年
華北交通株式会社『華北交通株式会社創立史（復刻版）』（全四冊）、本の友社、一九九五年
上瀬吉郎『山西戦記』、そうぶん社（自費出版）、一九九五年
永冨博道『山西残留秘史：白狼の爪跡』、新風書房、一九九五年

笠原十九司『南京事件と三光作戦』、大月書店、一九九九年
松本俊郎『「満洲国」から新中国へ：鞍山鉄鋼業からみた中国東北の再編過程、一九四〇～一九五四』、名古屋大学出版会、二〇〇〇年
内田知行『抗日戦争と民衆運動』、創土社、二〇〇二年
范力『中日〃戦争交流〃研究：戦時期の華北経済を中心に』、汲古書院、二〇〇二年
粟屋憲太郎編『中国山西省における日本軍の毒ガス戦』、大月書店、二〇〇三年
石田米子・内田知行編『黄土の村の性暴力』、創土社、二〇〇四年

【日本語論文等】

高橋泰隆「日本帝国主義による中国交通支配の展開：華北交通会社と華中鉄道会社を中心として」（浅田喬二編『日本帝国主義下の中国』、楽游書房、一九八一年）
窪田宏「山西省における大倉財閥」（大倉財閥研究会編『大倉財閥の研究』、近藤出版社、一九八二年）
村上勝彦「本渓湖煤鉄公司と大倉財閥」（大倉財閥研究会編『大倉財閥の研究』、近藤出版社、一九八二年）
久保田幸平「従軍の思い出」（山西友の会編『萬里一條鉄（懐古編）』、一九八三年
白幡春男「唯ひとすじに」（山西友の会編『萬里一條鉄（懐古編）』、一九八三年
内田知行「一九三〇年代における閻錫山政権の財政政策」（アジア経済研究所編刊『アジア経済』第二五巻第七号、一九八四年）
内田知行「犠牲救国同盟会と山西新軍」（宍戸寛他『中国八路軍、新四軍史』、河出書房新社、一九八九年）

定時秀和「日本の阿片侵略と中国阿片の抵抗について」（大阪教育大学歴史学研究室編刊『歴史研究』第三〇号、一九九三年）
堀井弘一郎「新民会と華北占領政策（上）（中）（下）」（中国研究所編刊『中国研究月報』第五三九〜五四一号、一九九三年一〜三月）
松本俊郎「満州鉄鋼業開発と『満州国』経済」（山本有造編『「満州国」の研究』、京都大学人文科学研究所、一九九三年）
内田知行「山西省の日本軍占領区におけるアヘン管理政策」（大東文化大学東洋研究所編刊『東洋研究』第一一二号、一九九四年）
志賀基子「抗戦期の後方製鉄業をめぐって：四川省における考察」（『近きに在りて』第二七号、一九九五年）
児野道子「日本陸軍の対閻錫山工作」（『20世紀アジアの国際関係』、原書房、一九九五年）
萩原充「中国の経済建設」（長岡新吉・西川博史編『日本経済と東アジア』、ミネルヴァ書房、一九九五年）
内田知行「侵略と工業化：日本占領下の中国山西省製鉄事業」（津田塾大学編刊『国際関係学研究』第二三号、一九九七年）
内田知行「抗日民族主義時代の企業経営：閻錫山政権時代における中国山西省製鉄事業」（篠田隆編『発展途上国の経営変容（二十一世紀の民族と国家　第五巻）』、未来社、一九九七年）
石田米子「記録されない記憶：山西省における戦争被害調査・記述のなかの性暴力」（『芝蘭集　好並隆司先生退官記念論集』、岡山大学文学部東洋史研究室、一九九九年）
笠原十九司「三光作戦と日本軍の性犯罪（山西省盂県の事例）」（同『南京事件と三光作戦』、大月書店、一九九九年）

柴田善雅「日中戦争期華北占領地における通貨金融政策」（同『占領地通貨金融政策の展開』、日本経済評論社、一九九九年）
石田米子・大森典子「中国山西省における日本軍性暴力の実態」（西野瑠美子・林博史編『「慰安婦」・戦時性暴力の実態　Ⅱ　中国・東南アジア・太平洋編』、緑風出版、二〇〇〇年）
安井三吉「ナショナリズムと抗戦期の地域権力」（西村成雄編『現代中国の構造変動（第三巻）ナショナリズム：歴史からの接近』、東京大学出版会、二〇〇〇年）
内田知行「日本軍占領下における中国山西省傀儡政権の財政的基盤」（『中国研究月報』第六三七号、中国研究所、二〇〇一年）
丸田孝志「華北傀儡政権における記念日活動と民俗利用：山西省を中心に」（曽田三郎編『近代中国と日本：提携と敵対の半世紀』、御茶の水書房、二〇〇一年）
井上久士「抗日根拠地にたいする『掃蕩』と『反掃蕩』：河北省中部の事例」（石田勇治・井上久士・小野寺利孝・田中隆・松井繁明編『中国河北省における三光作戦』、大月書店、二〇〇三年）
内田知行「日本軍占領下の中国山西省における鉄道建設と鉄道経営」（鉄道史学会編刊『鉄道史学』第二一号、二〇〇三年）
内田知行「山西省盂県における日本軍占領統治と抗日運動」（石田米子・内田知行編『黄土の村の性暴力』、創土社、二〇〇四年）
堀井弘一郎「山西省における日本軍特務機関と傀儡政権機構」（石田米子・内田知行編『黄土の村の性暴力』、創土社、二〇〇四年）

［山西省檔案館所蔵史料］

南京「国民政府」行政院司法行政部「禁烟治罪暫行条例・禁毒治罪暫行条例の修正意見に関する訓令（一九四〇年六月十九日）」（日偽山西省公署聯合全宗檔案四九―二―一五七）

山西省陸軍特務機関調製「山西省公署徴収各種税款及雑項収入課税率一覧表（一九四〇年六月二十九日）」（日偽檔案四八―四―二八―四）

山西省陸軍特務機関編刊『歳入預算算出基礎資料（一九四〇年七月六日）』（日偽檔案四八―四―二七）

「華北統税総局太原統税局経営土店清冊（一九四〇年七月現在）」（日偽山西省公署聯合全宗檔案四八―四―二八）

「華北統税総局太原統税局経営膏店清冊（一九四〇年七月現在）」（日偽山西省公署聯合全宗檔案四八―四―二八）

山西省特務機関復写「山西全省各県田賦額徴数目表（一九四〇年八月二十八日）」（日偽檔案四八―四―二八―六）

山西省陸軍特務機関複写『華北禁煙関係法規（日訳、一九四〇年十二月十三日）』（日偽山西省公署聯合全宗檔案四八―二―四）

「山西省陸軍特務機関長口演要旨摘要（一九四〇年）」（日偽檔案四八―四―二八―一）

山西省公署「禁煙五ケ年計画に関する件（省公署密令、一九四一年二月十三日）」（日偽山西省公署聯合全宗檔案四八―二―四）

「訓令第二三八号（中文、華北禁煙総局↓太原禁煙分局、一九四一年三月二十九日）」（日偽山西省公署聯合全宗檔案四八―二―四）

山西省陸軍特務機関編刊『昭和十六年度山西省財政指導要領（一九四一年四月二十五日）』（日偽檔案四八―四―一八）

山西省公署「煙畝罰款徴収に関する件（省公署訓令、一九四一年五月）」（日偽山西省公署聯合全宗檔案四八―二―四）

山西省公署「本年度各県超過畝数鏟除一時免除に関する件（省公署訓令、一九四一年六月）」（日偽山西省公署聯合全宗檔案四八―二―四）

山西省陸軍特務機関複写『山西省煙畝関係法規（日訳、一九四一年七月十四日）』（日偽山西省公署聯合全宗檔案四八―二―四）

「太原戒煙所暫行簡章（一九四一年七月）」（日偽山西省公署聯合全宗檔案四九―二―一六〇）

「各県財政指導に関する件（山西省陸軍特務機関長・植山英武→汾陽特務機関長・宮内幸五郎宛て、一九四一年九月十六日）」（日偽檔案四八―四―一八）

山西省陸軍特務機関「財政改革の諸問題（講義要旨、一九四一年十月二十五日）」（日偽檔案四八―四―一八）

華北政務委員会「華北国民拒毒運動実施委員会組織規程（一九四一年十一月）」（日偽山西省公署聯合全宗檔案四八―二―一五九）

山西省公署「［ケシ栽培］五か年禁絶計画（省公署、一九四一年）」（日偽山西省公署聯合全宗檔案四八―二―四）

『山西産業株式会社有関人員任命、廠砿表冊等材料』、一九四一・四六年（敵偽檔案巻五五―一―三）

山西省陸軍特務機関長・花谷正「統税半額割戻しおよび食塩督銷費還付に関する件（一九四二年一月三十日）」（日偽檔案B四八―四―一三）

花谷正「山西産業株式会社運営に関する件示達（一九四二年三月二十四日）」（山西産業株式会社各種来往公文代電所収、敵偽檔案巻五五―一―七）

『太原市各商業団体所属家数一覧表　民国三十一（一九四二）年三月』（日偽檔案B四八―四―一三）
「軍管理工場運営理念（花谷正参謀長訓示（一九四二年八月十四日）の後に収録された手書きメモ）」（山西産業株式会社各種来往公文代電所収、敵偽檔案巻五五―一―七）
「太原禁煙分局所属各処所名称等級一覧表（太原禁煙分局↓山西高等法院送付、一九四二年八月十日）」（日偽山西省公署聯合全宗檔案四九―二―一六〇）
『山西産業株式会社概況（一九四二年九月十日）』（山西産業株式会社各種来往公文代電所収、敵偽檔案巻五五―一―七）
山西省公署「（民国）三十一年度一至六月賦税収数比較表（一九四二年九月十七日作製）」（日偽檔案B四八―四―一三）
山西省公署「財政実施計画案進行の情形（日文、一九四二年九月）」（日偽檔案四八―四―一三）
山西省公署顧問室「攤款賦課の認可要綱（一九四二年十一月十五日）」（日偽檔案B四八―四―一三）
華北政務委員会「公費人員戒毒問題に関する訓令（一九四二年十一月）」（日偽山西省公署聯合全宗檔案四九―二―一六一）
「太原戒煙所報告（一九四二年十二月十六日）」（日偽山西省公署聯合全宗檔案四九―二―一六〇）
山西省公署顧問室「ケシ栽培ならびにアヘンの収買について（日文、一九四二年）」（日偽山西省公署聯合全宗檔案四八―二―四）
山西省公署「山西省特許栽種罌粟県分表　民国三十一年度」（日偽山西省公署聯合全宗檔案四八―二―四）
山西省公署「山西省徴収営業税率及び繳納期限表（一九四二年）」（日偽檔案B四八―四―一三）

山西省公署顧問室「山西省内金融調査表（一九四二年度と推定）」（日偽檔案B四八―四―一三）
山西省儲蓄局儲金科『山西省必勝儲蓄券各項章程（案、一九四二年と推定）』（日偽檔案四八―四―八―二二）
山西省公署「（民国）二十八年至三一年度賦税稽核表（一九四三年一月二十日作製）」（日偽檔案B四八―四―一三）
華北政務委員会「華北禁煙暫行辨法」／「華北禁煙暫行辨法施行細則」／「華北禁煙緝私規則」／「華北土薬業公会規則」／「華北査獲私土及私薬奨励規則」／「華北禁煙暫行辨法補訂辨法」／「華北禁毒暫行辨法」／「華北禁毒暫行辨法施行細則」／「華北禁煙禁毒徵費規則」（以上一九四三年六月十日制定・施行、日偽山西省公署聯合全宗檔案四九―二―一五八）
「山西産業株式会社各種来往公文代電（一九四三〜四四年）」（敵偽檔案巻五五―一―九）
「山西省会（太原市）逐月査獲鴉片及毒品数量統計表、山西省会（太原市）逐月刑事案件統計表（民国三十二年）」（日偽山西省公署聯合全宗檔案四八―四―二四）
山西省保安隊司令部『（民国）三十二年度中央補助費三〇〇万円使途内訳書（一九四四年一月三十一日現在）』（日偽檔案四八―四―八―一九）
山西省高等法院「公務員限期戒煙辨法（一九四四年十月十九日公布）」（日偽山西省公署聯合全宗檔案四九―二―一六七）
「全国経済委員会通牒（日文、汪精衛名義、華北政務委員会宛て、一九四四年）」（日偽檔案四八―四―八）
「山西省における田賦実物徴収実施困難に関する点（日文、一九四四年と推定）」（日偽檔案四八―四―八―三八）
「山西省冀寧道公署　民字第一〇九号（冀寧道道尹牛新田→山西省王省長、一九四五年三月二十二日）」（日偽山西省公署聯合全宗檔案四八―二―三）

山西省公署「山西省薬草園督種奨懲規則（中文、一九四五年三月頃）」（日偽山西省公署聯合全宗檔案四八―二―三）

「民国三十四年度山西省栽種薬草県分畝数一覧表　三十四年五月二十二日」（日偽山西省公署聯合全宗檔案四八―二―二）

「民国三十四年度山西省栽種薬草園地及畝数発育状況調査表」（日偽山西省公署聯合全宗檔案四八―二―二）

「民国三十四年度山西省薬草栽種園設定計画要綱」（日偽山西省公署聯合全宗檔案四八―二―三―一三七）

「清源県「薬草園」分布図（一九四五年）」（日偽山西省公署聯合全宗檔案四八―二―二―二一）

［その他の日本語史料］

「山西製鉄事業経営方針（私見）」（大倉鉱業北京出張所・太田文雄↓合名大倉組東京本社、一九三八年六月八日）（東京経済大学図書館所蔵大倉財閥資料）

「山西軍管理工場経営の現況並びに方針に関する件」（大倉鉱業代表・太田文雄↓軍喜多特務部長、一九三八年六月）（東京経済大学図書館所蔵大倉財閥資料）

田辺新之「山西省特務機関日誌」、一九四二年四月～四三年五月（防衛図書館所蔵）

外務省記録F・一・九・二・一〇六「華北交通会社関係」（外交史料館所蔵）

外務省記録G・二・二・〇・一「中国道路関係」（外交史料館所蔵）

外務省記録K・三・二・二・一「在外居留民団及民会関係」（外交史料館所蔵）

外務省記録K・三・七・〇・七「在外本邦人職業別人口表一件」（外交史料館所蔵）

［華北交通資業局編『北支』（第一書房、於東京）所載記事］

立野信之「五台山」（一九三九年九月号）

「伝書鳩」（一九三九年十一月号）

「伝書鳩」（一九四〇年一月号）

「路警」（一九四〇年十二月号）

板屋猛「東潞線を往く」（一九四一年六月号）

水野清一「同蒲線をゆく」正・続（一九四一年四～五月号）

［華北交通社員会編刊『興亜』（於北京）所載記事］

山西閑人「現場中国人従業員の生活を見る」（第一四号、一九四〇年八月）

「社業の動き」（第一六号、一九四〇年十月）

吉田一「崇高・華北交通魂」（第一七号、一九四〇年十一月）

石原省吾「蒲州」（第一九号、一九四一年一月）

「東潞線完通の記」（第二三号、一九四一年五月）

「同蒲線の春」（第二四号、一九四一年六月）

「華北交通新聞」（第二七号、一九四一年九月）

「空と地に飛ぶ尖兵」（第二七号、一九四一年九月）

「東潞線を語る　潞安座談会」（第三三号、一九四二年三月）

「華北交通ここに三年　地方会記念座談会」（第三五号、一九四二年五月）
「敢闘南同蒲線」（第四〇号、一九四二年十月）
吉屋久信「警備犬の活躍　東潞線視察」（第四六号、一九四三年四月）
「鉄道防空の理念」（第五二号、一九四三年十月）

〈人名〉

—— あ行 ——

—— か行 ——

—— さ行 ——

—— た行 ——

—— な行 ——

—— は行 ——

—— ま行 ——

—— や行 ——

—— ら行 ——

―― ら行 ――

―― わ行 ――

── ま行 ──

── や行 ──

―― は行 ――

—— な行 ——

—— た行 ——

―― さ行 ――

索引

中国の地名、人名は慣例による日本語読みとする。本文からのみ採録し、図表・注からは採録しない。

〈事項〉

—— あ行 ——

内田知行《うちだともゆき》

1947年生まれ。一橋大学大学院社会学研究科博士課程単位取得。専門は中国近現代史、中国経済論。現在、大東文化大学国際関係学部教授。主著『中国八路軍、新四軍史』(共著、河出書房新社、1989年)、『毛沢東時代の中国』(共著、日本国際問題研究所、1990年)、『中国経済の多重構造』(共著、アジア経済研究所、1991年)、『アジアの灌漑制度』(共著、新評論、1996年)、『中国経済と外資』(共著、アジア経済研究所、1998年)、『天津史：再生する都市のトポロジー』(共著、東方書店、1999年)、『抗日戦争と民衆運動』(単著、創土社、2002年)、『世界歴史大系　中国史5（清末〜現在)』(共著、山川出版社、2002年)、『黄土の村の性暴力』(石田米子と共編、創土社、2004年、同年度山川菊栄賞受賞）など。

◉

黄土の大地　1937〜1945
山西省占領地の社会経済史

2005年2月28日第1版第1刷

著者

内田知行

発行人

酒井武史

発行所　株式会社　創土社
〒165-0031　東京都中野区上鷺宮5-18-3
電話03-3970-2669　FAX03-3825-8714
カバーデザイン　上田宏志
版下作成　茜堂（宮崎研治）
印刷　モリモト印刷株式会社
ISBN4-7893-0034-X C0031
大東文化大学特別研究費研究成果刊行助成金出版

創土社刊行目録
中国関連

中国年鑑 2004	中国研究所編	B5 上製・524 頁 本体 16000 円	全ジャンルにわたる現代中国情報のスタンダード。変わらぬ密度。変わらぬ信頼。質量ともに他に類を見ない唯一の中国関連年鑑。日本図書館協会選定図書。 特集：重大化する中国の環境問題
現代中国の労働経済 **1949 ～ 2000**	山本恒人	A5 上製・536 頁 本体 6000 円	人民中国建国以来の労働政策の変遷、労働市場の形成過程をたどり、現在、中国の労働経済が抱えるさまざまな問題を浮き彫りにする。この分野の第一人者の長年にわたる研究成果の集大成。
抗日戦争と民衆運動	内田知行	A5 上製・346 頁 本体 2400 円	日中戦争のさなか、延安を中心とする根拠地で、国民政府統治地区で、あるいは日本軍占領地区で、中国の民衆はさまざまな形で抗日運動を展開した。それらの民衆運動は新中国誕生を強力に後押しした。
中国上場企業 **内部者支配のガバナンス**	川井伸一	A5 上製・280 頁 本体 2800 円	高度成長下の中国経済をリードする民間企業、特に証券市場に上場されている株式会社はどのように形成され、だれがどのように支配しているのか。中国型株式会社の経営構造を他方面から分析。
現代中国の「人材市場」	日野みどり	A5 上製・450 頁 本体 7000 円	中国では若年高学歴者を「人材」と総称。「人材」のための就転職制度・組織（「人材市場」）が今一つの社会変動といえるほど大きく変貌しつつある。綿密な実地調査に基づき、生の声も豊富に収める。
黄土の村の性暴力 **大娘（ダーニャン）たちの戦争は終わらない**	石田米子・内田知行編	A5 上製・416 頁 本体 2800 円	戦後半世紀を経て、日本軍による性暴力被害者たちはようやく、重い口を開き始めた。本書は現地での 8 年間にわたる聞き取り調査の成果をまとめたもの。2004 年度山川菊栄賞受賞。
中華新経済システムの形成	高橋　満	A5 上製・320 頁 本体 3000 円	19 世紀中華帝国から 21 世紀中華新経済システムにいたるおよそ 200 年の推転過程をダイナミックに分析し、改革・開放過程を総合的に把握する。社会主義の母斑を残す、画期的な現代中国像を提起。